Martin Linne / Ines Karnath

Hotelmarketing und -management

In der Praxis verstehen

Dr. Martin Linne lehrte u.a. an der Hochschule Harz Hospitality Management. Er ist Geschäftsführer der Gesellschaft für TourismusForschung.

Ines Karnath lehrt Tourismus- und Hotelmanagement an der Hochschule Harz.

Martin Linne / Ines Karnath

Hotelmarketing und -management

In der Praxis verstehen

unter Mitarbeit von
Tobias Lange, Laura Müller und Natalie Pickel

mit Interviews von
Jennifer Fröhlich, Sandra Koch, Kees Lek
und Frances Speckhahn

UVK Verlag · München

Digitale Zusatzmaterialien

Die Abbildungen 41–47, 83 sowie 95–96 finden Sie auch online unter *https://files.narr.digital/9783739831268/Zusatzmaterial.zip.*

Umschlagabbildung: © macniak · iStock

Foto Martin Linne: © privat
Foto Ines Karnath: © Stefan Kalweit

Bibliografische Information der Deutschen Nationalbibliothek

Die Deutsche Nationalbibliothek verzeichnet diese Publikation in der Deutschen Nationalbibliografie; detaillierte bibliografische Daten sind im Internet über http://dnb.dnb.de abrufbar.

DOI https://doi.org/10.24053/9783739881263

– ein Unternehmen der Narr Francke Attempto Verlag GmbH + Co. KG
Dischingerweg 5 · D-72070 Tübingen

Internet: www.narr.de
eMail: info@narr.de
CPI books GmbH, Leck

ISBN 978-3-7398-3126-8 (Print)
ISBN 978-3-7398-8126-3 (ePDF)
ISBN 978-3-7398-0170-4 (ePub)

Was Sie vorher wissen sollten

Dieses Lehrbuch ist ein Studierbuch! Denn es soll Ihre Neugierde wecken und Ihnen ganz nebenbei einen fundierten Einblick in das Hotelmarketing und -management geben.

Vieles ist bewusst knappgehalten, denn das Hotelfach lebt von der Praxis! Im Buch kommen deswegen Expertinnen und Experten zu Wort. Zudem finden Sie viele weiterführende Tipps! Vertiefen Sie Ihr Wissen unbedingt selbstständig: Lesen Sie! Recherchieren Sie! Und: Durchstöbern Sie das Internet! Schauen Sie sich YouTube-Videos an! Schlagen Sie Begriffe mit Hilfe anderer Quellen nach! So lernen Sie am meisten. Halten Sie zudem auf Reisen stets die Augen offen! Denn nur so bilden Sie sich eine eigne Meinung und Sicht der Dinge.

Dieses Buch ist in zwei Teile gegliedert. Martin Linne beginnt mit einer theoretischen Einführung in die Grundlagen des Hotelmanagements (→ Kapitel 1) und -marketings (→ Kapitel 2). Bei Letzterem unterscheidet er zwischen strategischem (→ Kapitel 2.3) und operativem Hotelmarketing (→ Kapitel 2.4). Gerade in diesen ersten Kapiteln wird nicht die klassische Lehrmeinung vertreten, denn die hier verwendeten Ansätze leiten sich aus dem Marketing ab, sie berücksichtigen dennoch hotelspezifische Besonderheiten explizit.

Der zweite Teil von Ines Karnath widmet sich der Praxis. In → Kapitel 3 geht sie schließlich auf das operative Hotelmanagement ein. Hier vermittelt sie sehr praxisnah die Grundlagen. Die → Kapitel 4 und → Kapitel 5 richten den Blick abschließend auf die Digitalisierung und das Nachhaltigkeitsmanagement. Beides spielt in Hotels heute eine nicht zu vernachlässigende Rolle.

Wir sagen Dankeschön an Natalie Pickel und Tobias Lange für ihre Unterstützung an diesem Buch. Laura Müller danken wir, weil sie uns einiges Material aus ihrer Bachelorarbeit zum Thema Nachhaltigkeitsmanagement in der Hotellerie (→ Kapitel 5) freigegeben hat.

Wernigerode, im Mai 2022

Martin Linne, Ines Karnath

Inhalt

1 Hotel – Institution und Funktionen

Lernziele

In diesem Kapitel lernen Sie:

» was ein Hotel ist,
» wie ein Hotel ins Wirtschaftssystem einzugliedern ist,
» wie Hotels in das Tourismussystem einzugliedern sind,
» welche Funktionen Hotels übernehmen,
» welche Besonderheiten und konstitutiven Eigenschaften die Hotelleistung kennzeichnen,
» welche grundlegenden Entscheidungen zu treffen sind, um einen Hotelbetrieb aufzunehmen.

1.1 Begriff Hotel

Herkunft des Begriffs

Das Wort Hotel geht auf das lateinische *hospitium* zurück. Als Substantiv heißt es Gästezimmer oder -haus. Als Adjektiv steht *hospitus* für gastlich oder gastfreundlich. Das lateinische Wort *hospita* bedeutet einerseits der Gast, andererseits aber auch die Wirtin, im weiteren Sinne die Gastgeberin.

Im neueren Sprachgebrauch leitet sich Hotel aus dem französischen Wort *hôtel* ab. Der französische *accent circonflexe* (^) wird immer dann eingesetzt, wenn ein Buchstabe ausgelassen wurde oder sich in der Sprachentwicklung ausgeschlichen hat. Deshalb fehlt im Wort Hotel heute das „s".

Wenn wir uns auf den begrifflichen Ursprung besinnen, dann bedeutet Hospitality-Management Gastlichkeits- oder Gastfreundschaftsmanagement. Das ist ein schöner Gedanke; drückt er doch im Grunde das Wesen des Tourismus aus.

Der Begriff Hospitality-Management ist in den 1980er Jahren geprägt worden. Wood[1] stellt fest, dass so dem etwas trocken und altmodisch wirkenden Begriff Hotelmanagement ein respektabler Anschein gegeben werden sollte.

Hotelmanagement

Hotelmanagement ist eine spezielle betriebswirtschaftliche Institutionenlehre. Im internationalen Sprachgebrauch wird der Begriff **Hospitality-Management** verwendet. Deshalb kann der Begriff Hospitality-Management auch weiter aufgefasst werden als nur für die Hotellerie, nämlich auch für die Gastronomie, Kreuzfahrten und andere Formen, bei denen Beherbergungs- und Bewirtungsleistungen auch mit anderen Leistungen kombiniert werden.

Definition | Hotel

Hotels sind ökonomische, technische, juristische, soziale und ökologische Institutionen, in denen Beherbergungs- und Verpflegungsleistungen (mindestens Frühstück) in Verbindung mit komplementären Leistungen (z.B. Seminare, Sport, Freizeit, Wellness etc.) temporär gegen Entgelt zur Verfügung gestellt werden.
Ein **Hotel garni** verfügt über kein eigenes Restaurant. Es wird den Gästen lediglich ein Frühstück geboten.

In diesem Buch werden wir uns ausschließlich mit Hotels beschäftigen. Aber große Teile des Inhalts können auch ganz oder teilweise auf die vielfältigen Erscheinungen im Hospitality-Management übertragen werden.

Dass Hotels **ökonomische Institutionen** sind, liegt auf der Hand. Als Unternehmen müssen sie Umsatzerlöse (U(x)) erwirtschaften und Gewinne (G(x)) erzielen. Die wesentlichen Umsatzerlöse erzielt ein Hotel mit den Beherbergungsleistungen über die Zimmerpreise bzw. Room-

---

[1] Wood 2015, S. 1f.

Rates. Preise für Frühstück und andere Speisen und Getränke folgen an zweiter Stelle. Umsatzerlöse können in Hotels auch über die komplementären Leistungen erzielt werden. Als wichtigste Kosten sind Personal- und Raumkosten zu nennen, die einen erheblichen Anteil der Gesamtkosten (K(x)) ausmachen. Auch der Wareneinsatz für Speisen und Getränke ist nicht zu vernachlässigen. Sind die Umsatzerlöse größer als die Gesamtkosten, kann das Hotel Gewinn erwirtschaften. Das x steht hier jeweils für die abgesetzte Menge, also z.B. die vermieteten Hotelzimmer oder die verkauften Speisen.

Als einfache Formel hierfür gilt:

$$G(x) = U(x) - K(x)$$

Hotels sind **technische Institutionen**. Das betrifft weitaus mehr Bereiche, als man vermutet. Da ist zunächst das weite Feld der Gebäudetechnik (z.B. Leitungen für Strom, Wasser, Abwasser, Daten, Luft), technische Geräte (z.B. Lift, Kühlungen, Heizungen, Küche, Klima), Brandschutz, Blitzabweiser u.v.m. Als spezielle technische Einheiten sind z.B. ein Schließsystem, ein Reservierungssystem, ein Entertainmentsystem auf den Zimmern oder ein Kassensystem zu betrachten. Auch Küche und Tresen sind spezielle technische Einheiten, für die vielfältigste lebensmittelhygienische Auflagen gelten. Je nach angebotener komplementärer Leistung sind weitere technische Anlagen vorhanden (z.B. Konferenztechnik, Technik im Wellnessbereich oder bei Sportanlagen). Alle technischen Anlagen unterliegen spezifischen Wartungsintervallen und Dokumentationspflichten.

Hotels sind auch Institutionen, die von vielen allgemeinen und speziellen **juristischen Aspekten** betroffen sind. Neben allgemeinem Wirtschafts- und Gesellschaftsrecht gelten auch Meldegesetze und Statistikgesetzte. Insbesondere für den Beherbergungs- und Bewirtungsbereich sind einige spezielle Rechte, die auf allgemeinen Regelungen im BGB basieren, anzuwenden: z.B. das Mietvertragsrecht, das Dienstvertragsrecht, das Werkvertragsrecht, das Kaufrecht und die Verwahrung.

Sind Hotels aber auch **soziale Institutionen**? Auch wenn sie Gewinne anstreben, spielen soziale Aspekte in der Tat eine wesentliche Rolle. Da ist zum einen die Interaktion zwischen Gastgeber und Gast, die auf vielfältigste Weise stattfindet und einen nicht unerheblichen Einfluss auf die Leistung des Hotels hat. Zum anderen ist aber auch die innerbetriebliche Struktur menschlicher Zusammenarbeit zu beachten. Der Faktor Personal ist der entscheidende Produktionsfaktor, ohne den die Hotelleistung nicht zu erbringen wäre – auch nicht in Zeiten der Digitalisierung. Das menschliche Zusammenwirken findet im Hotel auf vielen Ebenen statt und prägt das Hotel. Schließlich ist ein Hotel weit mehr als ein Gebäude! Für das Personal bedeutet die Tätigkeit in einem Hotel immer auch, dass sie aus ihrer persönlichen Lebensperspektive in einer Scheinwelt leben und teilweise erhebliche soziokulturelle Unterschiede zwischen sich als Mensch und sich als Arbeitnehmer verkraften müssen.

Nahezu selbstverständlich ist es heute, Hotels auch als **ökologische Institutionen** zu betrachten. Hotels tragen teilweise erheblich zum Ressourcenverbrauch bei. Die investive Seite (der Bau des Gebäudes mit den eingesetzten Materialien) und die betriebliche Seite (z.B. Wasser, Strom, Wärme) tragen unterschiedlich dazu bei. Auch beim Wareneinsatz für Speisen und Getränke spielen ökologische Faktoren eine wichtige Rolle: Regionalität führt zu geringeren Transportkosten.

Hotels sind nach dieser Definition per se nachhaltige Institutionen. Sie sind nach ökonomischen, ökologischen und sozialen/soziokulturellen Grundsätzen im Sinne der UN-Ziele zur nachhaltigen Entwicklung zu führen.

1.2 Einordnung in das Wirtschaftssystem

Die Volkswirtschaft gliedert das Wirtschaftssystem in drei Sektoren: Urproduktion, Industrie und Dienstleistungen. Hotels sind im **tertiären Wirtschaftssektor** anzusiedeln. Sie liefern im weiteren Sinn eine (spezielle) Dienstleistung.

Hotels sind in das Wirtschaftssystem zunächst über die Internationale Systematik der Wirtschaftszweige der Vereinten Nationen einzuordnen. In Deutschland gliedert das Statistische Bundesamt die Wirtschaftszweige. Alle Unternehmen sind verpflichtet, bestimmte Unternehmensdaten (z.B. Umsatz, Anzahl der Beschäftigten) an das vereinheitlichte

System zu melden. Das geschieht i.d.R. über die statistischen Landesämter. Von dort werden die Zahlen auf nationaler Ebene erfasst und anschließend auf europäischer Ebene zusammengetragen.

In dieser einheitlichen Systematik werden Hotels dem **Wirtschaftszweig (WZ) I Gastgewerbe** zugeordnet. Das Gastgewerbe wiederum setzt sich aus dem Gaststättengewerbe und dem Beherbergungsgewerbe zusammen. Innerhalb des Beherbergungsgewerbes unterscheidet das System Hotels, Gasthöfe und Pensionen, Erholungs- und Ferienheime, Ferienzentren, Ferienhäuser und Ferienwohnungen, Jugendherbergen und Hütten, Campingplätze und sonstige Beherbergungsstätten.

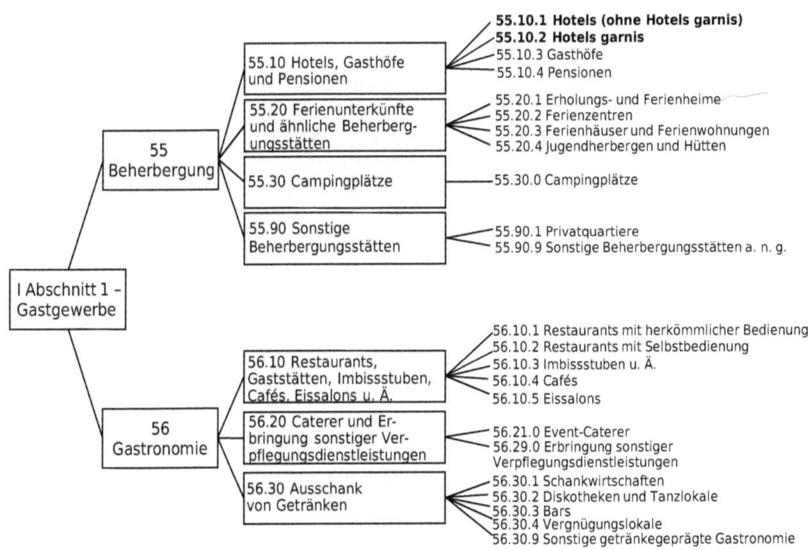

Abbildung 1: Systematik des Gastgewerbes
Quelle: eigene Abbildung in Anlehnung an Statistisches Bundesamt 2008.

1.3 Einordnung in den Tourismus

Innerhalb der Betriebswirtschaft ist es üblich zwischen den Institutionenlehren (Träger) und Funktionenlehren (Tätigkeiten) zu unterscheiden. Im Tourismus empfiehlt es sich, noch eine dritte Ebene einzufügen.

Auf der dritten Ebene wird zwischen verschiedenen **Themen** unterschieden. So gibt es z.B. Wellnesshotels, Radlerhotels, Wanderhotels u.v.m. Die Tourismuswirtschaft wird in viele Teilmärkte aufgliedert.[2]

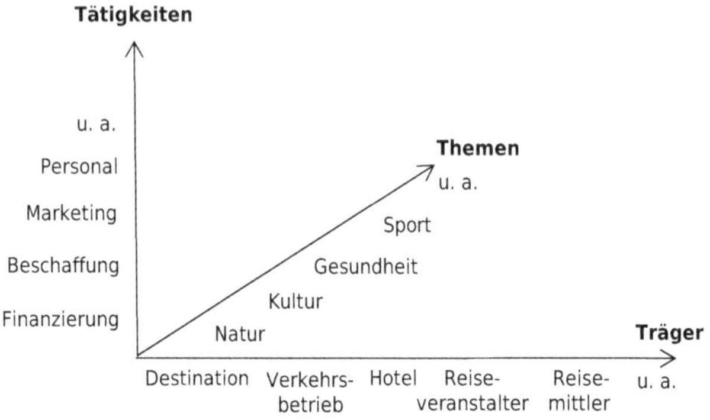

Abbildung 2: TTT-Gliederung der Tourismuswirtschaft
Quelle: Linne 2016, S. 17.

In der Tourismusliteratur findet man eine Unterscheidung zwischen der Hotellerie und der sogenannten Parahotellerie. Dieser Gliederung wollen wir uns hier nicht anschließen, da sie seit vielen Jahren nicht an aktuelle Entwicklungen angepasst worden ist.

Das Gastgewerbe ist zu einem großen Teil als ein Bereich der Tourismuswirtschaft zu sehen. Inspiriert von einer weiten Interpretation des Begriffs Hospitality-Management betrachten wir die Hospitality-Branche unter völlig neuen Gesichtspunkten.

Aus heutiger Sicht ist das Gastgewerbe nur ein Teil dessen, was im Tourismus relevant ist. Wir haben es seit vielen Jahren schon mit dem **Grauen Beherbergungsmarkt** oder dem **Sofatourismus** und seit kurzem mit Angeboten der **Sharing Economy** zu tun. Dieser außergewerbliche Bereich wird hier als Teil der Hospitality-Angebote gesehen. Schlafgelegenheiten ergänzen hier also die Beherbergung und Essgelegenheiten die Gastronomie.

---

[2] Vgl. Linne 2016, S. 15ff.

Ferner differenzieren wir innerhalb des gewerblichen Bereichs zwischen einzelgastorientierten und gruppenorientierten Angeboten. Deutlich erkennbar sind die Parallelen zwischen der Gastronomie und der Beherbergung. Hotels sind in dieser Systematik einzelgastorientierte Beherbergungsunternehmen. Ihnen gegenüber stehen die Restaurants in der Gastronomie.

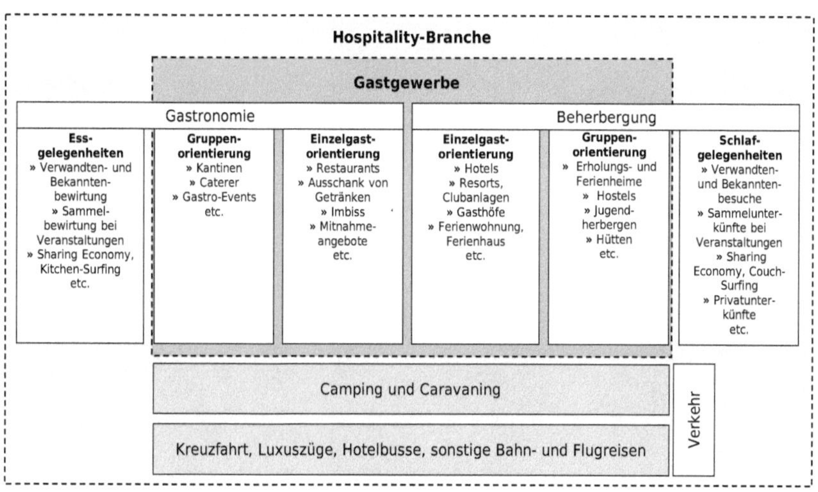

Abbildung 3: Touristische Dimension der Hospitality-Branche
Quelle: eigene Abbildung.

Bisher wurden Kreuzfahrten, Luxuszüge oder Hotelbusse nicht in eine solche Systematik aufgenommen. Diese werden grundsätzlich richtig im Bereich Verkehr betrachtet. Sie stellen aber als Verkehrsmittel eine Schnittmenge zum Gastgewerbe dar.

Der Bereich Camping zählte bisher zu der **Parahotellerie**, obwohl dort gar keine Beherbergungsangebote, sondern allenfalls Stellplätze zur Verfügung gestellt werden. Dennoch finden dort Übernachtungen und touristische Wertschöpfung statt. Als mobile Form beinhaltet diese Übersicht selbstverständlich auch das immer beliebter werdende Caravaning.

Hotels stellen mit ihren Angeboten einen wesentlichen Teil der touristischen **Servicekette (Customer Journey)** dar. Ihre Bedeutung für die Gesamtzufriedenheit während der Reise darf nicht unterschätzt werden, schließlich bilden die Kosten der Unterkunft einen wesentlichen Teil der gesamten Reisekosten. Die Gäste halten sich für eine lange Zeit in den Hotels auf. Sie führen ihren Urlaub von dort als Ausgangspunkt durch. Die Mitarbeiter im Service sind häufig wichtige Ansprechpartner für viele Fragen rund um die Reise. Tourismus ist eben nicht nur *ein* Produkt, sondern besteht als Bündel aus vielen unterschiedlichen Dienst- und Sachleistungen. Die Hotelleistung ist dabei von zentraler Bedeutung.

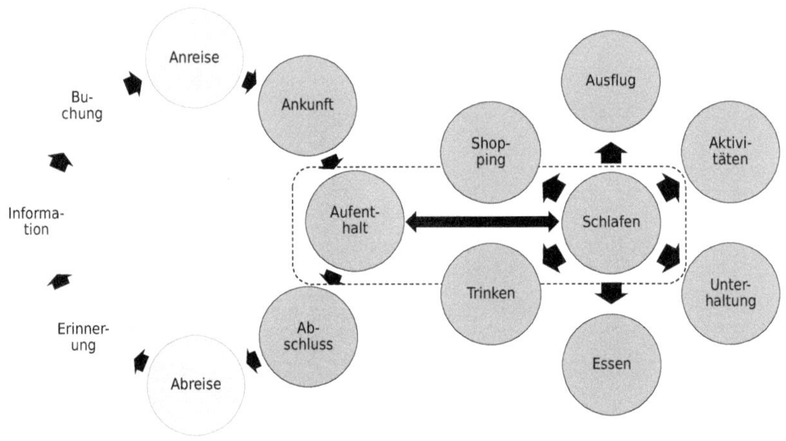

Abbildung 4: Customer Journey
Quelle: eigene Abbildung.

1.4 Funktionen innerhalb der Tourismuswirtschaft

Beherbergungsfunktion

Das Wesen des Reisens bedeutet, sich an einem fremden Ort aufzuhalten. Dafür ist bei längeren Reisen eine Beherbergung erforderlich. Über diese Beherbergungsfunktion leitet sich die besondere Stellung der Hospitality-Branche für die Tourismuswirtschaft ab. Die Gäste verbringen sehr viel Zeit in der Unterkunft, um während der Reise das Grundbedürfnis des Schlafens befriedigen zu können.

Daraus leitet sich die erste und wichtigste **Kernleistung** eines Hotels ab. Gäste erwarten einen guten Schlaf. Das stellt besondere Anforderungen an das Hotelbett, die Matratze und die Bettwäsche. Schließlich müssen diese Ausstattungsgegenstände unterschiedlichsten Erwartungen verschiedenster Gäste entsprechen.

Ein Hotel ist, ausgenommen bei Rundreisen, das Aufenthaltszentrum der Reise. Von hier starten alle Aktivitäten innerhalb des Ortes. Ein Hotel ist Ausgangspunkt für den sogenannten sekundären Reiseverkehr innerhalb der Region. Zugleich ist ein Hotel ein wesentlicher Erfolgsfaktor für die Wahrnehmung des Reiseziels als Ganzes; denn der Gast unterscheidet dabei nicht zwischen einzelnen Leistungsträgern der Servicekette.

Bewirtungsfunktion

Das nächste wichtige Grundbedürfnis, das während einer Reise befriedigt werden muss, ist das Essen und Trinken. Da das Hotel die Beherbergungsfunktion innehat, leitet sich daraus auch – zumindest für das Frühstück – eine Bewirtungsfunktion ab. Gäste erwarten ein gutes Hotelfrühstück. Das ist die **zweitwichtigste Kernleistung** eines Hotels bzw. eines Hotel garni. Die Bewirtungsfunktion gilt analog auch für Mini- oder Maxibar in den Häusern sowie weitere gastronomische Angebote.

Informationsfunktion

Im Rahmen des direkten Verkaufs informieren Hotels ihre Gäste. Das ist aber nicht grundsätzlich mit der Informationsfunktion gemeint. Die Hotelrezeption ist für alle Hotelgäste die zentrale **Anlaufstelle**. Hier werden selbstverständlich auch Fragen beantwortet, die von einer Tourismusinformationsstelle bedient werden könnten. Hotels nehmen daher stellvertretend für die Tourist-Info diese umfassende Informationsfunktion wahr. Häufig werden Fragen nach touristischen Attraktionen und deren Öffnungszeiten gestellt. Aber auch der eine oder andere Geheimtipp für das abendliche Essen sollte an der Rezeption gegeben werden können.

Statistikfunktion

Hotels sind – wie andere Beherbergungsbetriebe auch – verpflichtet, einige **Daten des Reiseaufkommens** an die Behörden zu melden. Das Beherbergungsstatistikgesetz regelt, welche Betriebe (ab zehn Betten) welche Daten (Anreisen, Übernachtungen, Quellregionen) zu melden haben. Die Meldung erfolgt monatlich an das jeweilige statistische Landesamt. Diese Daten werden bundeseinheitlich erfasst und aggregiert, um nicht nur für die Regionen und Bundesländer Daten zu ermitteln, sondern auch für das gesamte Bundesgebiet und die Europäische Union.

Hotels sind als Unternehmen auch verpflichtet, Angaben zu weiteren unternehmerischen Statistikbereichen abzugeben. Ergänzende Grundlagen liefert hierfür das Gesetz über die Statistik im Handel und Gastgewerbe.

Typenspezifische Funktionen

Hotels können im Umfang ihrer Angebote sehr stark variieren. Je nach angebotenen komplementären Leistungen übernehmen sie unterschiedliche weitere Funktionen. Im Geschäftsreiseverkehr übernehmen Tagungs- und Kongresshotels eine **Organisations- und Substitutionsfunktion**. Sie ermöglichen es, Tagungen, Kongresse und andere Veranstaltungen durchzuführen und stellen dafür die erforderliche Infrastruktur und helfen bei der Organisation. Damit werden teilweise die Leistungen und Strukturen der ausrichtenden Unternehmen durch die Hotelangebote ersetzt. Im Freizeitbereich sollten Hotels besonderen Wert auf eine **Wohlfühl- und Verwöhnfunktion** für die Gäste legen. Gerade durch Wellnessbereiche oder andere Angebote (z.B. Gesundheit, Medical Wellness, Selfness) sollte dieser Ansatz besonders ausgeprägt sein.

Meldefunktion

Bis zum 1. November 2015 war das Meldewesen Deutschland über das Melderechtsrahmengesetz auf die Ebene der Bundesländer übertragen. Seither gilt in Deutschland einheitlich das Bundesmeldegesetz (BMG).

Dort ist geregelt, dass Personen bei ihrer Ankunft in der Unterkunft einen **Meldeschein** ausfüllen müssen. Seit kurzem kann das auch digital erfolgen. Das Meldegesetz regelt, welche Daten erfasst werden müssen:

Datum der Ankunft und der voraussichtlichen Abreise, Familiennamen, Vornamen, Geburtsdatum, Staatsangehörigkeiten, Anschrift, Zahl der Mitreisenden und ihre Staatsangehörigkeit. Bei ausländischen Gästen ist eine Seriennummer des anerkannten und gültigen Passes oder Passersatzpapiers zu erfassen.

Die Meldebehörden haben diese Aufgabe auf die Hotels (und andere Beherbergungsanbieter) ausgelagert. Das verändert die Prozesse beim Check-in, führt zu datenschutzrechtlichen Verantwortungen und bindet bei analogem Vorgehen zusätzlich Ressourcen. Diese verantwortungsvollen Aufgaben erledigen Hotels für die Meldebehörden kostenlos.

Inkassofunktion

In Verbindung mit der Meldefunktion steht die Inkassofunktion, also das **Einnehmen von Geld**. Auch hier nehmen Hotels teilweise kommunale Aufgaben wahr. Neben dem Eigeninkasso für die erbrachten Leistungen müssen Hotels Fremd-Inkasso-Leistungen ausführen.

In anerkannten Kurorten oder Heilbädern darf zur Finanzierung des Tourismus eine **Tourismusabgabe** erhoben werden. Die oft als Kurtaxe bezeichnete Zwangsgebühr für die Gäste müssen die Hotels einnehmen, verwalten und regelmäßig an die lokalen Kommunen auszahlen. Auch wenn hier ein minimaler Liquiditätseffekt für die Unternehmen entsteht, so ist doch der Auffand für das Inkasso nicht unerheblich. Auch für diese Leistung erhalten die Hotels kein Entgelt.

In nicht als Kurort oder Heilbad anerkannten Tourismusorten werden andere, ähnliche **Abgaben** erhoben, wie z.B. Bettensteuer oder Kulturförderabgabe. Die Inkassofunktion wird hier ebenfalls von den Hotels übernommen.

1.5 Die Hotelleistung

Die Hotelleistung resultiert im Wesentlichen aus den Funktionen des Hotels und stellt im Grunde das dar, was der Gast als Leistung auch wahrnehmen kann. Hotelleistungen sind alle im Hotel angebotenen, miteinander mehr oder weniger verflochtenen Dienst- und Sachleistungen. Im Kern sollen diese Leistungen die Bedarfe an Schlafen und Essen decken. Das sind die sogenannten **Hauptleistungen**. **Nebenleistungen** decken unterschiedlichste Bedarfe an Information und Unterhaltung oder Wohlbefinden. Diese werden in der Literatur als sogenannte Komplementärleistungen bezeichnet. Die Haupt- und Nebenleistungen werden vom Gast unmittelbar wahrgenommen.

Hilfsleistungen werden vom Gast nur mittelbar bis gar nicht wahrgenommen und umfassen den Bereich Sauberkeit und Hygiene sowie Reparaturen, aber auch die Produktion von Speisen. Auch wenn diese Leistungen untergeordnet dargestellt werden, tragen sie doch in der Wirklichkeit maßgeblich zur Zufriedenheit der Gäste bei. Ein staubiges Hotelzimmer, schlecht gereinigte Bettwäsche oder ein lieblos präsentiertes Frühstück stiften Unzufriedenheit und können durch modernste und pompöse Ausstattung nicht wettgemacht werden.

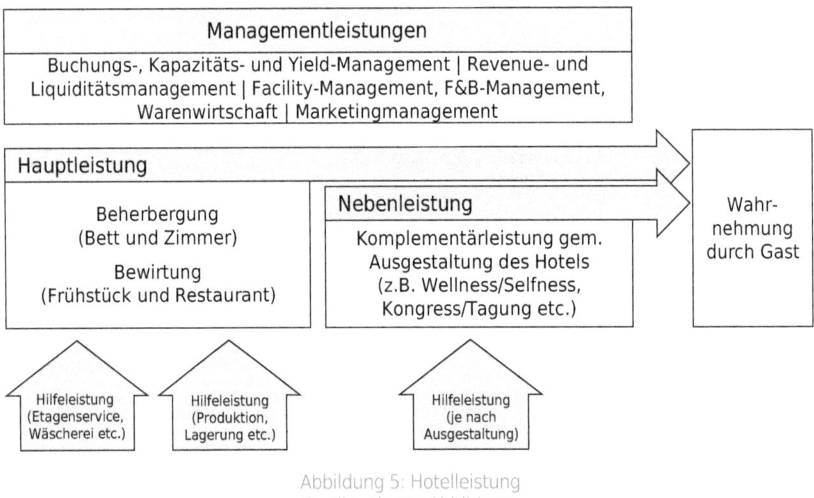

Abbildung 5: Hotelleistung
Quelle: eigene Abbildung.

Von den **Managementleistungen** bekommt der Gast gar nichts mit. Hier finden wir elementare Leistungen wie das Buchungs-, Kapazitäts- und Yield-Management, mit denen die Ertragssituation des Hotels gesteuert werden kann. Das Revenue- und Liquiditätsmanagement sorgt dafür, dass das Hotel immer ausreichend mit Liquidität ausgestattet ist, damit die Leistungen überhaupt angeboten werden können. Der Bereich des Facility-Managements sorgt dafür, dass die Immobilie und die Einrichtungen funktionsfähig sind. Hier geht es auch darum, banale Dinge zu richten, wie eine defekte Lichtquelle oder eine lose Wandhalterung. Das F&B-Management (Food&Beverage-Management) ist für die Warenwirtschaft zuständig. Hier geht es darum, den Betrieb immer mit ausreichend Speisen und Getränken auszustatten, die Lagerbestände zu verwalten, Verluste durch Haltbarkeitsabläufe zu vermeiden und Frische und Qualität sicherzustellen.

Eine zentrale Managementaufgabe stellt das **Marketingmanagement** dar. Marketing bedeutet, den Gedanken der Kundenorientierung in allen Entscheidungen der Unternehmensführung als Handlungsmaxime zu betrachten. Marketing zieht sich wie ein roter Faden durch alle Ebenen eines Unternehmens. Strategisches Marketing liefert den Rahmen des Handelns und das operative Marketing stellt die konkrete Ausgestaltung der wesentlichen Handlungsfelder dar. Diese sind allgemein als die 4 P's des Marketings bekannt (*product, place, price, promotion*), welche im Tourismus um 3 weitere P's ergänzt werden, die sich aus der Produktpolitik ableiten (*personell, proces, physical evidence*).

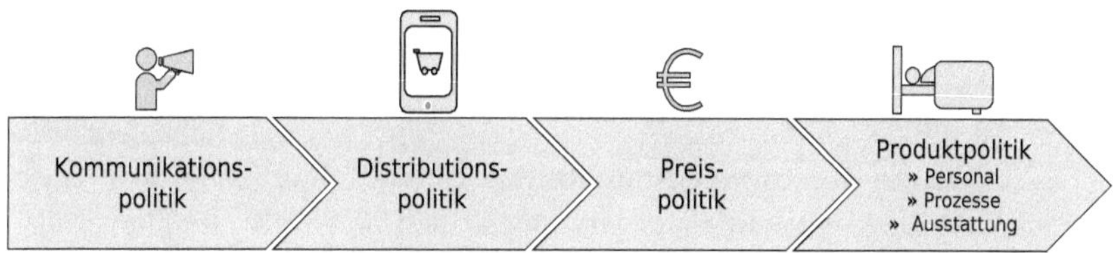

Abbildung 6: Marketinginstrumente
Quelle: eigene Abbildung.

Doch bevor wir uns dem Hotelmarketing in → Kapitel 2 zuwenden, ist es erforderlich, das Produkt Hotel besser zu verstehen. Aus diesem Wissen leiten sich viele Faktoren ab, die für die Marketingstrategien und -instrumente grundlegend wichtig sind.

1.6 Konstitutive Eigenschaften der Hotelleistung

Immaterialität

Dieser Punkt ist von allen konstitutiven Eigenschaften des Produktes Hotel am schwersten nachvollziehbar: die Immaterialität. Das Hotelprodukt ist grundsätzlich immateriell, immer und in allen Phasen der Leistungserstellung: Potenzial-, Prozess- und Ergebnisphase. Immaterialität wird auch als **Intangibilität** bezeichnet; das bedeutet nicht anfassbar, erklärt den komplexen Sachverhalt aber auch nicht besser.

Wenn ein Gast ein Hotelzimmer bucht, dann darf er es für die bestimmte Zeit nutzen. Er darf sich im Zimmer aufhalten, im Bett schlafen, das Bad nutzen, frühstücken und alle weiteren Hotelangebote nutzen. Damit erwirbt der Gast ein temporäres Nutzungsrecht, aber nicht das Eigentum an den Dingen. Auch Handtücher, Duschvorleger und Bademäntel, die in bestimmten Häusern zur Verfügung gestellt werden, müssen zurückgelassen werden. Sie dürfen nur genutzt werden.

> Dieses **Nutzungsrecht** ist immateriell. Zu Verwirrung führt, dass dafür materielle Dinge erforderlich sind: eine Immobilie, Zimmer, Betten, Schränke, Ausstattungen u.v.m. Auch im Bereich der Gastronomie sind die Leistungen immateriell, obwohl hier scheinbar doch Sachleistungen verkauft werden. Doch auch hier steht die Dienstleistung im Vordergrund: das Verwöhnen, der nette Abend, die Gespräche u.a. Speisen werden im Lebensmitteleinzelhandel verkauft. Die Gastronomie verkauft Dienstleistungen.

Uno-actu-Prinzip

Das Uno-actu-Prinzip gilt für alle Dienstleistungen. Es besagt, dass **Erstellung, Absatz und Konsum örtlich und zeitlich zusammenfallen**. Kurzum: Die Leistung kann, anders als eine Handelsware, nicht mitgenommen werden.

Dieses Uno-actu-Prinzip birgt für ein Unternehmen die Herausforderung, dass die Leistung genau in dem Moment und in der Form erbracht werden muss, zu dem der Gast diese nachfragt und erwartet. In einem Restaurant möchte der Gast Speisen und Getränke auch möglichst unverzüglich nach der Bestellung erhalten. Es nützt nichts, wenn der Koch das Menü erst drei Stunden später erstellt. Die Leistungsstufen sind dann also nicht synchronisiert.

Die Folgen sind weitreichend. Fehler entstehen unmittelbar vor den Augen der Gäste – live! Das stellt höhere Anforderungen an das betriebliche **Qualitätsmanagement** als z.B. im produzierenden Gewerbe. Hier können Fehler ausgebessert werden, bevor der Kunde sie mitbekommt. Eine weitere logische Folge betrifft die Kommunikation. In Werbedarstellungen sollten Menschen gezeigt werden, wie sie ihre Urlaubssituation erleben. Bitte (!) keine Immobilien, Möbel oder Salatbuffets abbilden.

Einbeziehung mindestens eines Gasts: relevanter externer Faktor

Ein Gast kommt selten allein. Er hat mindestens Reisegepäck, ggf. ein Fahrzeug und häufig eine Reisebegleitung dabei. Die Hotelleistungen sind folglich an **unterschiedlichen relevanten externen Faktoren** auszurichten. Es müssen also sachbezogene Dienstleitungen (Gepäck- und Parkservice) und personenbezogene Dienstleistungen (Übernachtung und Frühstück) unterschieden werden.

Für alle gilt: Ohne den oder die relevanten externen Faktor(en) kann die Leistung nicht erbracht werden. Die Dienstleistungsprozesse sind also so zu gestalten, dass die unterschiedlichen Leistungen entsprechend erbracht werden können.

Co-Creation – Einbeziehung des Gasts

Jeder Gast bestimmt mit, wie seine individuelle Hotelleistung stattfindet. Nur so ist es möglich, dass zur selben Zeit in einem Hotel mit identischer Leistungsqualität die Leistungen von den Gästen unterschiedlich bewertet werden. Viele Persönlichkeitsmerkmale und das individuelle Verhalten haben also einen unmittelbaren Einfluss auf die wahrgenommene Qualität der Hotelleistung.

> Die Folgen: Die Leistungen variieren von Gast zu Gast. Der Gast bestimmt zum Teil das Produkt mit. Er ist in gewisser Weise **Prosument**: Produzent und Konsument in einem.

Eine **Qualitätskonstanz**, wie sie z.B. bei Markenartikeln vorausgesetzt wird, ist in der Hotellerie nur mit großem Aufwand und einer gewissen Unsicherheit darzustellen. Mitarbeiter sind besonders zu qualifizieren. Empathie ist eine wichtige Kompetenz, um sich als Mitarbeiter auf die unterschiedlichen Gäste individuell einstellen zu können. Aber auch Vorbereitungen und Trainings, z.B. bei Sprachregelungen oder Freiheitsgrade in der Organisation und Verantwortungsdelegation, sind wichtige Bausteine des Hotelmanagements, um diesem hohen Maß an Individualität der Hotelleistung gerecht werden zu können.

Nicht Lager-/Transportfähigkeit, Verderblichkeit

Ein nicht gebuchtes Hotelzimmer oder eine nicht abgerufene Reservierung durch einen Reiseveranstalter bedeuten für Hotels nicht realisierte Umsätze. Da ein Hotelzimmer immer nur einmal pro Nacht gebucht werden kann, ist die Hotelleistung grundsätzlich verdorben. Das bereitgestellte Dienstleistungspotenzial führt eben nicht zur Hotelleistung. Deshalb können Hotelleistungen auch nicht auf Vorrat produziert oder nachgeholt werden. Handelswaren könnten immerhin später noch mit Abschlägen verkauft werden.

> Die spezielle Dienstleistung Hotel existiert nur mit dem Gast, **synchron** und **individuell**. Die Folgen betreffen die Preispolitik, das Kapazitätsmanagement und die betriebliche Disposition.

Leistungsbündelung – Hotelprodukt

Die Hotelleistung setzt sich aus verschiedenen Teildienstleitungen zusammen (→ Abbildung 4). Wir können auch hier, wie im Tourismus allgemein, von einer Leistungsbündelung sprechen. Das Leistungsbündel besteht aus den für den Gast **sichtbaren Teildienstleistungen** Schlafen, Frühstücken, Beratung, z.B. über Ausflugsmöglichkeiten, ggf. Wellnessleistungen oder Seminare u.v.m. Gelegentlich können auch **Sachleistungen** ergänzt werden, wenn z.B. Souvenirs, Merchandisingartikel oder gar eigene Handelswaren (z.B. ➠ *https://europe.westinstore.com/de/*) angeboten werden.

Aus diesen Leistungsbündeln resultiert dann das **Hotelprodukt**. Das Hotelprodukt könnte also als das angebotene Leistungsbündel, das der Gast buchen und in Anspruch nehmen kann, bezeichnet werden. Das Hotelprodukt ist demnach nicht das bereitgestellte Hotelzimmer.

Komplementarität

Touristische Leistungen sind Leistungsbündel. In diese Leistungsbündel muss sich die Hotelleistung einfügen. Sie muss aber nicht nur kompatibel sein. Die Hotelleistung muss komplementär sein, sie muss **die anderen Teilleistungen ergänzen** und befördern. Wenn ein Gast einen Städtetrip bucht, dann ist das Hotel dabei der Dreh- und Angelpunkt. Ausflüge und Besuche werden vom Hotel ausgehend durchgeführt. An der Rezeption erfolgt sehr oft eine individuelle Beratung, z.B. über den Besuch eines Museums oder einen qualifizierten Anbieter von Stadtrundfahrten oder Führungen.

Die Folgen für Hotels sind komplex. Einerseits sollte ein lokales Networking betrieben werden. Die Mitarbeiter an der Rezeption müssen teilweise tagesaktuell informiert sein. Das setzt idealerweise IT-basiertes Informationsmanagement voraus. Ganz entscheidend ist der Aspekt der **Kundenzufriedenheit** nicht nur für das Hotel selbst, sondern für die gesamte Reise. Die entsteht oft erst durch die Kompetenz im Hotel, wenn die Empfehlungen den Erwartungen der Gäste entsprochen haben.

Standortgebundenheit bzw. Standortabhängigkeit

Die Hotelleistung ist standortgebunden, so wird das in der Literatur einhellig gesehen. Die Immobilie wird an einem bestimmten Standort errichtet, die Gäste reisen dorthin und dann entsteht die Hotelleistung im Sinne des **Uno-actu-Prinzips** am Standort des Hotels unmittelbar während des Aufenthalts der Gäste. Die Leistung ist demnach auch nicht transportfähig.

Die Folgen gehen jedoch weit über die Standortgebundenheit und damit die Standortentscheidung hinaus. Der **Erfolg des Unternehmens** ist entscheidend von der Entwicklung des Standortes, vom Destinationsmanagement und den politischen Entscheidungen abhängig.

Die Leistung des Hotels sollte dem Standort entsprechen. Maritimes oder alpines Ambiente, Strandhotel oder Stadthotel, all das sind Einflüsse auf die Produktpolitik, die sich aus der Standortwahl für die Hotelleistung ableiten. Der Standort ist prägende Grundlage des Produktes. Das Angebot eines Kettenhotels in München führt folglich zu einem anderen Produkt als eines derselben Kette in Berlin.

Substituierbarkeit

Selbstverständlich ist das Hotel nicht die einzige Möglichkeit, um das Beherbergungs- und Verpflegungsbedürfnis auf Reisen zu befriedigen. Es gibt zahlreiche Alternativen. Die Hotelleistung ist also substituierbar – **austauschbar**. Die Unterkunft kann in anderen Formen gewerblicher oder privater Angebote gewählt werden. Selbst Konferenzen und Messen können – das haben wir in der Coronapandemie gelernt – mittels digitaler Videolösungen abgehalten werden. Im Gastronomiebereich sind Lieferangebote oder Kitchen-Sharing zu nennen.

Auch hier sind weitreichende Folgen zu beachten. Der **Wettbewerbsdruck** steigt stetig durch sich ändernde Konsumeinstellungen. Viele Hotelangebote sind austauschbar, und das führt zu Sättigungseffekten. Kunden suchen Abwechslung. Gerade deshalb haben sich alternative Beherbergungsformen im Bereich der Sharing Economy entwickelt. Der hybride Verbraucher entscheidet immer häufiger situativ über die Wahl seiner Unterkunft.

Starre Kapazität

Es klingt banal: „Ein 50-Zimmer-Hotel hat 50 Zimmer." Nicht mehr und – von technischen Störungen abgesehen – auch nicht weniger. Die theoretische Kapazität ist also etwas größer als die tatsächlich nutzbare. Dennoch kann die Kapazität nicht beliebig angepasst werden. Die Kapazität sollte einerseits **Nachfragespitzen** aufnehmen können aber andererseits nicht zu überdimensioniert sein, um die Kosten darstellbar zu gestalten.

> In der Folge müssen Hotels grundsätzlich mit einer **Überkapazität** planen. Der Gast erwartet Kapazitäten; er will schließlich sein Zimmer buchen können. Das ist auch ein Qualitätsmerkmal. Die Disposition, das Preismanagement und der Vertrieb sind in der Hotellerie daher ein wichtiger Erfolgsfaktor. Zusammengefasst lässt sich so mittels Yield-Management gerade durch die starre Kapazität die wirtschaftliche Lage des Hotelbetriebs optimieren.

Personalintensität und Fixkostenbelastung

Ein Hotel ohne Menschen ist eine Immobilie. Die Mitarbeiter tragen auf allen Ebenen der Leistungserstellung dazu bei, dass sich die Gäste im Haus wohlfühlen. Selbst bei stark digitalisierten bzw. automatisierten Abläufen stehen im Hintergrund immer noch Menschen. Menschliche Arbeit ist der wichtigste **Leistungsfaktor** im Gastgewerbe. Und menschliche Arbeit ist teuer. Daher tragen Personalkosten in erheblichem Maß zu den Gesamtkosten der Hotellerie bei. Andere Branchen sind weniger personalintensiv.

> Die Folgen sind, dass in der traditionellen Ökonomie Personal als **Kostenfaktor** gesehen wird. In modernen, marketinggeprägten Ansätzen ist das Personal der wichtigste Leistungsfaktor. Oft wird versucht, gerade am Personal zu sparen. Ein niedriges Lohnniveau, Leiharbeit, wenig ausgeprägtes HR-Management führen zu den Problemen, die die Hotellerie hat – und diese Probleme sind hausgemacht.

Auch mit der Digitalisierung soll versucht werden, den Kostenfaktor Personal zu ersetzen. In der Folge muss sich die Branche darauf einstellen, dass im Zuge der Digitalisierung viele Prozesse verändert und neue, höherwertige Anforderungen an das Personal gestellt werden.

Nachfrageschwankungen

Die Nachfrage nach Hotelleistungen ist sehr stark von externen Faktoren abhängig, die vom Hotelier selbst kaum zu beeinflussen sind. Das

Wetter und Klima geben **saisonale Schwankungen** der Nachfrage vor, z.B. im Küstenbereich oder in den Gebirgen mit Wintersportangeboten. Allgemeine Trends, eine konjunkturelle Entwicklung aber auch die Entwicklung der **Destination** (Standorte) sind weitestgehend hinzunehmen. Die Nachfrageschwankungen betreffen generell alle möglichen Zeiträume: jährlich, monatlich, wöchentlich täglich, stündlich.

> Als Folge kann der Hotelier versuchen, die Nachfrage über **Kommunikation und preispolitische Maßnahmen** zu lenken. Erneut wird deutlich, welche zentrale Bedeutung dem Yield-Management zukommt, um die starre Kapazität mit der schwankenden Nachfrage optimal zu belegen.

1.7 Konstitutive Unternehmensentscheidungen

Gründung

Für die Gründung bzw. für den Betrieb eines Hotels bedarf es keiner besonderen Voraussetzung, keines besonderen Bildungsstandes oder Berufsabschlusses. Jeder kann ein Hotel eröffnen. Ob das klug ist, ein unternehmerisches Risiko ohne fachliche Qualifikation einzugehen, wird jedoch stark angezweifelt.

Eine sogenannte Konzession, also eine **Gaststättenerlaubnis**, ist ebenfalls nicht erforderlich. Das gilt, solange zubereitete Speisen und Getränke nur an Hausgäste ausgegeben werden (vgl. §2 (2) Gaststättengesetz). Das gilt sogar, wenn alkoholische Getränke an Hotelgäste über die Minibar oder als sogenannter Rezeptionsverkauf angeboten werden. Abweichungen davon können in den Gaststättengesetzten einzelner Bundesländer geregelt sein.

Je nach Art des Betriebs kann eine Verpflichtung bestehen, sich als Kaufmann ins **Handelsregister** eintragen zu lassen. Werden beide Kernleistungen Übernachtung und Frühstück angeboten, trifft das zu. Werden nur Übernachtungen angeboten (z.B. bei Aparthotels), kann evtl. auf die Eintragung verzichtet werden. Allerdings: Die Eintragung ist nicht schädlich und kostet außer Verwaltungsgebühren nichts. Bei Kapitalgesellschaften ist die Eintragung verpflichtend.

Eine **Gewerbeanmeldung** ist ebenfalls Pflicht. Ausnahmen kann es für Kleinst-Vermietungen geben. Doch auch die Gewerbeanmeldung kostet außer geringen Gebühren nichts. Über die Gewerbeanmeldung findet i.d.R. zeitgleich die **Anmeldung beim Finanzamt** statt. Auch die zuständige IHK bekommt eine Meldung. Es besteht eine kostenpflichtige **IHK-Zwangsmitgliedschaft**.

Bei der **Berufsgenossenschaft** besteht ebenfalls eine Pflicht zur Anmeldung. Ob Beiträge zu zahlen sind, hängt davon ab, ob neben dem Unternehmer weitere Personen beschäftigt werden. Auch hier gilt: Die Beiträge sind überschaubar. Der Hotelier bekommt neben qualifizierten Beratungsleistungen, um Arbeitsunfällen vorzubeugen, auch für seine Mitarbeiter eine gesetzliche Unfallversicherung bei Betriebsunfällen. Die Mitarbeiter sind bei Berufserkrankungen geschützt. Genaue Informationen finde Sie auf der Website der DGUV.[3]

Gründungshilfen

Vor jeder Gründung sollte sich der angehende Hotelier beraten lassen. Der eigene **Steuerberater** hilft ebenso wie die **Beratungsstellen** der IHKs und **Fachverbände** sowie **Gründervereinigungen**, kommunale **Wirtschaftsfördergesellschaften** oder auch die Tourismusorganisationen im Ort. Also, kann man einfach so ein Hotel gründen? So einfach ist es nicht! Auch wenn kein Berufsabschluss gefordert ist, sollte der angehende Hotelier über betriebsspezifisches Fachwissen verfügen, schließlich wird mit Lebensmitteln und Menschen agiert. Jeder Gründung sollte eine umfangreiche Analyse vorausgehen, ob der Standort, die Immobile oder die Geschäftsidee überhaupt marktfähig ist. Das erledigen auch zahlreiche Berater gegen Entgelt. Aber deren Aussagen und Empfehlungen muss der Hotelier verstehen und umsetzen können.

Betriebsart

Alle möglichen Betriebsarten der Hotellerie hier aufzulisten und zu beschreiben, würde den Rahmen dieses Buches sprengen. Zumal: Es gibt

[3] https://www.dguv.de/de/index.jsp.

eine relative Dynamik. **Neue Betriebsarten** entstehen, alte verschwinden oder verlieren massiv an Bedeutung. Wer hätte sich z.B. vor wenigen Jahren vorstellen können, dass es z.B. Kapsel-Hotels gibt, die ihr Raumangebot auf das absolute Minimum reduziert haben.

Blick ins Web | Betriebsarten

Ausgewählte Betriebsarten sind hier kurz und prägnant beschrieben:

» Deutscher Tourismusverband:

➽ *https://www.deutschertourismusverband.de/service/touristische-informationsnorm-tin.html*

» Dehoga-Bundesverband:

➽ *https://www.dehoga-bundesverband.de/zahlen-fakten/betriebsarten/*

» DEHOGA Deutsche Hotelklassifizierung:

➽ *https://www.klassifizierung.de/definition/betriebsarten/*

Betriebsgröße

Die Betriebsgröße kann anhand verschiedener Merkmale bestimmt werden: Anzahl der Zimmer, Anzahl der Betten, Anzahl der Mitarbeiter, Umsatzerlöse. In allen Veröffentlichungen finden sich immer wieder verschiedene Größenklasseneinteilungen. Eine gute Übersicht liefern *Henschel, Gruner und von Freyberg*[4]. Sie differenzieren Klein-, Mittel- und Großbetriebe jeweils unterschiedlich bei der **Individual- und Kettenhotellerie**. Allerdings bilden sie bei der **Individualhotellerie** weitere Untergruppen und die Größenklassen decken den Anteil größerer Betriebe nicht exakt ab.

---

[4] Henschel et al. 2013, S. 9.

	Kleinbetrieb	Mittelbetrieb	Großbetrieb
Individual-hotellerie	< 100 Betten	100–500 Betten	> 500 Betten
Ketten-hotellerie	< 100 Betten	< 500 Betten	> 500 Betten

Abbildung 7: Betriebsgrößenklassen
Quelle: eigene Abbildung in Anlehnung an Henschel et al. 2013. S. 9.

Generell gilt: Die Branche ist weit überwiegend mit knapp 80 % von kleinen Betrieben geprägt. Es gibt nur wenige mittelgroße Hotels und mit 1,2 % sehr wenige große Hotels. Die Kleinbetriebe stellen trotz ihrer Häufigkeit mit 40,6 % die wenigsten Schlafgelegenheiten.

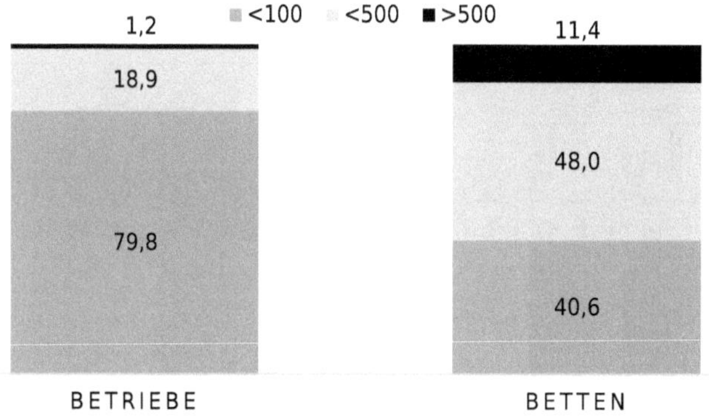

Abbildung 8: Angebotsstruktur Anteilig in % nach angebotenen Betten
Quelle: eigene Abbildung auf Basis https://www.statistischebibliothek.de/mir/receive/DE-Heft_mods_00025376

Hinter der Betriebsgrößenwahl steckt die Frage, ab wann ein Hotel wirtschaftlich betrieben werden kann. Oft wird die klassische **Busgröße** genannt. Dahinter verbirgt sich die Kapazität, Gäste eines Reisebusses aufnehmen zu können, sprich ca. 50 Zimmer. Pauschalisieren lässt sich diese Aussage jedoch nicht; denn es gibt zahlreiche Beispiele, dass auch kleinere Häuser rentabel arbeiten. Es kommt auf das individuelle Konzept und eine gute Business-Planung an. Gegen den Trend des Größenwachstums, der z.B. auch in der Kreuzfahrtbranche dominiert, haben kleinere Hotels, Boutique-Hotels, mit individuellen Konzepten, modernen Lifestyle- und Designkonzepten echte Nischenchancen jenseits normierter und standardisierter Gastlichkeit der Mittel- und Großbetriebe.

Standortwahl

An diesem Punkt kommen wir nicht an *Conrad Nicholson Hilton* und seiner Maxime „Standort, Standort, Standort" vorbei. Der Standort bzw. die Lage eines Hotels ist auch heute noch ein wichtiger, vielleicht der wichtigste, aber nicht der alleinige **Erfolgsfaktor**. Die konzeptuelle Gestaltung, Kundenorientierung oder auch die technische Ausstattung sind ebenfalls wichtige Erfolgsfaktoren.

Standortentscheidungen werden mit Hilfe der **Nutzwertanalyse** getroffen. Mögliche Standorte werden anhand vorab definierter Kriterien beurteilt. Dabei werden die Kriterien gewichtet und die jeweiligen Standorte anhand der Eignung für jedes Kriterium beurteilt. Der Nutzwert der Standorte ergibt sich aus der Summe der mit dem Gewichtungsfaktor multiplizierten Merkmalsbewertungen. Das klingt hier etwas kompliziert, wird aber in sehr vielen Lehrbüchern und im Internet anschaulich beschrieben. Kleiner Tipp: Einfach mal den Begriff Nutzwertanalyse googeln.

Standortkriterien differieren je nach der Betriebsart oder der Angebotsausrichtung (Leisure, Business). Neben Kostenaspekten werden auch die Nähe zu Attraktionen, das Image der Destination oder das Umfeld der Lage betrachtet. Da alle Merkmale mit verschiedenen Dimensionen versehen sind, eignet sich die Nutzwertanalyse besonders gut.

Funktionale Teilung

Wie auch in anderen Branchen wird in der Hotellerie zwischen dem Betrieb des Hotels und der Investition in die Hotelimmobilie unterschieden. Beide Bereiche fallen zwar räumlich zusammen, können und sollten jedoch differenziert betrachtet werden. Aus ökonomischen Gründen (Risiko, steuerliche Aspekte) werden beide Bereiche oft in separate Firmen aufgegliedert. In der Literatur wird das als **Investor-Betreiber-Modell** bezeichnet. Die funktionale Teilung kann in der Hotellerie jedoch weitere Bereiche betreffen: das Branding, das Hotelmanagement (nicht als Immobilien-Pächter/-Betreiber, sondern als beauftragter Betreiber) sowie die Funktionen der Hotelketten und -kooperationen.

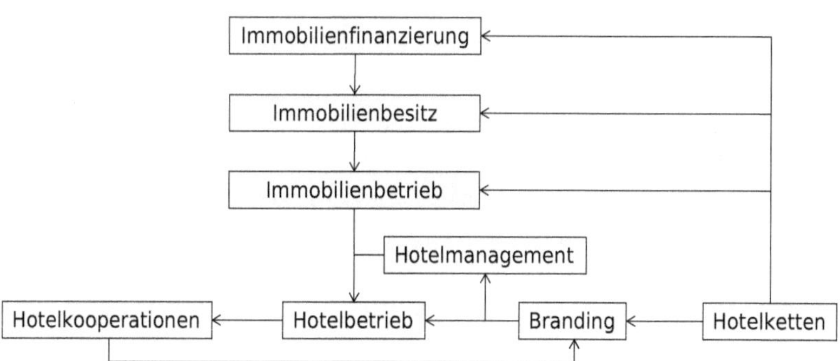

Abbildung 9: Funktionale Teilung in der Hotellerie
Quelle: eigene Abbildung.

Die funktionale Teilung macht nicht nur bei den Großen Sinn. Auch Familienbetriebe können und sollten die Aufteilung zwischen Immobilienbesitz und Hotelbetrieb vornehmen. Neben steuerlichen Aspekten (hier ist eine Fachberatung erforderlich; Wiesbadener Modell) steht hier vor allem die **Risikoteilung** im Vordergrund. Sollte die betriebliche Seite in Schwierigkeiten geraden, bleibt bei einer funktionalen Teilung wenigstens die Familienimmobile davon unberührt.

Wissen | Wiesbadener Modell

Das Wiesbadener Modell regelt im Steuerrecht, wie sich Besitz- und Betriebsverhältnisse zwischen Ehepartnern aufgliedern lassen, um eine steuerlich ungünstige Betriebsaufspaltung zu vermeiden.

Bei mittleren und großen Hotelbetrieben, Hotelbetreibern oder Ketten ist die Aufspaltung aus weiteren Gründen sinnvoll: Es können die unterschiedlichen Kompetenzen der investiven und betrieblichen Seite gebündelt und klar voneinander abgegrenzt werden.

Rechtsform

Die Wahl der Rechtsform ist stets eine grundlegende, konstitutive Entscheidung. Das ist bei der Hotellerie nicht anders als in anderen Branchen. Denkbar ist jede Rechtsform vom **Einzelunternehmen** über **Personen-** oder **Kapitalgesellschaften** bis hin zu Sonderformen (Genossenschaft oder Verein). Für die Betreiberstufe empfiehlt sich eher eine Kapitalgesellschaft, weil dort haftungsrechtliche Aspekte besser darstellbar sind. Oft wird für die Investitionsstufe eine Personengesellschaft gewählt, weil die Inhaber die Immobilie aus steuerlichen Gründen als Privatbesitz und nicht als Firmeneigentum ausweisen möchten. Generell gilt: Es sind stets individuelle Rahmenbedingungen bei der Wahl der Rechtsform entscheidend.

Kooperation

In der Literatur wird generell zwischen der **Individualhotellerie** und der **Ketten-** bzw. **Markenhotellerie** unterschieden. Als Individualhotel wird der einzelbetriebliche Teil nicht verbundener Hotels gesehen. Hinter Markenhotellerie verbergen sich Hotelketten und Hotelkooperationen. Das ist etwas missverständlich; auch das Einzelhotel kann wie eine Marke wirken und nach den Grundsätzen des Marketingartikels positioniert werden.

Für viele Hotels erscheint es lukrativer, sich einer Hotelkooperation anzuschließen. Rein ökonomisch ist das als ein Zusammenschluss rechtlich und wirtschaftlich selbstständiger Betriebe zu sehen, die im Verbund gemeinsame Zwecke verfolgen. Solche Aufgaben können im Bereich des Vertriebs, der Kommunikation und der Markenbildung liegen. Die Erwartungen sind groß, gemeinsam besser wahrgenommen zu werden, Wiedererkennungseffekte zu nutzen oder auch als Arbeitgeber besser eingeschätzt zu werden (Employer Branding).

Die **Kettenhotellerie** ist ein System wirtschaftlich unselbständiger Betriebe. Das funktioniert entweder als reines **Filialsystem** (keine rechtliche Selbständigkeit) oder als **Franchisesystem** (Einkauf eigenständiger Hotels in ein Markensystem mit rechtlicher Selbstständigkeit). Dahinter stehen ökonomische Vorteile, die sich aus der Zentralisation bestimmter Bereiche ableiten: Einkauf, Vertrieb, Controlling, Kommunikation, Personalmanagement. Das kann aber zu einer erheblichen Schwerfälligkeit im Vergleich zur Individualhotellerie führen.

In der Praxis sind sehr häufig **Mischformen** zu erkennen – auch innerhalb einer Marke. Es kommt daher ganz auf die individuelle Situation eines Hotels bzw. einer Kette an, wie die ökonomischen Ziele am besten erreicht werden können.

Klassifizierung

Klassifizierung bedeutet die Einteilung in Klassen. Also die Unterscheidung von Hotels anhand bestimmter Merkmale. In Europa hat sich eine Einteilung in fünf Klassen durchgesetzt: **1 Stern** bis **5 Sterne**.

Die Hotelklassifizierung leidet darunter, dass sie als Qualitätszeichen verstanden wird. Das ist im Grunde falsch. Mit der Klassifizierung wird lediglich unterschieden, wie viel Hotel ein Gast buchen möchte. Das ist gut mit Automobilen vergleichbar. Jeder Hersteller ist bemüht, eine ganze Bandbreite unterschiedlich großer und kleiner Wagen anzubieten, je nachdem, was der Kunde wünscht. Dabei spielt die Qualität des Wagens keine Rolle. Der kleine Wagen muss die Ansprüche des Kunden ebenso erfüllen wie der Große. Es werden einfach andere Ansprüche an das Auto gestellt.

> So ist es auch bei der Hotelklassifizierung: Ein 1-Sterne-Hotel bietet weitaus weniger **Leistungsmerkmale** als ein 5-Sterne-Hotel. Dass ein 5-Sterne-Hotel damit zugleich gehobene Luxusansprüche und das 1-Sterne-Hotel überwiegend die Basisansprüche befriedigt, hat zu der falschen Annahme geführt, dass mit der Klassifizierung zugleich ein Qualitätsaspekt verbunden ist.

In Deutschland und Europa werden die **Hotelsterne** nach dem System der **hotelstars.eu** (➽ *https://www.hotelstars.eu*) vergeben. Es steht ein sehr umfangreicher Kriterienkatalog zur Verfügung, der eine Eingliederung in die 5 Klassen ermöglicht. Einzelne Kriterien sind Mindest- oder Pflichtkriterien, um überhaupt einer Klasse zu entsprechen. Andere Kriterien sind ergänzende Punkte, mit denen Punkte gesammelt werden können, um in die normale oder *superior*-Klasse einer Kategorie eingestuft zu werden.

Auf der Internetseite (➽ *https://www.hotelstars.eu/de/deutschland/kriterien/kriterienkatalog/*) finden sie die Kriterienkataloge und zahlreiche Informationen zum System der Hotelklassifizierung.[5]

Kritik am System ist möglich. Die Kriterien sind nicht immer eindeutig und verständlich. Als Beispiel sei das „zeitgemäße Kopfkissen“[6] genannt. Die Kriterien werden regelmäßig angepasst. Das ist einerseits gut, um veränderten Konsumeinstellungen zu entsprechen. Andererseits scheinen die Anpassungen eher aus Sicht der Anbieter vorgenommen zu werden, wenn gerade harte Leistungsmerkmale wie z.B. die Zimmergröße nicht mehr als Mindestkriterium eingestuft werden. Auch die Kontrolle scheint zu lasch zu sein. Häufig wird mit abgelaufenen Sternen – sie gelten immer nur für 3 Jahre, mit erfundenen Sternen oder mit einer Klassifizierung suggerierenden Symbolen wie Sonnen oder Seesternen geworben. Das ist wettbewerbswidrig und sollte konsequenter unterbunden werden.

---

[5] https://www.hotelstars.eu/de/deutschland/.

[6] Deutsche Hotelklassifizierung 2021, S. 9.

Neben den Hotelsternen gibt es ähnliche Formen der Klassifizierung, so z.B. das **Certified Business Hotel** vom **VdR** (➽ *https://www.certified.de/*). Auch im Umweltbereich gibt es vergleichbare Systeme: der DEHOGA-Umweltcheck (➽ *https://www.dehoga-umweltcheck.de/*), der Green Hotelier Award oder Green Key (➽ *https://www.greenkey.global/*).

1.8 Trends in der Hotellerie

Über Trends wird sehr viel geschrieben. Wenn wir Trends als mittelfristige Entwicklung betrachten, dann schauen wir auf Zeiträume von 5 bis 15 Jahren. Eine genaue Definition für die Zeiträume gibt es nicht. Das variiert von Autor zu Autor. Trends sind für diese Zeit prägend und können zu neuen Produkten oder Verhaltensweisen führen.

Es ist einfacher zu bestimmen, was kein **Trend** ist. **Hypes** sind sehr kurzfristige modische Erscheinungen (z.B. Pokémon Go, Spinner). Noch längerfristige Zeiträume werden als **Zyklen** betrachtet. Bekannt sind in der Ökonomie die Kondratieff-Zyklen, die Entwicklungsrichtungen innerhalb von 50-Jahres-Intervallen beschreiben.

Natürlich unterliegen Trends einem Wandel. Vor wenigen Jahren waren der demographische Wandel, die Globalisierung oder Wellness und Gesundheit solche Trends. Heute haben sich dazu zahlreiche Angebote in der Hotellerie entwickelt. In diesem Buch sollen nur wenige Trends dargestellt werden, denen heute eine besondere Bedeutung für die Hotellerie zugesprochen werden kann: Nachhaltigkeit, Digitalisierung, Erlebniswirtschaft und Individualisierung.

Nachhaltigkeit

Im Grunde müsste in diesem Buch Nachhaltigkeit gar nicht thematisiert werden, da hier Hotels u.a. per se als ökonomische, ökologische und soziale Institutionen definiert werden. Damit tangiert die Definition diese **drei Säulen der Nachhaltigkeit**, wie sie von der UN-Konferenz für Umwelt und Entwicklung 1992 vorgestellt wurden.

Das Thema nimmt in der öffentlichen Diskussion einen breiten Platz ein, und die Branche ist derzeit immer noch nicht optimal in diesem Sinne aufgestellt. Darum stellen wir hier die Dimensionen und Herausforderungen der Nachhaltigkeit in der Hotellerie als ersten, wichtigsten Trend dar.

Hotels sind sehr energieintensiv. Das hat sowohl eine ökonomische Dimension (Einsparpotenzial) als auch eine ökologische (Ressourcenverbrauch). Für Kühlungen, Lüftungen, Heizungen, Klimatisierungen, Wellnessangebote und Gastronomie ist ein **sehr hoher Energiebedarf** vorhanden. Der kann mit Ökostrom, Photovoltaik-Anlagen, Solarthermie, energieeffizienten Anlagen oder ökologischem Bauen reduziert werden. Das ist zugleich immer auch ein Kostenfaktor. Folglich ist eine Balance zwischen der ökologischen Verantwortung und dem ökonomisch Machbaren zu finden. Klassische Beispiele erster Maßnahmen sind die Bad-Aufkleber, wie mit benutzten Handtüchern umgegangen werden soll, oder das Vermeiden von Einwegverpackungen. Die staatlichen Förderangebote helfen der Branche, auf energieeffiziente Anlagen umzurüsten. Die Balance zwischen der Ökologie und der Ökonomie ist einfach herzustellen. Oft hemmt ein Bewusstseinsproblem, diese Balance zu finden.

Ein weiterer Bereich mit hohem Nachhaltigkeitspotenzial ist die Gastronomie. Doch auch hier ist es nicht sehr problematisch, die Balance zwischen der Ökonomie und Ökologie zu finden. Ökonomisch effizienter Wareneinsatz hilft **Abfälle** zu vermeiden. Kreative Planung wertet Abschnitte aus der Speisenproduktion auf. Das ist übrigens in der Lebensmittelproduktion ein Urgedanke: Nahezu alles kann für einen bestimmten Zweck sinnvoll verwendet werden.

Diese beiden Säulen der Nachhaltigkeit, die immer im Vordergrund stehen, werden sehr häufig in der **Angebots- und Produktentwicklung** der Hotellerie aufgegriffen. Zero-Emissions-Hotels sind jetzt schon am Markt. In Norwegen wird das SVART-Hotel (➽ *https://www.svart.no/*) entwickelt, welches als erstes mit Energieüberschuss operieren soll. Farben, Formen und Materialien in der Raumgestaltung sollen den Grundgedanken der Nachhaltigkeit widerspiegeln.

Die soziale bzw. soziokulturelle Nachhaltigkeit ist schwieriger realisierbar. Dabei sind zwei Seiten relevant: die betriebsinterne Seite mit der Personalwirtschaft und die externe Seite mit den Einflüssen auf die soziokulturellen Dimensionen der Destinationen.

Die Personalwirtschaft verbindet die ökonomische mit der soziokulturellen Nachhaltigkeit: Lohngefüge, Wertschätzungen, **Arbeitsbedingungen** etc. Dass die Branche hier Nachholbedarf hat, zeigt die schwierige Situation, überhaupt ausreichend qualifiziertes Personal zu bekommen. Ein Aspekt wird weniger betrachtet: Die Mitarbeiter in der Hotellerie arbeiten in Scheinwelten. Je luxuriöser das Hotel ist, desto größer ist die Divergenz zwischen den eigenen Lebensumständen und der Job-Realität. Wird das Personal mit diesem Konflikt allein gelassen, folgen Probleme, die von verantwortungsvollen Unternehmern verhindert werden müssen. Schließlich ist das Personal der wichtigste Leistungsfaktor der Hotellerie.

Soziokulturelle Probleme können durch entsprechendes Missmanagement in die Destinationen hineingetragen werden. Oft entstehen größere Hotelanalgen, Clubs oder Resorts gerade in wirtschaftlich schwachen Gebieten, in der Hoffnung, damit die Lebensbedingungen aufzuwerten. Dass dabei verschiedene Kulturen kollidieren, sich die Lebensweisen der Einheimischen verändern und ein soziokultureller Wandel eingeleitet wird, liegt in der Verantwortung der Touristiker/Hoteliers.

Digitalisierung

Die Digitalisierung hilft, die Prozesse in der Hotellerie neu und effizienter zu gestalten: Vertrieb, Kommunikation, Reservierungen, Warenwirtschaft, Haustechnik sind nur einige Bereiche, die mittlerweile vollständig digitalisiert werden können. Demnach ist die Digitalisierung in der Hotellerie eigentlich kein Trend – sie ist Standard.

Wir stehen heute vielmehr an der Schwelle, wie mittels Digitalisierung das Produkt zunehmend verändert wird. **Self-Check-in** und **Keyless-Entry** mittels Smartphones sind einige gängige Beispiele. **Serviceroboter** und **Concierge-Tablets** sind neuere Anwendungen, die immer mehr in den Bereich der Produktpolitik einfließen. Vieles ist aber auch heute schon keine echte Innovation mehr.

Der nächste Entwicklungsschritt bzw. der nächste Trend der Digitalisierung wird mit **künstlicher Intelligenz** kommen. Dann besteht die Möglichkeit, den Leistungsfaktor Personal noch mehr zu ersetzen. Einige erste Ansätze, die Hotels mit Robotern zu besetzen, gibt es bereits. Bekannt sind die Henn Na Hotels der HIS-Hotel-Gruppe in Japan, die nahezu vollständig auf Roboter setzen.[7] Ein weiteres Beispiel liefert Hanson Robotics. Hier wird seit einigen Jahren ein **humanoider Roboter** namens Sophia entwickelt. Sophia soll in der Lage sein, autonom Gespräche führen zu können, Emotionen zu erkennen, verstehen und ausdrücken zu können.[8]

Erlebniswirtschaft

Der Erlebnishunger der Gäste nimmt zu. Man könnte fast von einer Erlebnissättigung ausgehen. Zumindest suchen die Gäste immer neue Anreize. Das sind die Folgen eines gesättigten Marktes sowie einer **Alles-ist-möglich-** und **Es-gibt-nichts-was-es-nichts-gibt-Haltung**.

Die Kreativität der Hotellerie ist nahezu grenzenlos. Es gibt so viele Angebote, die mit ständig neuen Reizen dem Erlebnisbedürfnis der Gäste zu entsprechen versuchen: Eishotels, Baumhotels, Höhlenhotels, Unterwasserhotels u.v.m.

In der Schweiz gab es z.B. als temporäres Pop-up-Hotel, ein Selfie-Hotel, in dem zahlreiche Fotopoints installiert waren, die zu einem einzigartigen Selfie anregen sollten.[9] Damit wird dem Wunsch nach einer **Instagrammability** entsprochen. Das Objekt sollte Instagram-tauglich sein. Dahinter verbirgt sich die Lust, an einzigarteigen Fotospots Selfies aufzunehmen, um sich damit auf Instagram inszenieren zu können.

Doch es sind auch die **kleinen Details**, die Erlebnisse vermitteln: Duftkonzepte, Farbdesigns, Themenausrichtung. Und eines darf man nicht vergessen, nämlich das Selbstverständliche: das Lächeln am Morgen, der Duft frischer Brötchen, guter Kaffee, perfekte Sauberkeit. Oft lassen sich Gäste mit tollen Kleinigkeiten und gut gemachten Selbstverständlichkeiten auch noch begeistern.

---

[7] https://www.h-n-h.jp/en/facilities; https://www.hishotelgroup.com/en/.

[8] https://www.hansonrobotics.com/.

[9] https://selfiehotel.ch/.

> Zwei Folgen der Erlebnisorientierung sind relevant: Anforderung an die Produktpolitik – darauf wird später noch vertieft eingegangen – und eine **Angebotsmonotonie**. Gerade das Prinzip der Markenhotellerie basierte auf einer Omnipräsenz, einer Wiedererkennbarkeit, und das führte zu einer Austauschbarkeit der Angebote. Teilweise gipfelte das in identischen Zimmereinrichtungen der Hotels, egal in welcher Stadt der Gast sich befand. Was bei Markenartikeln funktioniert, führt in der Hotellerie zu Monotonie.

Individualisierung und Sozialisierung

Diese Zwischenüberschrift klingt zunächst so, als könne das nicht vereint werden, als sei es ein Widerspruch. In der Tat stehen in unserer Gesellschaft verschiedene Werthaltungen scheinbar unvereinbar gegenüber.

Da ist zunächst der **Ich-Bezug** – nicht zu verwechseln mit Egoismus. Dahinter verbirgt sich im Tourismus der Wunsch, etwas **Einzigartiges** erleben zu wollen. Kein Urlaub von der Stange. Individuell. Maßgeschneidert. Das drückt sich z.B. im Selfie-Wahn aus, der sehr stark relativiert wird, wenn die Szenerie aus einer anderen Perspektive betrachtet wird, nämlich vom anderen Ende der Schlange. Dann wird deutlich, dass hunderte anderer Reisender genau dieses eine Foto nur mit sich selbst schießen wollen. In dem Moment, wo das Selfie geteilt wird, findet zugleich eine Sozialisierung statt: Schaut! Hier bin ich gewesen! Am Rande: Denselben Zweck erfüllt übrigens der gute alte analoge Sylt-Aufkleber auf den Autos.

Dieser Ich-Bezug drückt sich auch in der Sharing Economy aus. Das ist der Wunsch, eben nicht dem klassischen Massentourismus zum Opfer zu fallen, etwas Individuelles erleben zu wollen, eine Destination aus dem Blickwinkel der Nichttouristen zu erkunden. Und das ganze Ausmaß der Individualisierung wird permanent in den sozialen Medien geteilt. Ich und Ihr. Als würde die Welt darauf warten, zu erfahren, wie das Ich den Urlaub verbringt.

Die Folgen der Sharing Economy kann die klassische Markenhotellerie spüren. Die Grundeinstellung des Konsums hat sich geändert. Austauschbare Massenprodukte werden abgelehnt. Individuelle Angebote werden bevorzugt. Was einerseits eine Chance für **Nischenangebote** darstellt, bedeutet für die Hotelketten, neue, bedürfnisgerechte Angebote zu entwickeln. Die sind auch in den letzten Jahren entstanden: Moxy, Radisson Red, Me and all, Jaz in the city, um nur einige zu nennen. Hier steht gerade das sozialisierte Erlebnis im Vordergrund. Die Hotellobby wird neu genutzt. Hier findet mehr Austausch analog und digital statt. Kein Gast versteckt hier schweigend seinen Kopf hinter einer überdimensionierten Tageszeitung.

2 Hotelmarketing

Lernziele

In diesem Kapitel lernen Sie:

» was das besondere Denken im Marketing ist,
» welche Analyse-Tools für die Hotellerie geeignet sind,
» wie Strategien funktionieren und wie ein Strategie-Mix erstellt wird,
» wie Marketinginstrumente in der Hotellerie wirken,
» welche Besonderheiten im Hotelmarketing zu beachten sind,
» warum vieles in der Hotellerie anders ist als in der Darstellung der klassischen Marketingliteratur.

2.1 Der Marketing-Management-Ansatz

Marketing – eine Grundhaltung

Marketing ist eine Grundhaltung in der Unternehmensführung. Vom Markt her und zum Markt hin, so hat es *Raffée* dargestellt, sollten Unternehmen im Sinne des Kunden geführt werden. Oder zeitgemäßer, wie es *Karl Born* ausdrückt: Denken wie der Kunde denkt.

Marketing ist nichts, was man eben mal so machen kann, kein Werkzeug, nichts zum Ein- oder Ausschalten. Marketing zieht sich als **Grundhaltung** durch alle unternehmerischen Ebenen. In einem marketingorientierten Unternehmen dürfte es folglich keine Marketingabteilung geben, da Marketing im Grunde überall gedacht werden sollte.

Marketing ist nichts Neues. Die Grundzüge gehen einher mit der Entwicklung der Wirtschaft, der zunehmenden Globalisierung und dem **Wandel von Produzenten- zum Konsumentenmarkt**. Nicht mehr die Beschaffung von Roh-, Hilfs- oder Betriebsstoffen sind der Engpass, sondern die zunehmend gesättigter werdenden Märkte. Zur Hochform sind die Marketingüberlegungen im Bereich der Konsumgüterindustrie aufgelaufen. Viele klassische Werke basieren darauf: *Meffert, Nieschlag/Dichtl/Hörschgen, Becker, Kotler* u.v.m. haben ihre Theorien auf Konsumgüter ausgerichtet. *Freyer* hat dann diese Erkenntnisse in seinem Standardwerk auf die Tourismuswirtschaft übertragen.

> Leider lassen sich die Erkenntnisse der klassischen Marketingtheorie nicht immer 1:1 auf die Tourismuswirtschaft und ihre Leistungsträger übertragen. Vieles ist anzupassen, einiges gar unmöglich. Im Folgenden sollen **neue Sichtweisen** dargestellt werden, die zwar im Wesentlichen auf dem klassischen Marketing basieren, im Kern aber auf den Bereich der Hotellerie angepasst werden. Für ein erfolgreiches Studium ist es jedoch unerlässlich, sich umfangreich mit den Standardwerken der Marketingliteratur zu beschäftigen, auch wenn sie nicht mehr in aktuellen Auflagen vorliegen sollten.

Marketingmanagement

Marketing basiert in der Umsetzung auf dem **entscheidungstheoretischen Ansatz**: Planung – Entscheidung – Umsetzung – Kontrolle. Der **systemtheoretische Ansatz** wird dabei ebenso berücksichtigt. Alle Ebenen des Marketingmanagements sind als miteinander verknüpft zu verstehen. Es muss eine ständige Rückkopplung stattfinden, damit Marketing als Führungsansatz in Unternehmen funktionieren kann.

Ziel ist es, die Unternehmen marktkonform auszurichten, d.h. das Absatzprogramm, die Leistungen oder Produkte so zu gestalten, dass damit ein dauernder, ökonomisch nachhaltiger Unternehmenserfolg gesichert werden kann.

Marketing beginnt mit der Planung. Unternehmen sind niemals isoliert zu sehen. Sie sind mehr oder weniger eng mit der Unternehmensumwelt verbunden. Daher beginnt der Marketing-Management-Ansatz mit der Untersuchung der Umwelt mittels ausgewählter Methoden der Marktforschung. Analysen, Datenmanagement, Informationsverdichtung, Nutzbarmachung von Wissen, Wissenstransfer innerhalb des Unternehmens, all das sind wesentliche Merkmale einer transparenten, marktgerichteten Unternehmensführung, eben Marketing. Auf Basis dieser Information wird das eigene Unternehmen, die eigenen Produkte ständig rückgekoppelt und weiterentwickelt.

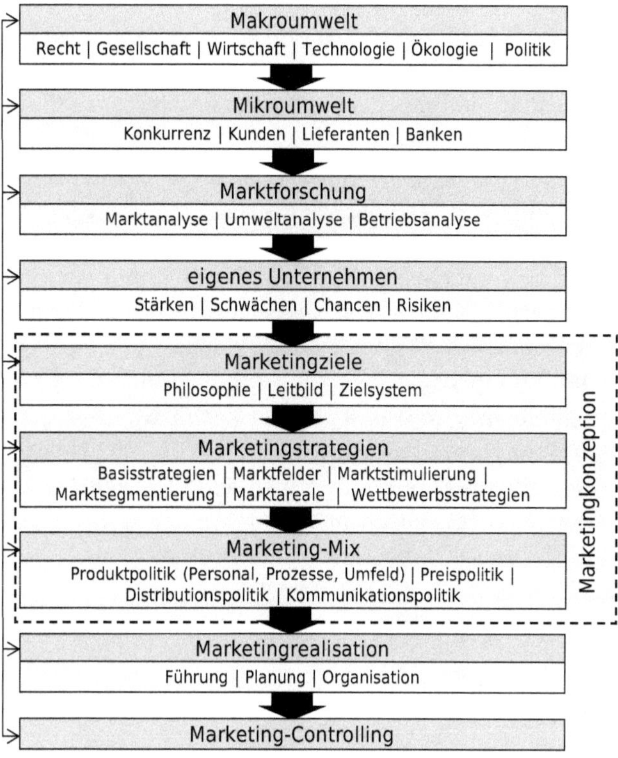

Abbildung 10: Der Marketing-Management-Ansatz
Quelle: eigene Abbildung auf Basis der klassischen Marketing-Literatur
(vgl. Nieschlag/Dichtl/Hörschgen; Becker; Kotler; Meffert).

Wenn die Planungs- und Analysephase beendet ist, folgen **Entscheidungen**. Die stellen sich im Marketing als Bestimmung der Unternehmensphilosophie, eines Leitbildes und als unternehmerisches **Zielsystem** dar. Daraus werden Strategie- und Instrumentalentscheidungen abgeleitet.

> Aus den Marketingzielen, -strategien und dem Marketing-Mix wird, wenn alle Parameter definiert sind, ein Marketingkonzept verschriftlicht. Auf diese Weise wird das **Hotelkonzept** oder die Hotelkonzeption fixiert.[10]

Erst wenn die Entscheidungen getroffen sind, beginnt die systematische **Umsetzung**. Die Unternehmensorganisation ist so aufzustellen, dass die Ziele realisiert und die Entscheidungen erfolgreich ausgeführt werden können.

Der Marketing-Management-Ansatz endet mit **Kontrolle**. Kontrolle aber nicht im Sinne von Überwachung oder dem Nachweis von Fehlern. Im Marketing bedeutet Kontrolle, alle möglichen Ansätze zu finden, das Unternehmen weiterzuentwickeln, Prozesse zu optimieren, Entscheidungen zu hinterfragen oder Planungen und Analysen kritisch auszuwerten. Unternehmen sind dynamische Systeme. Jede Form von Statik, Beharrlichkeit, Veränderungsaversion sind nicht marketingkonform.

Die Kernelemente des Marketingkonzeptes werden häufig auch als (Marketing-)**Managementpyramide** dargestellt. Die hier dargestellten Marketingziele entsprechen dem normativen Management. Das strategische Management leitet sich aus dem Marketingstrategien ab. Der Marketing-Mix entspricht dem operativen Management.

---

[10] Vgl. Dreyer/Linne 2016, S. 89.

Abbildung 11: Managementpyramide
Quelle: eigene Abbildung.

2.2 Strategische Analysen

Ohne Kenntnis der Unternehmensumwelt können keine qualifizierten unternehmerischen Entscheidungen getroffen werden. Im Marketing haben sich zahlreiche Analyse-Tools etabliert, die den Entscheidern die relevanten Informationen liefern. Gängige Analyse-Tools sind z.B. die **Portfolioanalyse** oder die **5-Kräfte-Analyse** nach *Porter*. Am häufigsten wird die SWOT-Analyse eingesetzt.

Im Hotelmarketing liefert die 5-Kräfte-Analyse nach *Porter* keine allumfassenden Aussagen. Dort fehlt der Absatzbereich. In der Hotelbranche spielen die Absatzwege eine wichtige Rolle; sie stellen im Grunde eine sechste Kraft dar, um die das Porter-Modell erweitert werden müsste. Nicht immer kann der Hotelier den Absatzweg gestalten. Oft muss er die Parameter der Channels akzeptieren. Darum wird hier im Modell der strategischen Situationsanalyse, ergänzend zur klassischen Literatur, die **Channel-Analyse** auch in der **SWOT-Analyse** aufgegriffen.

Die SWOT-Analyse

Die Herausforderung der verschiedenen Analyse-Tools besteht darin, die Fülle der Informationen praktikabel darstellen zu können. In der Praxis hat sich dafür die SWOT-Analyse etabliert. SWOT ist ein Akronym aus *Strengths* (Stärken), *Weaknesses* (Schwächen), *Opportunities* (Chancen) und *Threats* (Schwächen). Hier werden zunächst interne Analyse-Ebenen zu einer **Stärken-Schwächen-Analyse** verdichtet. Die externen Ebenen werden zur **Chancen-Risiken-Analyse** komprimiert.

Aus der Stärken-Schwächen-Analyse und der Chancen-Risiken-Analyse wird die SWOT-Analyse gebildet. Die Ergebnisse werden dabei weiter verdichtet und übersichtlicher dargestellt. Sehr häufig wird die SWOT-Analyse mit einer Tabelle abgeschlossen, in der die Stärken, Schwächen, Chancen und Risiken aufgelistet werden.

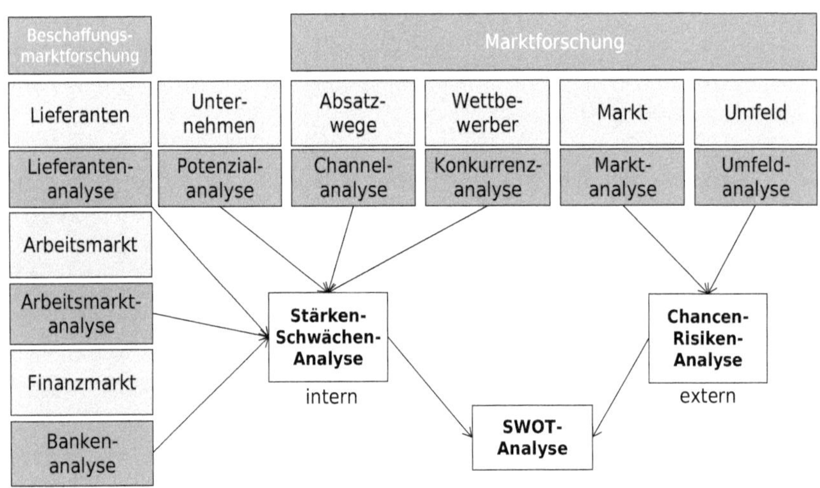

Abbildung 12: Strategische Situationsanalyse
Quelle: eigene Abbildung in Anlehnung an Nieschlag/Dichtl/Hörschgen 2002, S. 103.

Die eigentliche Analyse findet jedoch statt, wenn die Stärken, Schwächen, Chancen und Risiken in der sogenannten SWOT-Matrix zueinander in Beziehung gesetzt werden. Erst dann lassen sich Rückschlüsse und Handlungsempfehlungen ableiten. Die eigenen Stärken stärken und die

Schwächen schwächen; das ist die Handlungsmaxime. Erst in der Gegenüberstellung wird klar, welche strategischen Optionen sich daraus ableiten lassen.

	S strength Auflisten der Stärken	**W** weakness Auflisten der Schwächen
O opportunities Auflisten der Chance	**SO-Situation** Einsatz von Stärken zur Nutzung von Gelegenheiten	**WO-Situation** Überwindung der eigenen Schwächen durch Nutzung von Gelegenheiten
T threats auflisten der Risiken	**ST-Situation** Nutzung der eigenen Stärken zur Abwehr von Markt-Bedrohungen	**WT-Situation** Einschränkung der eigenen Schwächen zur Vermeidung von Markt-Bedrohungen

Abbildung 13: Die SWOT-Matrix
Quelle: Nieschlag/Dichtl/Hörschgen 2002, S. 117.

Die Portfolioanalyse

In der Portfolioanalyse werden mehrere Produkte, Marken oder Hotels als Untersuchungsobjekte anhand des **relativen Marktanteils** und des **zukünftigen Marktwachstums** gegenübergestellt. Wie auch in der SWOT-Analyse findet hier eine Verdichtung der Ergebnisse vorhergehender Analysen statt. Die Portfolioanalyse eignet sich kaum für einzelne, kleinere Hotels. Hier könnte die Positionierung z.B. im Vergleich zu den wichtigsten Wettbewerbern an einem Standort vorgenommen werden. In der Markenhotellerie kann sie sehr hilfreich sein, die eigenen Marken in Relation zueinander und zu Wettbewerbsmarken zu analysieren.

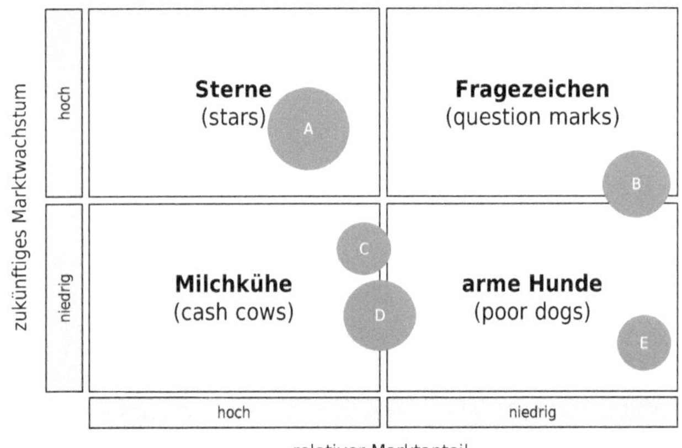

Abbildung 14: Portfolioanalyse – 4-Felder-Matrix der Boston Consulting Group
Quelle: eigene Abbildung nach Becker 2009, S. 425.

Für die Portfolioanalyse werden je Untersuchungsobjekt drei Parameter benötigt:

» der Umsatz,
» der relative Markanteil,
» das erwartete bzw. zukünftige Marktwachstum.

Der relative Marktanteil orientiert sich dabei am stärksten Wettbewerber. Er wird für jedes Untersuchungsobjekt als Quotient aus dessen und dem eigenen Marktanteil gebildet. Das zukünftige Marktwachstum wird als %-Wert des erwarteten Marktwachstums für das jeweilige Untersuchungsobjekt angegeben. Wo genau die Trennung zwischen „niedrig" und „hoch" gezogen wird, ist nicht eindeutig festgelegt. Es ist bei der 4-Felder-Matrix üblich, die Achsen mittig zu teilen.[11]

Der **Umsatz** wird anhand der Größe eines Kreises in die 4-Felder-Martrix eingetragen. Die Position des Kreises gibt die Stellung und damit die strategische Positionierung des Untersuchungsobjektes an. In Anlehnung an eine Produktlebenszyklus-Analyse wird unterstellt, dass der ty-

---

[11] Vgl. Nieschlag/Dichtl/Hörschgen 2002, S. 138ff.

pische Verlauf eines Untersuchungsobjektes entgegen dem Uhrzeigesinn verläuft und mit der Produkteinführung im Quadranten der Fragezeichen beginnt. Schließlich steht mit einer Markeinführung noch nicht fest, wie erfolgreich sich z.B. eine neue Hotelmarke etablieren wird.

Aus der Portfolioanalyse lässt sich ableiten, wie die jeweiligen Untersuchungsobjekte als einzelne oder als Paket strategisch weiterentwickelt werden sollen oder können. Müssen neue Marken positioniert werden? Wie stabil sind die Milchkühe oder wie lange werfen sie noch genügend Geld ab? Wie lange werden die Armen Hunde noch gehalten, bevor sie vom Markt eliminiert werden? Solche Fragen können mit diesem Analyse-Tool geklärt werden.

Gerade wenn in der Markenhotellerie ein eigenes Portfolio mit mehrere Marken darzustellen ist, kann der unternehmerische Erfolg realisiert werden, wenn ein optimaler Mix an in allen Quadranten positionierten Marken gesteuert wird.

2.3 Strategisches Hotelmarketing

2.3.1 Strategisches Denken und Handeln

Das strategische Denken und Handeln wirken auf den ersten Blick schwierig. Ist es aber nicht. Die **Lenkungsleistungen** von Strategien sind ausführlich von *Becker* in *Die Marketing-Konzeption* dargestellt.[12] Ein simples Bild hilft, das strategische Denken zu verstehen. Stellen Sie sich einfach vor, sie fahren mit Ihrem Auto auf einer Autobahn. Strategien wirken wie eine Entscheidungsautobahn.

Die Autobahn

Die Fahrt auf der Autobahn ist eine Strategie der Fortbewegung bzw. des Autofahrens. Sie könnten andere Verkehrsmittel nutzen oder mit dem Auto über die Landstraßen fahren. Sie gelangen immer von A nach B. Die strategische Entscheidung ist eine Auswahl zwischen möglichen

---

[12] Becker 2009, S. 140ff.

Optionen. In diesem Bild ist die Entscheidung für das Auto und die Autobahn gefallen.

Die Strategien wirken dabei wie **Leitplanken**. Sie helfen, den Kurs zu halten und auf der Autobahn nicht auf die Gegenfahrbahn zu gelangen oder in den Graben zu fahren. Die Entscheidungen werden durch die strategischen Handlungsoptionen (Auswahl: Autobahn) effektiver. Sie erreichen Ziele besser, treffsicherer und schneller, als wenn sie die Handlungsoptionen nicht kanalisieren bzw. einschränken würden.

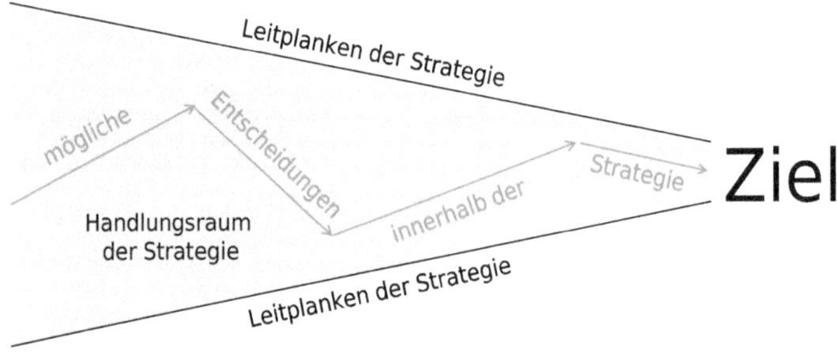

Abbildung 15: Leitplankenprinzip von Strategien
Quelle: eigene Abbildung.

Wenn Sie sich für die Autobahn entscheiden, bedeutet das, dass Ihnen viele andere mögliche Alternativen nicht zur Verfügung stehen, um von A nach B zu gelangen. Sie können z.B. nicht mit dem Fahrrad reisen oder seltener die herrliche Landschaft genießen. Eine strategische Entscheidung bedeutet nämlich, qualifiziert „Nein“ sagen zu können: Die Option X wird ausgeschlossen, weil sie nicht kompatibel mit der gewählten Strategie ist. Ein Fahrrad darf z.B. nicht auf der Autobahn fahren.

Wenn Sie sich für die Autobahn entscheiden, bedeutet das, dass Ihnen bestimme Entscheidungsbereiche verbleiben: Sie können langsamer oder schneller fahren; sie können häufig die Spur wechseln oder nicht; sie können eher die linke Spur nutzen oder die rechte; sie können überholen oder es lassen. Strategien kanalisieren die Entscheidungen. Sie bleiben folglich immer auf der Autobahn.

Die Strategie gibt Ihnen die Richtung und den Entscheidungsrahmen vor. Die Strategie-Autobahn lässt Ihnen aber auch Raum für Substrategien: Sie können defensiv oder aggressiv fahren.

Strategien gibt es in vielen Bereichen: Personalstrategien, Finanzierungsstrategien, Beschaffungsstrategien u.v.m. Wir wollen uns hier mit den klassischen Marketingstrategien befassen. Sie sind absatzmarktgerichtet und liefern das Gerüst des unternehmerischen Handelns.

Marketingstrategien

Literaturtipp

Becker, J. (2019): Marketing-Konzeption, 11. Aufl., München.

Kotler, P.; Bowen, J. T.; Makens, J. C. (2010): Marketing for Hospitality and Tourism, New Jersey.

Jochen Becker hat mit seinem Standardwerk *Marketing-Konzeption* die Basis geschaffen, um Marketingstrategien richtig zu verstehen. An seinem analytisch-strukturierten Vorgehen orientiert sich auch dieses Buch. *Kotler/Bowen/Makens* nennen in ihrem Buch *Marketing für Hospitality and Tourism* drei Ebenen: *Segmentation, Targeting* und P*ositioning*. Diese drei Ansätze sind im Kern auch bei *Becker* und in diesem Buch vorhanden. Hier werden sie aber nicht dargestellt, weil beide Sichtweisen formell – nicht inhaltlich – voneinander abweichen. Während *Becker* vierstufig arbeitet (was, wie, welche, wo?) fokussieren *Kotler/Bowen/Makens* ausschließlich auf das Wie.

In → Abbildung 16 werden die Strategien bausteinartig dargestellt. Auf jeder Ebene sind Entscheidungen für eine bestimmte Substrategie zu treffen. Die Kombination der Entscheidungen führt zu dem strategischen Teil des Hotelkonzepts, mit dem das Hotel am Markt platziert und erfolgreich geführt werden kann. Voraussetzung dafür sind jedoch die konsequenten Instrumental-Entscheidungen und eine solide Umsetzung.

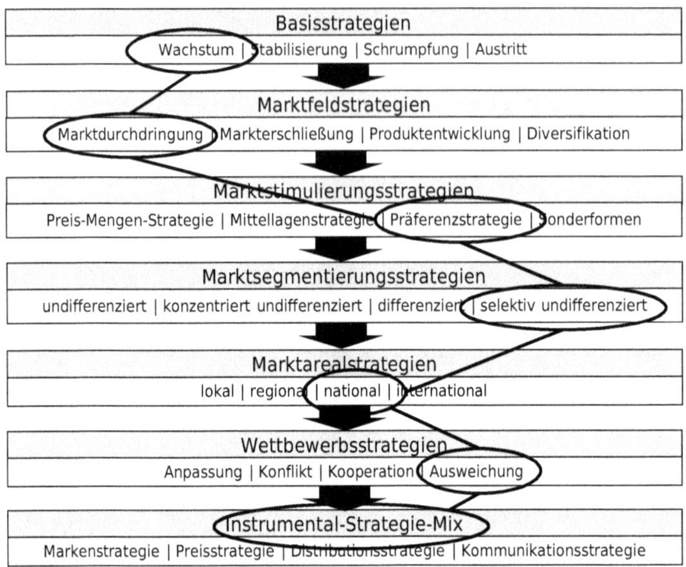

Abbildung 16: Marketingstrategien und Hotelkonzept
Quelle: eigene Abbildung.

2.3.2 Basisstrategien

Im Bereich der Basisstrategien sind grundsätzliche ökonomische Entscheidungen zu treffen, ob und wie der Hotelbetrieb oder die Hotelmarke fortgeführt werden kann. Grundlegende Entscheidungen betreffen die Fragen der Stabilisierung, des Wachstums, der Schrumpfung oder des Marktaustritts.

Prinzipiell ist in der sozialen Marktwirtschaft der Grundgedanke des Unternehmenswachstums verankert. So soll die Existenz langfristig gesichert werden. In der Hotellerie kann Wachstum realisiert werden durch Kapazitätserweiterung (z.B. durch An- und Umbauten oder Betriebskäufe oder -pachten) oder durch die Steigerung des Marktanteils im Vergleich zu den Wettbewerbern.

Viele Familienbetriebe nutzen dieses Wachstumsprinzip, indem sie ihren Stammbetrieb um ein oder mehrere Hotels erweitern. Das kann durch

Kauf oder Pacht geschehen. Damit stellt sich das Unternehmen als attraktiverer Arbeitgeber dar, Personal kann flexibler eingesetzt werden, qualifiziertes Personal kann leichter über die saisonalen Schwankungen gehalten werden. Auch den Banken gegenüber stehen größere Betriebe besser dar. Einkaufsvorteile und allgemein **Synergieeffekte** können realisiert und die Verwaltung und der Vertrieb effizienter gestaltet werden. Oft geschieht dieses Wachstum lokal, in den Tourismusorten; gelegentlich auch in den Regionen. Die Stoßrichtung dieses Wachstums wird später bei den Marktarealstrategien weiter beschrieben werden.

Bevor weitere strategische Überlegungen angestellt werden können, ist grundsätzlich zu klären, in welchem Zustand sich das Unternehmen befindet. Nur solide geführte Unternehmen können frei am Markt agieren. Daher ist es gelegentlich ratsam, ein Unternehmen zunächst wirtschaftlich zu stabilisieren. Die Stabilisierung kann auf verschiedene Weise realisiert werden:

- bessere Auslastung,
- verbesserte Qualität,
- optimierte Betriebsprozesse mit dem Ziel,
- Kosten zu reduzieren.

Ergebnis des **Stabilisierungsprozesses** kann dann einerseits die Chance auf Unternehmenswachstum sein. Aber es kann auch Situationen geben, in denen die Konsolidierung nur durch Schrumpfung erreicht werden kann. Gelegentlich ist auch die Schließung eines Unternehmens bzw. die Einstellung einer Marke eine sinnvolle ökonomische Entscheidung.

Schrumpfung ist keine Schande. Schon der Volksmund spricht davon, dass sich Unternehmen gesundschrumpfen können. Im Rahmen der Schrumpfungsstrategie können Preise neu fixiert werden, indem das Angebot reduziert wird: Ganzjahresbetrieb vs. Saisonbetrieb. Kostenbewusstsein und Kostenoptimierungen (*cost cutting*) sind in dieser Strategie unabdingbar. Schrumpfung kann auch innerhalb der Markenhotellerie helfen, das eigene Markenportfolio zu bereinigen, schwächere Standorte aufzugeben oder Häuser anders zu markieren (Re-Branding). Das sind übrigens alltägliche Prozesse in einem dynamischen Wirtschaftssystem.

So ist letztendlich auch der **Austritt**, der Marktaustritt bzw. die Exit-Strategie eine ökonomisch sachliche Entscheidung. Diese fällt allerdings in der Markenhotellerie leichter. In der Individualhotellerie wird die Exit-Entscheidung oft mit einer Niederlage gleichgesetzt. Das ist falsch; Denn ökonomisch vernünftige Entscheidungen sind keine Niederlage. Doch gerade in der Individualhotellerie sind oft Traditionen und Emotionen anzutreffen, die das Ende eines Unternehmens hinauszögern, die Unternehmensnachfolge zu spät klären und damit erst den Familienerfolg, das Familienerbe gefährden. In der Individualhotellerie fällt der Exit ggf. leichter, wenn Immobilie und Betrieb voneinander getrennt sind. Dann könnte die Immobilie im Familienbesitz verbleiben, der Hotelbetrieb aber aufgegeben und an Dritte verpachtet werden.

2.3.3 Marktfeldstrategien – Was?

Hinter den Marktfeldstrategien verbergen sich die grundlegendsten Marketingstrategien. Hier wird die Frage geklärt, was das Unternehmen anbietet, genauer, mit welchem Produkt auf welchem Markt operiert werden soll. Daraus hat *Ansoff* bereits 1966 die vier Strategien Marktdurchdringung, Marktentwicklung, Produktentwicklung und Diversifikation abgeleitet. In der Hotellerie sollten auf dieser Ebene die Entscheidungen über die **Betriebsart** und eine **thematische Ausrichtung** getroffen werden.

Märkte / Produkte	**gegenwärtig**	**neu**
gegenwärtig	Marktdurchdringung	Marktentwicklung
neu	Produktentwicklung	Diversifikation

Abbildung 17: Ansoff-Matrix
Quelle: eigene Abbildung nach Ansoff 1966.

Die **Marktdurchdringung** stellt die Basis aller Strategien dar. Selbst wenn ein Unternehmer nicht in strategischen Dimensionen denkt, so muss er ein Produkt auf einem Markt anbieten. In diesen Bereich fällt auch die grundlegende Entscheidung über die Betriebsart. Auch die Frage, ob eine Betriebsart beibehalten oder angepasst werden soll (z.B. vom Hotel zum Aparthotel), ist hier zu entscheiden. Diese Strategie deckt sich mit der **Stabilisierung** aus den Basisstrategien. Im Rahmen der Marktdurchdringung kann der Hotelier versuchen,

- seine Auslastung zu steigern,
- die Aufenthaltsdauer der Gäste zu erhöhen (z.B. mit dem preispolitischen Instrument sechs Nächte bleiben, fünf Nächte bezahlen),
- die Belegung außerhalb der Saisonzeiten zu erhöhen,
- sich mit Zusatzangeboten (mehr, besserer Service) von der Konkurrenz abzuheben,
- neue Kunden, Nichtkunden anzusprechen, z.B. durch besseres Channel-Management,
- die Kundenbindung zu verbessern, z.B. durch bessere Kommunikation (Newsletter) oder Loyalitäts- bzw. Bonusprogramme (Kundenkarten, Clubkarten),
- eine Hotelkooperation anzustreben, um eine bessere Marktwahrnehmung durch ein Branding (Markierung) zu erzielen.

Unternehmen können sich strategisch weiterentwickeln, indem entweder bestehende Produkte auf neuen Märkten (Marktentwicklung) oder neue Produkte auf bestehenden Märkten (Produktentwicklung) angeboten werden. Beide Ansätze sind unabhängig voneinander möglich. Die erste Auswahl bestimmt, welche weiteren Strategien innerhalb der Marktfeldstrategien gewählt werden können.

Marktentwicklung ist für die Hotellerie eine etwas näherliegende Strategie als die Produktentwicklung. Hier sollen für das bestehende Produkt/Hotel neue Absatzmärkte erschlossen werden, also Märkte, die im Rahmen der Marktdurchdringung nicht explizit angesprochen worden sind. Ziele dieser Marktentwicklungsstrategie sind:

- Zusatzmärkte zu erschließen durch Funktionserweiterungen (Business- und Leisure-Reisen; Wellness oder Medical-Wellness),

- neue Anwendungsbereiche zu erschließen (wenn z.B. ein Sporthotel zusätzlich Sport-Kurse, -Trainings oder Seminare anbietet oder wenn neue Service-Add-ons angeboten werden wie kostenloser Gepäcktransport im Radtourismus, Shuttle-Services, Leih-Angebote, z.B. E-Bikes).

Produktentwicklung ist für die Hotellerie eine etwas aufwendigere Strategie als die Marktentwicklung. Hier werden neue Produkte/Hotelangebote auf bestehenden Absatzmärkten angeboten. Ziel dieser Produktwicklungsstrategie ist es, mit Produktinnovationen, also z.B. neue Marken oder neue Hotelkonzepte, in gesättigten und durch Austauschbarkeit geprägten Märkten neue Impulse zu setzen. Das geschieht mit dem Risiko, dass nicht jede Innovation zu ökonomischem Erfolg führt: Stichwort Flop-Rate. Echte Innovationen sind selten. Spannende neue Konzepte werden gerade in letzter Zeit häufiger angeboten: Glas-Iglu-Hotels[13] in Finnland oder Baumhaushotels[14].

Häufiger werden Quasi-neue-Produkte eingeführt. Hier fallen z.B. Literaturhotels auf, die als herkömmliches Hotel das Thema Literatur in der Produktpolitik aufgreifen, z.B. in der Zimmergestaltung, mittels umfangreicher Bibliotheken, Lesungen, Schreibwerkstätten etc.

> Die Hotellandschaft ist von **Me-too-Produkten** geprägt. Oft werden – aus Sicht des Unternehmers – neue Produkte entwickelt, die aber so schon am Markt existieren. Auch das kann ökonomisch sinnvoll sein, schließlich werden Destinationen durch eine Angebotsvielfalt interessant. So kann das fünfte 4-Sterne-Hotel in einer aufstrebenden Destination ebenfalls erfolgreich sein. Im Sinne der Risikostreuung platzieren gerade die Markenhotels mehrere gleichrangige Marken in den unterschiedlichen Marktniveaus, um eine bessere Marktabdeckung oder höhere Marktanteile zu realisieren.

Die **Diversifikation** ist für die Unternehmen mit den höchsten Risiken, aber zugleich mit den höchsten Erfolgsaussichten verbunden. Das Risiko

---

[13] Vgl. https://www.kakslauttanen.fi/.

[14] Vgl. https://www.baumhaushotels.eu/.

besteht, weil sich der Unternehmer mit neuen Produkten auf neue, unbekannte Märkte begeben muss. In moderner Managementliteratur wird dieses Betreten des Neulands auch als **Blue-Ocean-Strategie** beschrieben.

Im Bereich der Hotellerie finden sich nur wenige Beispiele für echte Diversifikationen. Umgekehrt findet dies häufiger statt, wenn Unternehmer aus anderen Branchen Hotels erwerben und/oder betreiben. Für die Diversifikation aus der Hotellerie heraus sollen hier kurz drei Beispiele vorgestellt werden:

» Der Stanglwirt ist nicht nur Hotelier, sondern zugleich auch Landwirt. Hier werden eigene Hausspezialitäten erzeugt.[15]
» Die Westin Hotels und Resorts haben als Markenkern eine besondere Schlafqualität. Ihre besonderen Betten vermarkten sie als Westin-Hotelbetten.[16]
» Eine naheliegende Diversifikation hat Ritz-Carlton vollzogen. Neben Hotels und Resorts werden auch einige Kreuzfahrtyachten unter der Marke Ritz-Carlton betrieben.[17]

2.3.4 Marktstimulierungsstrategien – Wie?

Hinter den Marktstimulierungsstrategien verbirgt sich die Frage, wie die Märkte/Konsumenten dahingehend beeinflusst/stimuliert werden können, das eigene Produkt zu kaufen. Dafür stehen zwei Dimensionen der Beeinflussung zur Verfügung: das Preisniveau und die Qualität der Leistung/des Produkts.

Im theoretischen Fall wird unterstellt, dass sich die Märkte in drei Schichten teilen lassen: oberer Markt, mittlerer Markt, unterer Markt. Der obere und mittlere Markt soll demnach von Markenkäufern geprägt sein, die mit einer Präferenzstrategie stimuliert werden können. Der untere Markt hingegen wird von Preiskäufern dominiert, die sich eher von einer Preis-Mengen-Strategie angesprochen fühlen. Das führt zu einer

---

[15] Vgl. https://www.stanglwirt.com/.

[16] Vgl. https://europe.westinstore.com/de/.

[17] Vgl. https://www.ritzcarlton.com/en/yachts.

zweidimensionalen Gliederung zwischen Preis und Produktqualität. Innerhalb dieser Gliederung weist *Becker* verschiedene grundsätzlich mögliche Positionierungen aus.[18]

Produktqualität	niedrig	mittel	hoch
hoch	Aktions-(preis-)politik		**A. reine Präferenzstrategie**
mittel	nicht-reine Preis-Mengen-Strategie	**B. Mittellagenstrategie**	nicht-reine Präferenzstrategie Strategie
niedrig	**C. reine Preis-Mengen-Strategie**	Raubbau-(preis-)politik	
		Preis	

Abbildung 18: Marktstimulierungsstrategien
Quelle: eigene Abbildung nach Becker 2009, S. 181.

Der gesellschaftliche und soziale Wandel der vergangenen Jahre hat jedoch dazu geführt, dass sich der mittlere Markt immer weiter ausdünnt. Einige Konsumenten tendieren immer mehr zum oberen Markt. Viele Konsumenten müssen sich am unteren Markt orientieren. Dieser Verlust der Mitte zwingt Unternehmen zu einer klaren Positionierung. Der Druck zur klaren, eindeutigen Positionierung wird zudem durch das Phänomen des hybriden Verbrauchers verstärkt. Ein **hybrider Verbraucher** entscheidet situativ. Mit der Luxuslimousine beim Lebensmitteldiscounter vorfahren ist genauso gut möglich, wie der Wunsch nach veganen Kreuzfahrten.

> Die Folge für Unternehmen: Wer sich nicht eindeutig positioniert und entweder eine reine **Präferenzstrategie** entwickelt oder sich der Preis-Mengen-Strategie verschreibt, wird am Markt nicht mehr trennscharf wahrgenommen. Die Mittellagenstrategie müsste demnach äußerst riskant sein.

---

[18] Vgl. Becker 2009, S. 179ff.

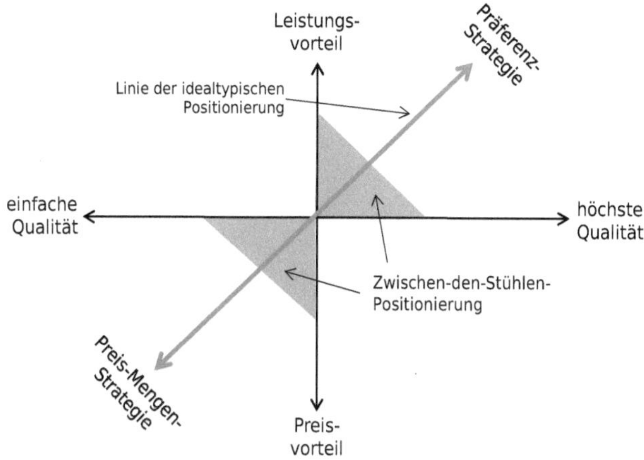

Abbildung 19: Modell der Grundpositionierung
Quelle: eigene Abbildung nach Becker 2009, S. 217.

Der theoretische Hintergrund wird mit der Lage und Form der Preis-Absatz-Funktion beschrieben. Je nach Lage und Form, welche grundsätzliche Konsumeinstellungen darstellen, wird unterstellt, wie sich Preisänderungen auf die Absatzmenge auswirken. Bei preissensiblen Kunden, stimulierbar über die Preis-Mengen-Strategie, wirken Preisänderungen sehr stark auf die nachgefragte Menge. Bei qualitätsorientierten Kunden, stimulierbar über die Präferenz-Strategie, stellt sich ein deutlich geringerer Mengeneffekt dar.

Soweit die Theorie. Die bisher dargestellten Ansätze können im Wesentlichen die Konsumgütermärkte gut beschreiben.

In der Hotellerie scheint die Theorie so nicht eindeutig zu funktionieren. Es gibt eindeutig positionierte Hotelmarken in den Marktstufen Budget, Economy, mittlerer Markt (*midscale*), oberer Markt (*upscale*), Luxusmarkt.

Die Qualitätsstufen der Hotellerie lassen sich anhand der **Hotelklassifizierung** darstellen. 1 Stern steht für einfache Qualität bis 5 Sterne, die höchsten Qualitätsansprüchen entsprechen. Bei der Hotelklassifizierung fällt auf, dass sich die meisten Hotels mit 3 Sternen klassifizieren lassen. Das entspricht genau der Mittellagenstrategie. Nach den theoretischen

Grundlagen (Verlust der Mitte, hybrider Verbraucher) müsste die Häufigkeitsverteilung eher konkav als wie hier konvex verlaufen.

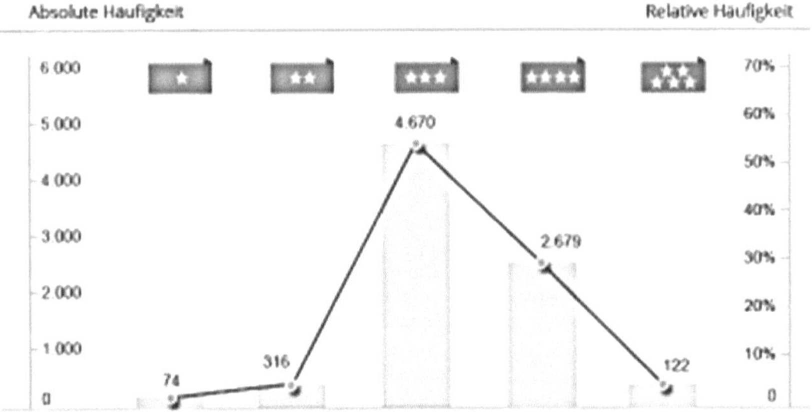

Abbildung 20: Verteilung der Hotelsterne in Deutschland
Quelle: https://www.hotelstars.eu/de/deutschland/system/statistik/.

Fallbeispiel

Jetzt wird die Theorie anhand der Realität überprüft. Ein Experiment: Die Daten des deutschen Hotelmarktes in das Modell der Grundpositionierung nach Becker zu übertragen, liefert interessante Erkenntnisse. Basis sind die Marktdaten des IHA-Branchenreports 2018.[19]

[19] IHA 2018, S. 30.

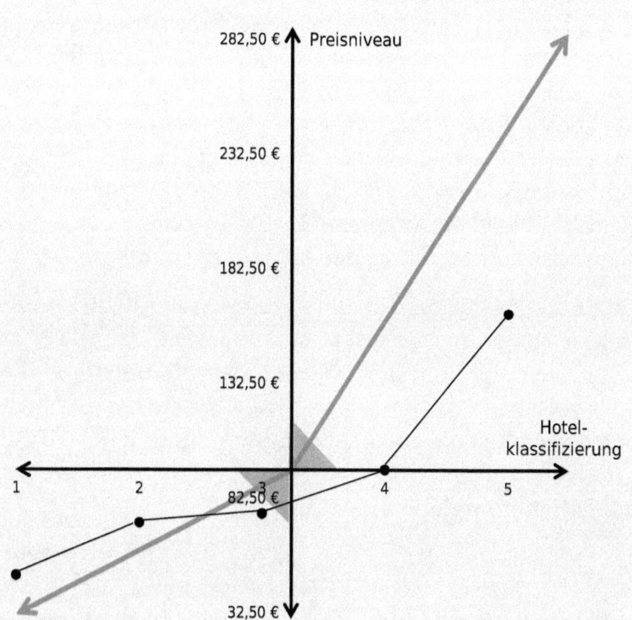

Abbildung 21: Modell der Positionierung der Deutschen Hotellerie 2018
Quelle: eigene Abbildung auf Basis IHA 2018, S. 30.

In → Abbildung 21 werden für die Sterne-Klassifizierungen Marktdurchschnittspreise angegeben. Wenn wir die Achsen mit der Klassifizierung und den Durchschnittspreisen skalieren, dann können sie sich im Branchendurchschnittspreis (hier 9 €) schneiden.

Das obere Ende der Preisskala wird mit dem höchsten Preis und das untere Ende mit dem niedrigsten Preis fixiert. Die Preisachse könnte auch bei 0 € beginnen und bei 200 € enden. Das würde jedoch aussagen, dass sowohl 0 € also auch 200 € jeweils optimale Preise wären.

Wenn wir dann die Durchschnittspreise der jeweiligen Sterneklassen (1–5 Sterne) in diesem Diagramm abtragen, stellen wir fest, dass die Darstellung erheblich vom idealtypischen Modell abweicht. Die Linie der idealtypischen Positionierung ist geknickt. Alle Durchschnittspreise weichen erheblich von der idealtypischen Linie ab. Angebote der Preis-Mengen-Strategie erscheinen höherpreisig als im Idealfall. Angebote der Präferenzstrategie erscheinen erheblich preiswerter, als sie der Theorie nach sein müssten.

Wenn wir die Preisachse anhand der Durchschnittspreise der 1–5-Sterne-Klassifizierung skalieren, also von 49 € bis 163 €, und die beiden Achsen sich mittig schneiden, dann können wir die Linie der idealtypischen Positionierung gerade darstellen. Das würde allerdings bedeuten, dass sowohl der Durchschnittspreis von 49 € für 1-Sterne-Hotels als auch der von 163 € für 5-Sterne-Hotels die eine ideale Positionierung ist.

Dieser Versuch, die Darstellung anzupassen, führt immerhin zu scheinbar marktrealistischen Interpretationsansäten. Es fällt bei dieser Darstellung auf, was den Markt kennzeichnet: ein erheblicher Preisdruck im Massenmarkt der 3- und 4-Sterne-Hotels. Hier herrscht aus vielen Gründen ein Überangebot, das zulasten der Preise geht. Die 1–2-Sterne Hotels können sich nach dieser Darstellung nahezu idealtypisch positionieren. Die 5-Sterne-Hotels sind hiernach sogar besser positionieret als im theoretischen Modell.

Ein mögliches Fazit: Das Hotelangebot ist nicht an das aus dem Konsumgütermarketing stammende Modell der Grundpositionierung angepasst. Das kann mit den konstitutiven Eigenschaften des Hotelprodukts begründet werden. Die Saisonalität, die starre Kapazität, die Standortgebundenheit und auch die Substituierbarkeit können eine mögliche Ursache dafür sein, dass der Hotelmarkt anders funktioniert als der klassische Konsumgütermarkt.

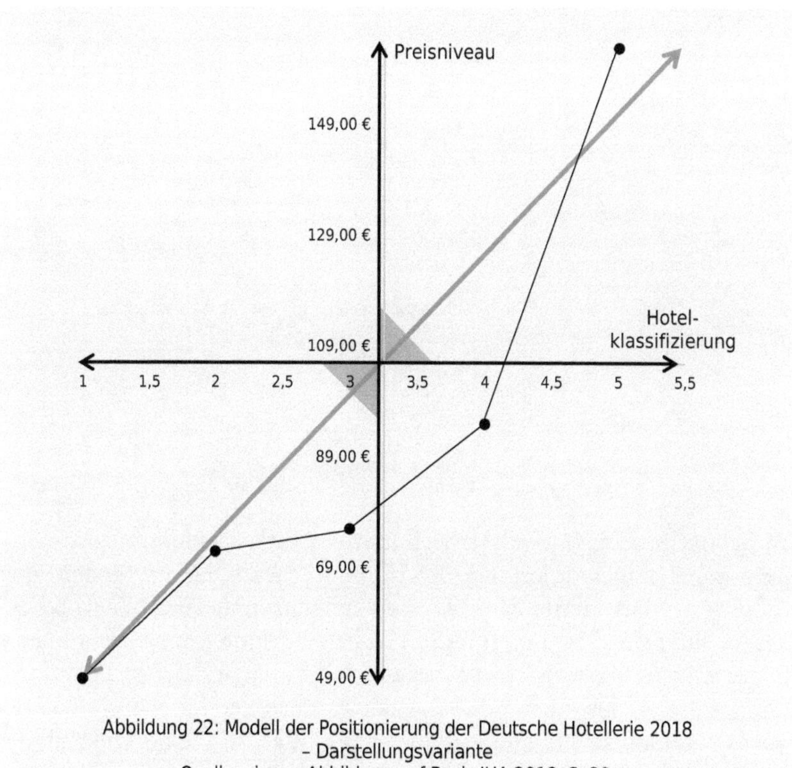

Abbildung 22: Modell der Positionierung der Deutsche Hotellerie 2018 – Darstellungsvariante
Quelle: eigene Abbildung auf Basis IHA 2018, S. 30.

2.3.5 Marktsegmentierungsstrategien – Welche?

Die Marktsegmentierungsstrategien klären die Frage, ob der Markt als Ganzes oder welche Teilmärkte bedient werden können, um mit dem eigenen Produkt oder den eigenen Produkten den größtmöglichen ökonomischen Erfolg zu erzielen. Der Gedanke dabei ist, je treffsicherer ein Produkt an bestimmte **Kundeninteressen** angepasst ist, desto höher ist der realisierbare Verkaufspreis. Dies erfordert aber z.B. intensivere Werbung, höhere Kosten bei der Produktentwicklung etc. Somit kann auch die undifferenzierte Marktabdeckung, die darauf abzielt, mit einem Produkt alle Kundeninteressen gleichermaßen zu bedienen, erfolgreich sein.

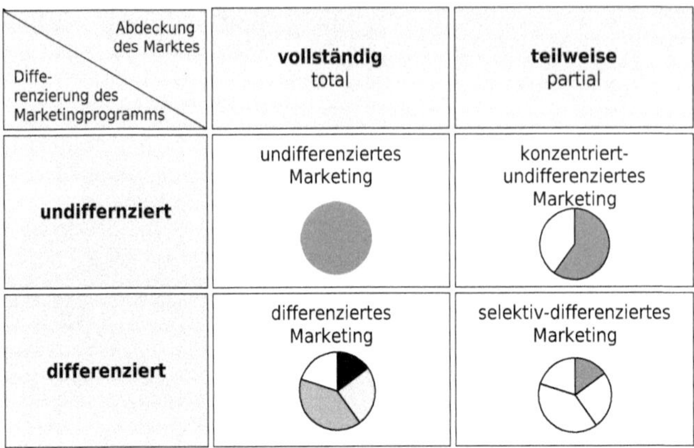

Abbildung 23: Marktsegmentierungsstrategien
Quelle: eigene Abbildung nach Becker 2009, 237, 240.

Wir beobachten, dass in letzter Zeit immer weiter ausdifferenzierte Produkte angeboten werden. Die Konsumgüterhersteller versuchen, ihre Produkte auf bestimmte **Zielgruppen** maßzuschneidern. Wenn bei totaler Marktabdeckung und undifferenziertem Marketingprogramm eine Pflegecreme erfolgreich ist, so werden bei differenzierten Marketingprogrammen aus der Passepartout-Creme Herrencremes und Damencremes, Cremes für die junge Haut und Cremes für die ältere Haut, das Angebot der Cremes wird auf den gesamten Bereich der Körperpflege ausgeweitet.

Diese Ausdifferenzierung wird erreicht, indem Kundengruppen anhand einer Fülle verschiedener Kriterien überschneidungsfrei in Zielgruppen unterteilt werden. Diese Marksegmentierung finden anhand demografischer Kriterien, psychografischer Kriterien und kaufverhaltensbezogener Kriterien statt.

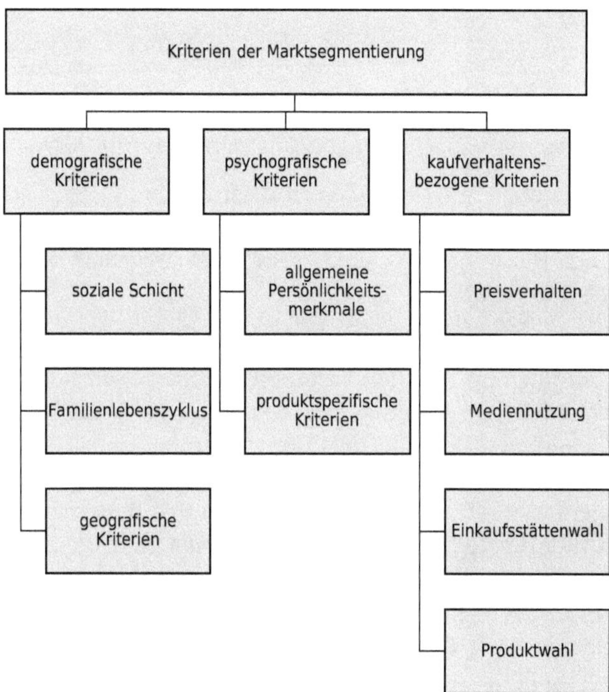

Abbildung 24: Kriterien zielgruppenspezifischer Marksegmentierung
Quelle: eigene Abbildung nach Becker 2009, S. 251.

Diese ausdifferenzierte Segmentierung erfordert eine umfangreiche Marktforschung. Ohne eine solide Datenbasis, ohne spezifisches Wissen über die Zielgruppen wäre diese Form der Marktbearbeitung nicht möglich. Jetzt versteht man auch den *Born'schen* Grundgedanken des Marketings: Denken, wie der Kunde denkt!

Literaturtipp

Becker, J. (2019): Marketing-Konzeption, 11. Aufl., München.

Scharf, A.; Schubert, B; Hehn, P. (2015): Marketing, Stuttgart.

In der klassischen Marketingliteratur wird dieses Prinzip ausführlich erläutert. *Becker* liefert die Grundlage. Aktuell und mit sehr anschaulichen Beispielen beschreiben es *Scharf/Schubert/Hehn* in ihrem Buch *Marketing.*

Ein Aspekt der demografischen Kriterien soll hier herausgegriffen werden, weil er zu Missverständnissen in Bezug auf die **Marktarealstrategie** führen kann: geografische Kriterien. Im Sinne der Marktsegmentierung wird angenommen, dass sich aus dem Wohnort (Region, Stadt vs. Land, Größe der Stadt, sogar aus bestimmten Stadtteilen oder Straßenzügen) ein differenziertes Kaufverhalten, Konsumeinstellungen, Kaufkraft u.v.m. ableiten lassen. Diese inhaltlichen Aspekte spielen bei Marktarealstrategien jedoch keine Rolle. Hier geht es eher technisch um Absatzgebiete und wie diese systematische erschlossen werden können.

In der Praxis werden oft die sogenannten **Sinus-Milieus** herangezogen. Das Sinus-Institut hat diese Form der Marktdifferenzierung entwickelt und teilt die Märkte in soziale Lage und Grundorientierung der Käuferschichten ein.[20] Diese etwas vereinfachte Form der Marktsegmentierung besticht durch die hohe Praktikabilität.

Wie findet Marktsegmentierung in der Hotellerie statt? Im theoretischen Sinn gar nicht; denn Hotels/Hotelmarken müssten dann für detailliert abgegrenzte Zielgruppen konzipiert werden. Deshalb ist der Begriff Zielgruppe im engen Sinn im Tourismus im Grunde nicht tauglich. Hier wird der Begriff **Kundengruppe** bevorzugt, um den Unterschied zwischen dem theoretisch möglichen und dem praktikablen Ansatz darzustellen.

Gerade in der Individualhotellerie bieten sich gute Möglichkeiten mit einer Themenausrichtung in Kombination mit der Marktstimulierung

---

[20] Vgl. https://www.sinus-institut.de/.

identifizierte Marktnischen erfolgreich zu besetzen. Doch das ist im engen, theoretischen Sinn kein differenziertes Marketing. Bei einem Themenhotel müsste man im Grunde auch von einem selektiv-differenzierten Marketing ausgehen.

Natürlich gibt es Hotels und Hotelmarken, die sich auf bestimmte Kunden ausgerichtet haben: z.B. Radlerhotels, Kongresshotels, Wellnesshotels. Diese thematische Ausrichtung darf jedoch nicht mit einer Zielgruppenausrichtung verwechselt werden. Innerhalb der Themen lassen sich immer noch anhand der dargestellten Kriterien verschiedene Zielgruppen über die verschiedenen Kriterien der Marktsegmentierung bilden. Bei dieser thematischen Ausrichtung von Hotels kann allenfalls von einem **konzentriert-undifferenziertem Marketing** gesprochen werden.

Das darf jetzt bitte nicht falsch verstanden werden. Hier wurde eine theoretische Einordnung vorgenommen. In der Realität gibt es viele gute Ansätze, mit fokussierten Konzepten erfolgreich Teilmärkte besetzen zu können.

Fallbeispiel

Ein interessantes Beispiel stellen die *ibis Hotels* der Accor Gruppe dar. Die Marke *ibis* ist nach der Marktstimulierung im Beriech der Preis-Mengen-Strategie mit Preisvorteilen und eingeschränktem Leistungsumfang positioniert. Innerhalb dieser Positionierung hat Accor die Marke *ibis* gedehnt (Markendehnung) und um *ibis styles* und *ibis budget* erweitert. [21] Auf diese Weise kann das Preis-Mengen-Segment differenzierter abgedeckt werden. In der Realität kommen beide Marken häufig in Kombination vor. Die Hotels liegen unmittelbar nebeneinander und teilen sich Bereiche der Immobilie. Dieses Double-Brand-Konzept wird in Deutschland noch nicht sehr häufig umgesetzt. Die ökonomischen Vorteile liegen auf der Hand.

---

[21] Vgl. https://ibis.accor.com/deutschland/index.de.shtml.

2.3.6 Marktarealstrategien – Wo?

Mit den Marktarealstrategien werden die **Absatzgebiete** festgelegt. Konsumgüter können transportiert werden, also ist die Frage, in welchen Gebieten ein Produkt verkauft wird, von entscheidender Bedeutung.

nationale Strategien domestic marketing
» lokale Markterschießung
» regionale Markterschießung
» überregionale Markterschießung
» nationale Markterschießung
übernationale Strategien international marketing
» multinationale Markterschießung
» internationale Markterschießung
» weltweite Markterschießung

Abbildung 25: Marktarealstrategien
Quelle: Becker 2009, S. 301.

In der Hotellerie werden die Absatzmärkte als Quellmärkte verstanden. Das sind die Gegenden (Staaten, Länder, Orte), aus denen die Gäste anreisen. Der Distributionsprozess ist aufgrund des Uno-actu-Prinzips umgekehrt. Im Vergleich zu Sachleistungen muss hier der Kunde zum Produkt kommen.

Marktarealstrategien können so als **Quellmarktstrategien** verstanden werden: Welcher Quellmarkt soll gezielt beworben werden, um Gäste für das Hotel zu akquirieren? Das stellt sich jedoch für das einzelne Hotel etwas komplex dar. Durch die optimierten Distributionsmöglichkeiten sind Hotelleistungen, wenn sie digital distribuiert werden, ohnehin nahezu problemlos in allen möglichen Quellmärkten verfügbar.

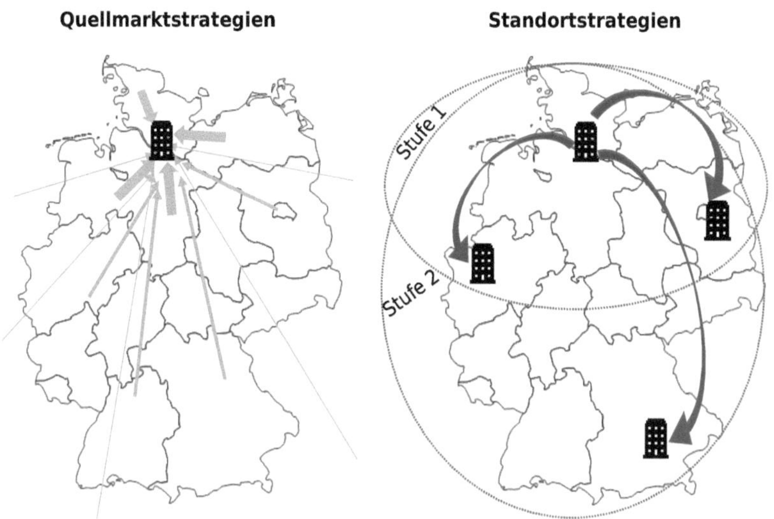

Abbildung 26: Marktarealstrategien der Hotellerie
Quelle: eigene Abbildung.

Marktarealstrategien können aber auch als **Standortstrategien** verstanden werden: In welchem Areal soll ein bzw. in logischer Konsequenz weitere Hotelstandorte gewählt werden. Bei der Markenhotellerie sind Marktarealstrategien als Standortstrategien selbstverständlich. Hier werden die Standorte systematisch mit spezifischen Marken belegt; denn nicht jeder Standort entspricht dem Markenprofil einer Hotelmarke. Die Vorgehensweise entspricht im Idealfall konzentrischen Kreisen oder einem aufgerollten Schneeball. Doch auch bei der Individualhotellerie sind Marktarealstrategien in der Realität sehr gut zu beobachten. Häufig bilden sich aus Individualhotels lokale oder regionale Ketten. Dahinter verbirgt sich jeweils die systematische Erschließung ausgewählter Areale.

2.3.7 Wettbewerbsstrategien

Ergänzend zu den klassischen Marketingstrategien werden in der Literatur Wettbewerbsstrategien bzw. konkurrenzgerichtete Strategien genannt. Der Unterschied zu den klassischen Strategien ist der Blickwinkel. Hier steht nicht der Kunde im Fokus, sondern die Wettbewerber. Die möglichen konkurrenzgerichteten Strategien sollen hier nur kurz beschrieben werden:[22]

- » Mit der **Anpassungsstrategie** versucht ein Hotelier den Erfolg einer Konzeption eines Wettbewerbers zu kopieren. Dabei entsteht das klassische Me-too-Produkt. Oft gelingt das nur, wenn der Preis niedriger angesetzt wird. Die Gefahr des Preiskampfes droht.
- » Eine **Konfliktstrategie** forciert den Preiskampf. Das ist sehr risikobehaftet und kann nur bei entsprechend solider Finanzlage durchgehalten werden. Weniger aggressiv ist die **Pionierstrategie**, bei der der Zeitpunkt des Markteintritts immer vor der Konkurrenz liegen soll: das erste Wellnesshotel, als Erster auf die Konkurrenzsituation der Sharing Economy zu reagieren: „Wie bei den Lindner Hotels & Resorts werden wir [... mit den neuen me and all hotels ...] nichts kopieren oder wiederholen."[23]
- » Mit einer **Kooperationsstrategie** wird die bewusste Zusammenarbeit mit Wettbewerbern gesucht. In der Hotellerie sind hier vor allem die Hotelkooperationen zu nennen, bei denen der Marktauftritt unter einem einheitlichen Konzept/einer einheitlichen Marke stattfindet.
- » Bei der **Ausweichstrategie** wird bewusst versucht, der Wettbewerbssituation zu entgehen. Das kann durch eine Nischenpositionierung stattfinden oder aber auch durch den Komplettrückzug bzw. Marktaustritt.

Auf diesen fünf Ebenen der Basis- und Marketingstrategien muss jeweils eine Alternative ausgewählt werden. Über alle Strategie-Ebenen hinweg ergibt sich dann schließlich in der logischen, passenden, marktfähigen Kombination die strategische Komponente der Hotelkonzeption.

---

[22] Vgl. Scharf/Schubert/Hehn 2015, S. 241ff.

[23] https://meandallhotels.com/presse-medien/mitteilung/article/lindner-hotels-ag-startet-zweitmarke.html.

Literaturtipp

Porter, M. (1999): Wettbewerbsstrategie, 10. Aufl., Frankfurt am Main.

Scharf, A.; Schubert, B; Hehn, P. (2015): Marketing, Stuttgart.

Die klassischen Wettbewerbsstrategien gehen auf *Porter* zurück. Er nennt umfassende Kostenführerschaft sowie Differenzierung (das ist vergleichbar mit der Marktstimulierungsstrategie) und die Konzentration auf Schwerpunkte (strategische Geschäftsfelder, SGE) als wesentliche Punkte der Wettbewerbsstrategien. Eine gute Übersicht über die möglichen konkurrenzorientierten Ansätze liefern *Scharf/Schubert/Hehn.*

2.3.8 Instrumental-Strategie-Mix

Die letzte strategische Ebene leitet sich aus den Marketinginstrumenten der Produkt-, Preis-, Distributions- und Kommunikationspolitik ab. Dort wird nicht nur auf operativer Ebene agiert; in Teilen ist immer auch eine strategische Dimension zu beachten. Das betrifft z.B. Markenstrategien (Branding), Preisstrategien, Distributionsstrategien oder Kommunikationsstrategien. Die Instrumentalstrategien können mehrfach kombiniert werden, wie auch der Instrumental-Mix Entscheidungen zu jedem Marketinginstrument enthält.

Branding/Markenstrategien

Markenpolitik wird in der Literatur der Produktpolitik zugeordnet. Ziel ist es, Produkte zu entwickeln, die klare, unverwechselbare und relevante Vorstellungsbilder in den Köpfen der Konsumenten erzeugen.[24] Dies geschieht durch einen abgestimmten Einsatz der Marketinginstrumente.

[24] Vgl. Schart/Schubert/Hehn 2015, S. 271f.

Aus der Markenpolitik leiten sich unmittelbar strategische Aufgaben ab. Überscheidungen ergeben sich insbesondere zur Marktstimulierungs- und Marktsegmentierungsstrategie, weil diese Strategien mit Hilfe des Brandings besser realisiert werden können.

In der **Markenhotellerie** werden die **Markenportfolios** unter solchen strategischen Aspekten gesteuert. Zusätzlich gibt es innerhalb der Markenpolitik strategische Überlegungen wie Marken innerhalb eines Markenverbunds effektiver geführt werden können.

Literaturtipp

Esch F. R. (2018): Strategie und Technik der Markenführung, 9. Aufl., München.

Ein Standardwerk zum Thema Markenführung hat *Esch* geliefert. Neben allen grundlegenden Fakten wird hier auch der Bereich der Marketingstrategien ausführlich beschrieben.

Preisstrategien

Mit der Preispolitik werden aus den Bereichen der Markstimulierung und der Marktsegmentierung entsprechende Instrumentalentscheidungen erforderlich. Innerhalb der Preispolitik sind für die Hotellerie und Gastronomie die preispolitischen Strategien *Prestige Pricing*, Skimming-Strategie und Penetrationsstrategie relevant.[25]

[25] Vgl. Kotler/Bowen/Makens 2010, S. 306ff.

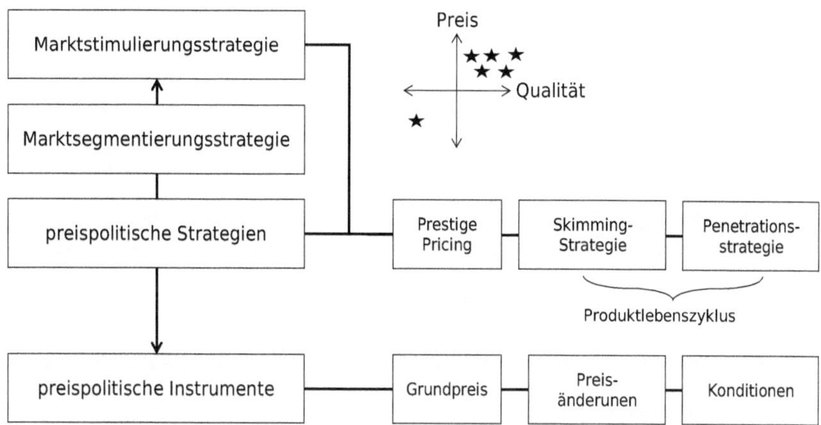

Abbildung 27: Beziehungen zwischen Strategien und Instrumenten am Beispiel der Preispolitik
Quelle: eigene Abbildung.

Als *Prestige Pricing* wird der Ansatz verstanden, als das beste Hotel der Stadt, der coolste Club der Stadt oder das beste Restaurant der Region sehr stark überhöhte Preise am Markt durchsetzen zu können. Das funktioniert, wenn die Exklusivität wirklich gegeben ist und von den Konsumenten anerkannt wird.

Die **Skimming-Strategie** beschreibt den Versuch, bei Produkteinführungen den Neuigkeitseffekt mit hohen Markteinführungspreisen auszunutzen. So kann zumindest für einen kurzen Zeitraum die Konsumentenrente abgeschöpft werden. Mit zunehmendem Zeitablauf werden dann die Preise nach unten angepasst. In der Hotellerie wird dieser Effekt selten beobachtet. Im Bereich der Kreuzfahrt könnte diese Strategie z.B. bei der Tauffahrt oder der Jungfernfahrt genutzt werden, wenn das Schiff erstmals mit den Gästen in See sticht.

In der Hotellerie üblicher ist die **Penetrationsstrategie**. Hier wird versucht, mit günstigen Markteinführungspreisen schnell eine hohe Auslastung des Hauses zu generieren. Mit steigender Auslastung können dann auch schrittweise die Preise angehoben werden. Dies resultiert aus dem konstitutiven Merkmal der starren Kapazitäten. Die vorhandene Kapazität ist schnell zu einer rentablen Auslastung hinzuführen, weil die starre Kapazität nicht verringert werden kann. Wir haben es hier u.a. mit sprungfixen Kosten zu tun, die schnellstmöglich mit Umsatzerlösen gedeckt werden müssen.

Literaturtipp

Kotler, P.; Bowen, J. T.; Makens, J. C. (2010): Marketing for Hospitality and Tourism, New Jersey.

Insbesondere für die Hospitality-Branche haben *Kotler/Bowen/Makens* preispolitische Strategien ausführlich beschreiben.

Distributionsstrategien

Hinter **Distributionsstrategien** verbergen sich grundlegende Entscheidungen über die Wahl der Vertriebswege. Allerdings sind die Handlungsoptionen in der Realität eher begrenzt. Grundlegend ist z.B. die Entscheidung, überwiegend auf Eigenvertrieb (direkter Vertrieb) zu setzen, um Vermittlungsprovisionen zu sparen. Allerdings ist diese Entscheidung fraglich, weil mit dem Eigenvertrieb kaum das Volumen generiert werden kann, dass heute mit dem digitalen Vertrieb (*online booking agencies* [OBA] oder *online travel agencies* [OTA]) erzielbar ist. Hier ist zwischen Personalkosten und Provisionen abzuwägen.

Kommunikationsstrategien

Ähnlich verhält es sich mit den **Kommunikationsstrategien**. Auch hierunter sind grundlegende Entscheidungen zu verstehen, wie generell kommuniziert wird. Teilweise ist es möglich, auf Kommunikation im Sinne von Werbung zu verzichten, weil über die digitalen Vertriebswege gleichermaßen Kommunikation erfolgen kann. Eine andere grundlegende Entscheidung betrifft die Wahl zwischen klassischer Werbung oder dem Engagement in den sozialen Medien.

2.4 Operatives Hotelmarketing

2.4.1 Marketing-Mix

Aus den vier Instrumentalbereichen Produkt, Preis, Distribution und Kommunikation setzt sich der klassische Marketing-Mix zusammen. Jedes einzelne Instrument ist dabei an die zuvor festgelegten strategischen Entscheidungen anzupassen.

Im Bereich des Tourismusmarketings, und das gilt ebenso für das Hotelmarketing, wird die Produktpolitik um die Bereiche Personal, Prozess und Dienstleistungsumfeld erweitert. So kann den besonderen Merkmalen (konstitutiven Eigenschaften) der Hotelleistung im Marketing entsprochen werden.

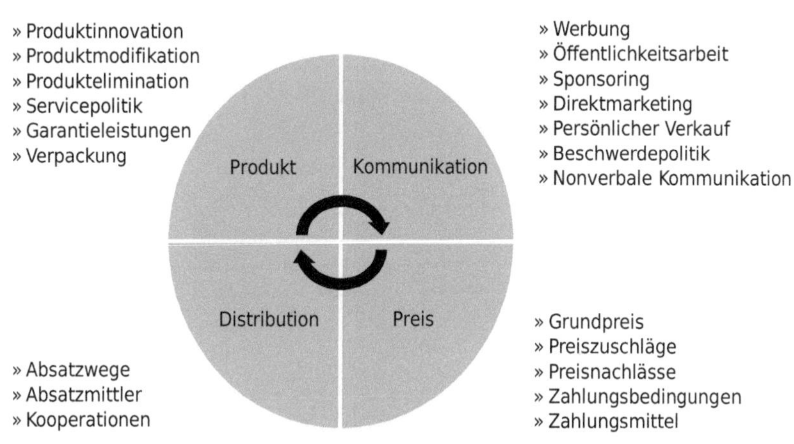

Abbildung 28: Marketing-Mix
Quelle: eigene Abbildung.

Mit diesen abgestimmten Marketinginstrumenten muss die strategische Komponente der Hotelkonzeption logisch, passend und marktfähigen umgesetzt werden. Der Marketing-Mix liefert folglich die operative Komponente der Hotelkonzeption.

In den folgenden Abschnitten sollen die Instrumente nicht in jedem Detail besprochen werden. Dies ist in der klassischen Literatur (Nieschlag/Dichtl/Hörschgen; Scharf/Schubert/Hehn; Meffert; Kothler, u.v.m.) mehrfach ausführlich dargestellt worden. Hier soll der Schwerpunkt auf den Besonderheiten liegen, wie die klassischen Ansätze im Hotelmarketing zu modifizieren sind.

2.4.2 Produktpolitik (*Product*)

Produktpolitik bildet den Kern der Marketinginstrumente. Sie wirkt mittel- bis langfristig. Ziel der Produktpolitik ist es, die Hotelleistung so auszugestalten, dass die Kunden mindestens zufrieden sind. Das betrifft auch die ergänzenden Bereiche der Produktpolitik: Personal, Prozesse und Dienstleistungsumfeld.

Die Elemente der Hotelleistung umfassen die Außengestaltung mit Wegeführungen und Parkplätzen, den Eingangsbereich mit Rezeption und Lobby, die Flure, Zimmer, Bäder, Restaurantbereiche, Speisen und Getränke sowie sonstige Dienst- und Sachleistungen.

Doch was ist das **Hotelprodukt**? Ist es das 4-Sterne-Hotel? Ist es das Hotelzimmer? Weder noch. Das Hotelzimmer ist ein Teil des bereitgestellten und einsatzfähigen Dienstleistungspotenzials.

Wissen | Uno-actu-Prinzip

Das Hotelprodukt entsteht im Sinne des Uno-actu-Prinzips, wenn der Gast das gesamte Leistungsbündel, das an potenzielle Kundenbedürfnisse angepasst und zur Nutzung bereitgehalten wird, in Anspruch nimmt. Danach ist es nicht mehr vorhanden. Eng gesehen entsteht jedes Hotelprodukt durch die *Co-Creation* eines jeden Gastes nur ein einziges Mal. Selbst wenn ein Gast zu einem späteren Zeitpunkt ins selbe Zimmer eincheckt, entsteht genaugenommen ein neues, einzigartiges Hotelprodukt.

Innerhalb eines Hauses können sehr viele differenzierte Produkte gleichzeitig entstehen. Es gibt unterschiedliche Zimmerkategorien und -lagen, unterschiedliche Serviceangebote und Reisepauschalen. Selbst Reisezeitpunkt und -dauer machen das Hotelprodukt aus. Das Hotel bildet also den Rahmen oder die Kulisse für die Produkte, die ein Hotelgast mitgestalten und erleben kann.

Die jeweiligen Elemente der Produktpolitik lassen sich auch auf die Hotellerie übertragen und dort anwenden. Eine Besonderheit ist die Verpackung. Da die Hotelleistung in allen Phasen immateriell ist, gibt es eigentlich nichts, was zu verpacken wäre. Folglich scheiden die Möglichkeiten der Verpackung eigentlich aus dem Kanon der Elemente aus. Die einzige Ausnahme sind Hotelgutscheine. Hier besteht durchaus die Möglichkeit die Tricks der Verpackung anzuwenden, um die Leistung angemessen zu präsentieren. Ein Hotelgutschein kann mehr sein als ein Stück Papier mit rechtlicher Bindung.

Dienstleistungsumfeld (*Physical Evidence*)

Die Gestaltung des Dienstleistungsumfelds ist eines der wesentlichen Unterelemente (das fünfte „P") der Produktpolitik. In diesem Bereich geht es um die wahrnehmbare Ausgestaltung der Erlebnisbereiche. Das beginnt mit der Außenwahrnehmung des Hauses mit Grünanlagen, Parkplätzen, Schau-/Fenstergestaltung, Fassaden und Wege etc. Es setzt sich über den Eingangsbereich, die Lobby, Rezeption, Flure, Zimmer, weitere Gasträume u.v.m. fort.

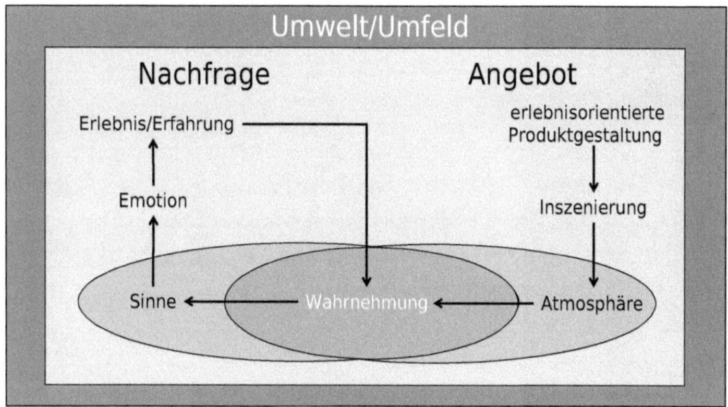

Abbildung 29: Erlebnisinszenierung
Quelle: eigene Abbildung auf der Basis von Müller/Scheurer 2007, S. 12.

Ziel ist es, ein erlebnisorientiertes Gesamtkonzept des Hauses umzusetzen. Durch Abstimmung von Materialien, Formen, Farben, Licht, Duft und Accessoires wird für den Gast eine wahrnehmbare **Atmosphäre** gestaltet. Damit werden positive **Emotionen** und **Erlebnisse** ausgelöst. Die inszenierte Kulisse wird kreiert, in der der Gast das Hotelprodukt erleben kann.

Personalpolitik (*Personnel*)

Ein weiterer Baustein der touristischen Produktpolitik ist als sechstes „P" die Personalpolitik. Dahinter verbirgt sich nicht das Personalmanagement. Stattdessen ist gemeint, dass das Personal als wichtigster **Leistungsfaktor** maßgeblich an der Gestaltung der Hotelleistung teilhat. Also muss dem Personal die entsprechende Bedeutung beigemessen werden. Das Personal muss angemessen qualifiziert sein, es muss autorisiert sein, spontane Entscheidungen zu treffen, und vor allem: Es muss verstehen, dass es dem Gast den adäquaten Service bieten sollte. Eine besondere Kompetenz ist dabei zu beachten: **Intuition** bzw. **Empathie**. Die Mitarbeiter müssen sich auf jeden Gast individuell einstellen können. Das erfordert Training. Nur so kann aus der Kulisse eines Hotels, gestaltet als Dienstleistungsumfeld, ein funktionierendes, gelebtes und individuelles Haus für die Gäste werden.

Literaturtipp

Kotler, P.; Bowen, J. T.; Makens, J. C. (2010): Marketing for Hospitality and Tourism, New Jersey.

In vielen Werken zum Marketing, zum Dienstleistungsmarketing und zum Tourismusmarketing wird die Produktpolitik in viele weitere P's untergliedert. Der Fantasie scheinen keine Grenzen gesetzt zu werden, stets neue P's zu erfinden. Die Personalpolitik, engl. *personnel*, wird insbesondere bei *Kotler/Bowen/Makens* dargestellt (S. 558).

Dienstleistungsprozesse (*Process*)

Ein weiterer, letzter Baustein der Produktpolitik, das siebte „P“, sind die Dienstleistungsprozesse. Damit sind insbesondere die Prozesse gemeint, die der Gast unmittelbar erlebt. **Check-in** und **Check-out** müssen fehlerfrei ablaufen. An der aufgeräumten **Rezeption** sollten sich keine Schlangen bilden. Namen, Daten, Reisewünsche müssen bekannt sein. Der **Frühstücksservice** muss geräuschlos und störungsfrei funktionieren. Die Buffets müssen permanent überprüft und nachgefüllt werden. Kurzum: Die Prozesse sind so zu organisieren, dass für den Gast alles reibungslos abläuft.

Die Prozesse müssen souverän und routiniert ablaufen. Auch das erfordert Training. Das Problem: Wenn etwas nicht funktioniert, ist der Gast anwesend und bekommt die Fehler mit, dem Uno-actu-Prinzip sei's gedankt.

2.4.3 Preispolitik (*Price*)

Preispolitik ist ein schnelles, kurzfristig wirkendes Instrument. Damit ist es zugleich auch ein gefährliches, weil verlockendes Instrument mit dem sehr schnell erste Ergebnisse realisiert werden können. Die Gefahr besteht in Lerneffekten bei den Konsumenten. Wird zu oft mit dem Instrument der **Preisreduzierung** gearbeitet, dann lernt dies der Konsument und wartet, bis sich die Preise senken werden. Damit wird ein Teil des möglichen Umsatzes gefährdet.

Allgemein wird im Rahmen der Preispolitik über die **Preissetzung**, mögliche **Preisveränderungen**, **Konditionen**, eine etwaige **Kreditpolitik** und eine **vertikale Preispolitik**, also Preise für die ausgewählten Absatzkanäle, entschieden. In der Hotellerie gibt es einige Besonderheiten der Preispolitik, die hier nun vorgestellt werden.

Literaturtipp

Scharf, A.; Schubert, B; Hehn, P. (2015): Marketing, Stuttgart.

Eine gute Übersicht über die vielen Möglichkeiten und Wirkungen der Preispolitik liefern *Scharf/Schubert/Hehn* in ihrem grundlegenden Marketingbuch.

Beginnen wir mit der vertikalen Preispolitik: In klassischen Lehrbüchern werden darunter die Maßnahmen verstanden, wie Anbieter für die jeweiligen Distributionswege ihre Boni bzw. Provisionsraten festlegen. Das ist im Tourismus bzw. der Hotellerie anders. Aus diesem Grund fehlt in *Porters* 5-Kräfte-Modell die sechste Kraft der Distributionsorgane. Diese setzen ihre Provisionen fest, nicht umgekehrt. Hier liegt eine Umverteilung der Marktmacht vor, welche zulasten der Hotellerie geht. Aber die Distributionsorgane im Tourismus liefern mit ihren digitalen Vertriebswegen eine erhebliche Distributionsleistung, die von der Hotellerie im Zuge eines Eigenvertriebs nicht zu realisieren wäre.

Kreditpolitik findet eher seltener statt. Es gibt wenige Anbieter, die als Reisemittler und/oder Reiseveranstalter kreditfinanzierte Reisen anbieten. Aus Sicht der Hotellerie spielt dieses Instrument im Grunde keine Rolle.

Anders verhält es sich mit der Konditionenpolitik. Hier sind Entscheidungen über Zahlungsmöglichkeiten (bar, EC-/Kredit-Karte, Rechnung) oder Zahlungszeitpunkte (Vorkasse, vor Check-in, nach Check-out) zu treffen. Ein Aspekt der Konditionenpolitik betrifft die Akzeptanz von Buchungsdauern. Ungern werden Buchungen für nur eine Nacht angenommen, da die variablen Kosten für nur eine Nacht relativ hoch sind. Eine Möglichkeit besteht in der Preissetzung; die erste Hotelnacht wird dann zu einem höheren Preis angeboten als die Folgenächte. In der klassischen (städtischen) Hotellerie ist es üblich, Gäste auch nur für eine Nacht anzunehmen. In der Ferienhotellerie ist es seltener üblich. Darum wird die Akzeptanz dieser Kurzbuchungen in einigen Klassifizierungen/Kooperationen (z.B. Bett&Bike) vorgeschrieben. In der Ferienhotellerie werden oft immer noch Wochen-Rhythmen mit dem Bettenwechsel am Samstag vorgezogen.

Ein weites Spektrum der Preispolitik wird in der Tourismuswirtschaft und insbesondere auch in der Hotellerie als üblich betrachtet: **Preisdifferenzierung**. In der Realität werden viele Begriffe dieser Art genutzt: Seniorenrabatt, Familienpreise, Saisonpreise u.v.m.

In diesem Buch wollen wir eine andere, sehr theoretische Sichtweise darstellen: Es gibt im engen Sinn keine Preisdifferenzierung für die Hotellerie. Preisdifferenzierung liegt vor, wenn ein Anbieter seinen Abnehmern eine gleiche Sach- oder Dienstleistung bewusst und systematisch zu unterschiedlichen Preisen anbietet.[26] Das ist bei Konsumgütern ohne Weiteres möglich. Doch in der Hotellerie stoßen wir dabei an fundamentale Grenzen. Können wir bei Preisdifferenzierung immer von ein und derselben Leistung ausgehen?

Die Hotelleistung entsteht nach dem Uno-actu-Prinzip genau dann, wenn das bereitgestellte Dienstleistungspotenzial und der Konsument als relevanter externer Faktor aufeinandertreffen und der Dienstleistungsprozess beginnt. Dann agiert der Gast im Sinne der *Co-Creation* als Prosument. Als Ergebnis entsteht ein höchst individuelles, im Grunde einzigartiges Dienstleistungsergebnis. Demnach führt eine **personenbezogene Preisdifferenzierung** zu völlig unterschiedlichen Produkten: Familienreise vs. Seniorenreise.

Auch die **saisonale Preisgestaltung**, die Nachfrageschwankungen ökonomisch sinnvoll ausnutzt, ist im engeren Sinne keine zeitliche Preisdifferenzierung. Ein Sommerurlaub in einem Hotel ist etwas ganz anders als eine Reise im Winter oder in Vor- und Nachsaisonzeiten. Es liegt nicht dasselbe Produkt vor. Also können wir auch nicht von einer zeitlichen Preisdifferenzierung sprechen.

Die Hotelleistung ist standortgebunden und vom Standort abhängig. Das betrifft insbesondere Hotelketten. Eine Hotelübernachtung der Kette XYZ am Standort Hamburg führt zu einem völlig anderen Produkt als eine Übernachtung derselben Kette XYZ am Standort München oder New York. Also scheidet im engen Sinn auch die **räumliche Preisdifferenzierung** im Tourismus und in der Hotellerie aus. Natürlich werden

---

[26] Scharf/Schubert/Hehn 2015, S. 362.

an verschiedenen Standorten unterschiedliche Preise realisiert. Das liegt jedoch an den Standortfaktoren, die das Produkt bestimmen. Wenn wir die räumliche Preisdifferenzierung auf die Quellmärkte beziehen, dann stoßen wir sehr schnell an rechtliche Grenzen. Eine Hotelleistung darf nicht abhängig von der Herkunft des Gastes mit verschiedenen Preisen angeboten werden: Einheimische, Deutsche, Europäer ...

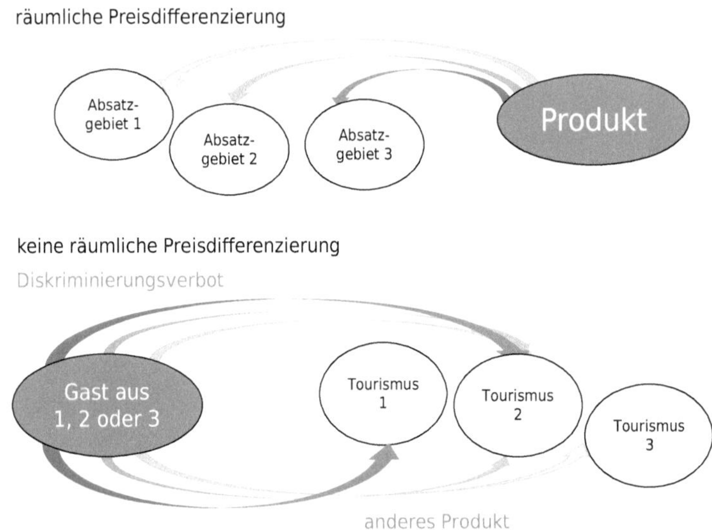

Abbildung 30: Räumliche Preisdifferenzierung
Quelle: eigene Abbildung.

Nach den hier vorgestellten Überlegungen ist Preisdifferenzierung sehr differenziert zu sehen. Nur in wenigen Teilen wird hier von einer echten Preisdifferenzierung ausgegangen (Buchungszeitpunkt, nutzungsabhängig, z.B. Viel-Bucher oder beim Anreisezeitpunkt). In allen anderen Fällen sollte im Sinne des Marketings von einer **Quasi-Preisdifferenzierung** gesprochen werden.

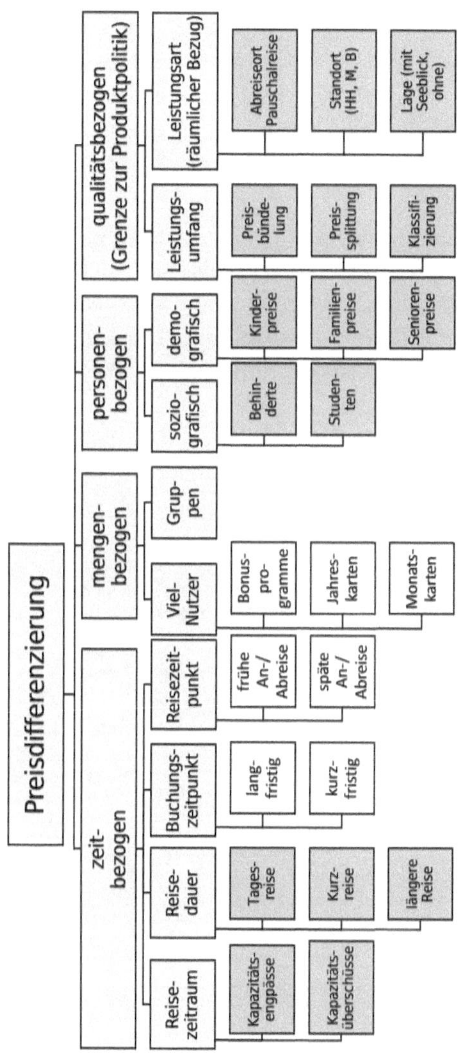

Abbildung 31: Quasi-Preisdifferenzierung im Tourismus
Quelle: eigene Abbildung.

2.4.4 Distributionspolitik (*Place*)

In der klassischen Marketingliteratur wird unter Distributionspolitik verstanden, auf welchem Weg und mit welchen Absatzmittlern (Einzelhandel, Großhandel ...) die Ware vom Produzenten zum Konsumenten gelangen kann. Dabei geht es vor allem darum, die physische Distribution zu gestalten.

Touristische Dienstleistungen, ebenso die Hotelleistung, sind stets von Immaterialität geprägt und können also gar nicht physisch distribuiert werden. Dennoch müssen die Leistungen verkauft werden. Folglich greifen die Überlegungen der Distributionspolitik auf abstrakter Ebene: Wie können die Rechte der Inanspruchnahme touristischer Leistungen gehandelt werden?

Ziel der Distributionspolitik ist es, die Hotelleistungen möglichst effizient und effektiv dem Abnehmer nahezubringen, damit das Angebot bei einer Kaufentscheidung berücksichtigt werden kann. Generell wird zwischen direktem (Anbieter – Kunde) und indirektem (Anbieter – Absatzmittler – Kunde) Vertrieb unterschieden. Gelegentlich tauchen auch die Begriffe **Eigenvertrieb** und **Fremdvertrieb** auf.

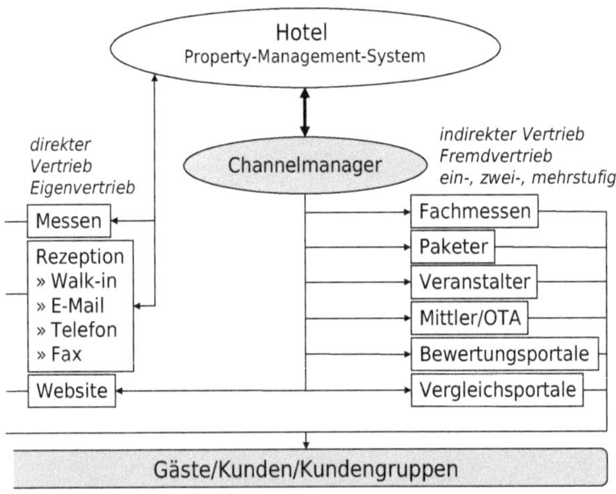

Abbildung 32: Distributionskanäle in der Hotellerie
Quelle: eigene Abbildung.

In der Realität ist der Vertrieb von Hotelleistungen äußerst komplex. Dank digitaler Systeme kann die Komplexität der **Distributionskanäle** koordiniert werden. Wir sprechen hier von einer **Multi-Channel-Distribution**. Kern des Vertriebs stellt heute das sogenannte **Property-Management-System (PMS)** dar. Die gesamten Hotelprozesse sind digital abbildbar. Dazu gehört auch die Distribution. Damit das PMS mit den Vertriebskanälen (Channels) synchronisiert ist, wird ein sogenannter Channel-Manager dazwischengeschaltet. Der Channel-Manager sorgt dafür, dass sämtliche Buchungen synchronisiert erfasst werden, damit Doppelbelegungen innerhalb des Systems verhindert werden.

Die Herausforderung in der Multi-Channel-Distribution besteht darin, aus den vielen möglichen Vertriebswegen die auszuwählen, die eine optimale Verbreitung bzw. eine optimale Wahrnehmbarkeit des Angebots (Effektivität) bei ökonomisch rentablen Kosten (Effizienz) gewährleisten können. Generell werden neben dem Eigenvertrieb (hier fallen keine Provisionen an) verschiedene Channels gleichermaßen genutzt: Tourismusinformation vor Ort, *booking.com*, *hrs.de* u.v.m. Für jede Buchung, die über den indirekten Vertrieb generiert wird, fallen Provisionen in Höhe von 8 bis 15 % an. Was hier als Vertriebskosten verbucht werden muss, fällt andererseits nicht an Personalkosten an. Man darf nicht vergessen: Auch der Eigenvertrieb ist nicht kostenlos; hier fallen Personalkosten an.

Die **Digitalisierung** des Hotelvertriebs ist mittlerweile als nahezu ausgreift einzustufen. Nicht mehr nur größere Hotels können auf diese vielfältigen Distributionsmöglichkeiten zurückgreifen. Selbst für private Ferienhaus- oder Ferienwohnungsanbieter, die nur ein einziges Objekt verwalten, gibt es spezialisierte Anbieter, die sowohl ein kleines PMS als Buchungstool mit einem Channel-Manager zur eigenen Website und zu vielen Formen des indirekten Vertriebs (*booking.com*, *fewodirekt.de* etc.) ermöglichen.

2.4.5 Kommunikationspolitik (*Promotion*)

Die Kommunikationspolitik ist ein sehr umfangreicher Bereich der Marketinginstrumente. Ihr Ziel ist es, die Leistungen der Unternehmen bekannt zu machen, eine **Erwartungshaltung** zu wecken, ohne dass diese von der Produktpolitik nicht angemessen realisiert werden könnte, **Bedarfe** zu wecken und zu lenken sowie ein Image der Produkte und des Unternehmens aufzubauen. Über Kommunikationspolitik wird in allen Marketingbüchern ausführlich geschrieben. Hier sollen daher nur die Besonderheiten aufgezeigt werden, die für die Hotellerie Herausforderungen darstellen.

Literaturtipp

Scharf, A.; Schubert, B; Hehn, P. (2015): Marketing, Stuttgart.

Hartmann, R. (2014): Marketing in Tourismus und Freizeit, Konstanz, München.

Eine gute Übersicht über die vielen Möglichkeiten der Kommunikationspolitik liefern *Scharf/Schubert/Hehn* in ihrem grundlegenden Marketingbuch. Auf den Tourismus bezogen liefert *Hartmann* eine ausführliche Betrachtung.

Hotelleistungen sind stets immateriell. Das Hotelprodukt entsteht im Zusammenwirken von Dienstleistungspotenzialen mit dem Gast (Uno-actu-Prinzip, *Co-Creation*). Die Kommunikation sollte diese Besonderheiten aufgreifen.

Die Kommunikationsziele der Hotellerie lassen sich als ADIDAS-Modell darstellen.[27] Besonders wichtig ist die **Visualisierung** der Hotelleistung. Ohne entsprechende Bild-Kommunikation wird es kaum möglich sein, ein Hotel heute adäquat werblich darzustellen.

---

[27] Vgl. Dreyer/Linne 2016, S. 81f.

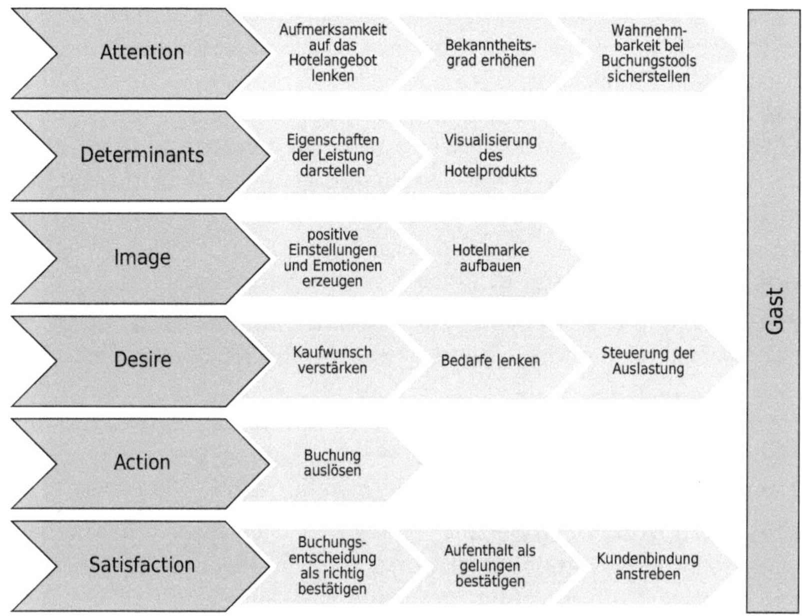

Abbildung 33: ADIDAS-Modell
Quelle: eigene Abbildung auf Basis von Dreyer/Linne 2016, S. 82.

Bilder (egal, ob als Foto oder Film) sollen in der Kommunikation die Hotelleistung darstellen. Sie sollen Aufmerksamkeit erzeugen (*attention*), die Eigenschaften der Hotelleistung visualisieren (*determinants*) und zugleich Lust auf den Aufenthalt in diesem Hotel vermitteln (*desire*).

Übung

Machen Sie sich bitte einmal die Mühe, in einer Internetsuchmaschine jeweils die Stichworte „Hotelzimmer“ oder „Hotelfrühstück“ zu suchen. Lassen Sie sich bitte die Bildauswahl anzeigen. Was sehen Sie auf diesen Fotos garantiert nicht oder nur sehr selten? – Menschen! Diese Suche liefert Ihnen eine Bildauswahl der Werbefotos, wie sie im Netz zu finden sind.

Was stellen die Werbefotos dar? Das bereitgestellte aber nicht in Anspruch genommene Dienstleistungspotenzial. Sachleistungen, eine Möbelschau und Einblicke in das Frühstücksbuffet, aber die Bilder zeigen nicht das Produkt, welches der Gast erlebt oder erwarten kann, wenn er das Hotel bucht. Es wird nicht dargestellt, wie sehr der Gast zufrieden ist, mit der Leistung, die er auf den Bildern gerade in Anspruch nimmt (*satisfaction*). Möbelprospekte, die eine Sachleistung verkaufen sollen, sind mitunter wesentlich emotionaler aufgebaut als Hotelprospekte, die eine höchst emotionale, individuelle Dienstleistung bewerben.

Es muss bei der **Hotelwerbung** ein wesentlich höherer Wert auf aktive, dynamische und emotionale Bilder gelegt werden, die Bilder sollen Menschen darstellen, wie sie die Hotelleistung erleben, wie sie das Frühstück genießen. Diese Bilder sollen ein **Image** vermitteln. Ob das Zimmer 18,7 m^2 groß ist und ob es 17 Käsesorten zur Auswahl gibt, ist dann eher sekundär, weil es oft die Grenzen der Vorstellungskraft übersteigt.

Die Wirkung von Bildern ist auch deshalb so wichtig, weil der digitale Vertrieb mit der Kommunikation verschmilzt. In den Buchungsmaschinen überzeugen in erster Linie die Fotos, erst dann werden die Fakten aufgenommen. Dabei sind zwei Funktionen zentral, um den Kauf auslösen zu können (*action*):

[1] Das Hotel muss gefallen.

[2] Das Hotelangebot muss sich vom Wettbewerbsumfeld unterscheiden, es muss herausstechen.

Die Bedeutung von Bildern gilt gleichermaßen für die Werbung in sozialen Medien. Mit Hilfe der Produktpolitik und insbesondere der Gestaltung des Dienstleistungsumfeldes kann es gelingen, attraktive Fotokulissen für Selfies zu erzeugen. Nur so kann eine positive Selbstverbreitung der Angebote in den sozialen Medien stattfinden.

Persönliche und nonverbale Kommunikation

Mitarbeiter sind – wie bereits mehrfach beschrieben – der wichtigste Leistungsfaktor in der Hotellerie. Gerade die „einfacheren“ Mitarbeiter (weder die Direktion noch die Inhaber) sind es, die die Zufriedenheit der Gäste maßgeblich beeinflussen. Das geschieht durch Sauberkeit der Zimmer, Bäder und sonstigen Räume und durch Freundlichkeit. Hier spielt auch die persönliche Kommunikation mit den Gästen eine wichtige Rolle. Wie wird der Gast begrüßt? Werden die Gäste mit Namen angesprochen? Wird auch noch am fünften Tage nach dem Zimmernamen beim Frühstück gefragt?

Und oft ist auch die **Körpersprache**, das Agieren ein kommunikatives Element. Sieht der Gast, dass der Mitarbeiter seinen Job gern macht? Zeigt der Mitarbeiter, wie stolz er ist, in „seinem" Hotel arbeiten zu können? Wird der Gast angeschaut, wenn mit ihm geredet wird? Wie klingt die Telefonstimme im Backoffice?

Das Gute ist: All diese Maßnahmen kosten nichts. Sie kosten immer nichts extra. Sie benötigen ein gutes **Betriebsklima**, engagierte, motivierte und qualifizierte Mitarbeiter, Mitarbeiter, die nicht mit dem Mindestlohn abgespeist, sondern leistungsorientiert und adäquat entlohnt werden. Wer an den Mitarbeitern spart, spart sich aus dem Markt heraus.

3 Hotelmanagement

Lernziele

In diesem Kapitel lernen Sie:

- das operative Management in die Managementebenen einzuordnen,
- quantitative und qualitative Zielgrößen zu verstehen,
- das operative Hotelmanagement und im Speziellen das Frontoffice- und F&B-Management einschließlich Kalkulationen und Kennzahlen kennen und interpretieren,
- den Business-Development-Bereich mit Revenue- und Eventmanagement in seinen Abläufen kennen,
- das Qualitätsmanagement kennen,
- nach jedem operativen Abschnitt erfahrene Experten aus der Praxis kennen, die zu relevanten und aktuellen Fragen Stellung nehmen.

3.1 Einordnung operatives Management in die Hotelmanagementebenen

In den nun folgenden Kapiteln widmen wir uns dem operativen Hotelmanagement und dem eigentlichen Kerngeschäft eines Hotels. Das Wort **Hotelmanagement** setzt sich aus dem Begriff Hotel und Management zusammen, wobei es beim Management eines Beherbergungsbetriebes um die langfristige Planung, Steuerung und Kontrolle dessen geht.

Die Führung eines Hotels sollte grundsätzlich nicht aus dem Bauch heraus und intuitiv erfolgen, sondern vielmehr unter strategischen Gesichtspunkten und unter Einbeziehung und Berücksichtigung von hausinternen Statistiken sowie hotelspezifischen Kennzahlen geschehen. Das Ziel eines jeden Unternehmens sollte es sein, langfristig und gesund zu wachsen und letztendlich Gewinne zu generieren. Dies kann nur durch eine strategische und verantwortungsvolle Führung jedes einzelnen Unternehmens erfolgen.

Strategisch ein Hotel zu führen, heißt langfristig zu planen und diese Planung in strategischen Zielen zu konkretisieren, um sie dann auf operative Handlungsweisen herunterzubrechen. Dies wird in der Abbildung der **Managementpyramide** (→ Abbildung 11) kurz zusammengefasst.[28]

Im Rahmen des **normativen Managements** geht es vielmehr um die Vision/Mission und Philosophie eines Unternehmens. Hier werden Grundsatzentscheidungen (Ziele und Verhaltensweisen, interne als auch externe Kommunikation etc.) zur Unternehmenspolitik in einem Leitbild konkretisiert. In der Praxis existieren vor allem bei den Hotelmarken, unzählige und unterschiedliche Hotelphilosophien, die letztendlich in einem Leitbild verankert werden und die Richtlinie für die Mitarbeiter bilden. Aber auch in der klein- und mittelständischen Hotellerie lassen sich entsprechende **Leitbilder** finden, die die Visionen, Philosophie, Werte und Normen des Familienbetriebes widerspiegeln. Hervorzuheben ist hier insbesondere die „Spielekultur" des Schindlerhofs. Ein Blick auf die Website lohnt sich: ➽ *www.schindlerhof.de.*

Auf den nachfolgenden Internetseiten erhalten Sie einen Einblick in die unterschiedlichen Visionen und Werte von einzelnen Marken:

» Ritz-Carlton

  ➽ *https://www.ritzcarlton.com/en/about/gold-standards*

» Hilton

  ➽ *https://www.hilton.com/de/corporate/#values*

» Accor

  ➽ *https://group.accor.com/en/group/our-commitments/all-heartist-fund*

Das **strategische Management** beantwortet im nachfolgenden Schritt die Frage: Wie können die im Leitbild verankerten Normen und Werte des Unternehmens in konkreten und langfristigen Unternehmenszielen festgehalten werden. Hierbei können die Ziele sowohl in qualitative als

[28] Vgl. → Abbildung 11.

auch quantitative Ziele unterschieden werden. Die → Abbildung 34 zeigt beispielhaft qualitative und quantitative Ziele für die Hotellerie. Diese sind lediglich Beispiele und erfüllen nicht den Anspruch auf Vollständigkeit. Jedes Hotel sollte je nach strategischer Ausrichtung für sich entscheiden, welche strategischen Ziele und entsprechenden Kennzahlen für das eigene Haus relevant und wichtig sind, und diese in regelmäßigen Abständen überprüfen. So ist neben der Festsetzung der konkreten Ziele in konkreten Kennzahlen auch gleichzeitig eine Erfolgskontrolle gewährleistet.

quantitative Ziele	qualitative Ziele
Umsatzwachstum	Kundenzufriedenheit
Gewinnmaximierung	Mitarbeiterzufriedenheit
Steigerung der Rentabilität (Umsatz-, Eigenkapital-, Gesamtkapitalrentabilität)	Servicequalität
Erhöhung des RevPAR, Durchschnittsrate	Kundenbindung
Sicherung der Liquidität	Produktqualität
Kostenstruktur unter Berücksichtigung der hotelspezifischen Kennzahlen (Personaleinsatzquote, Wareneinsatzquote etc.)	

Abbildung 34: Zielgrößen in der Hotellerie
Quelle: eigene Abbildung.

Die gesetzten Ziele und letztendlich die Konkretisierung in Kennzahlen geben dem Hotel die Richtung bzw. den Weg vor und bilden somit eine Orientierung sowohl für die Mitarbeiter als auch das Management.

Um eine Erreichbarkeit und Umsetzung der gesetzten Ziele zu gewährleisten, ist darauf zu achten, dass die Festlegung und Konkretisierung der

Ziele unter Berücksichtigung des **SMARTA-Modells**, wie in → Abbildung 35 zu sehen, erfolgen.[29]

S (specific)	» sind die Ziele klar und eindeutig formuliert » bspw. Gewinnmaximierung, Steigerung des RevPAR, Erhöhung der Auslastung
M (measurable)	» sind die Ziele messbar gewählt » bspw. Gewinnmaximierung um drei Prozent
A (ambitious)	» sind die genannten Ziele wesentlich, herausfordernd und motivierend gewählt
R (realistic)	» sind die genannten Ziele realistisch für das Unternehmen gewählt; ansonsten geht schnell die Motivation zur Erreichung der Ziele verloren
T (time-bound)	» sind die gesetzten Ziele zeitbezogen und terminiert » bspw. Erhöhung der Kundenzufriedenheit auf 85 Prozent bis zum Ende des Jahres
A (agreed)	» ist das Einverständnis aller gegeben » bspw. alle Mitarbeiter (je nach Größe des Hotels) können diese Zielvorgaben durch eine Unterschrift bestätigen oder bei Abteilungsleitern werden die Zielvorgaben oft im Personalentwicklungsgespräch konkretisiert, mit verankert und final unterschrieben

Abbildung 35: SMARTA Modell
Quelle: eigene Abbildung in Anlehnung an von Freyberg et al. 2019, S. 85ff.

Sind die Ziele gesetzt und klar für das Unternehmen formuliert, werden sie auf die **operative Managementebene** heruntergebrochen. Hier stellt sich die Frage, wie und womit und vor allem mit welchen konkreten Maßnahmen die oben gesetzten Ziele letztendlich erreicht und umgesetzt werden können. Die → Abbildung 36 verdeutlicht beispielhaft und überblicksartig, welche Möglichkeiten und Ansätze es gibt, um die oben genannten Kennzahlen zu beeinflussen.

29 Vgl. von Freyberg et al. 2019, S. 85ff.

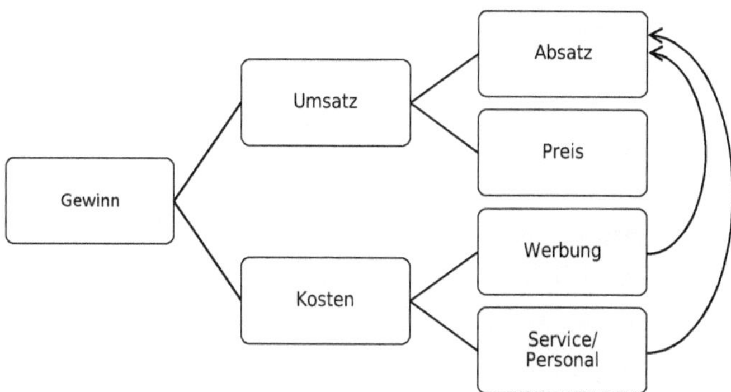

Abbildung 36: Einflussfaktoren auf den Gewinn
Quelle: eigene Abbildung.

Wenn es das Ziel des Unternehmens ist, langfristig Gewinne zu generieren, kann dies zum einen über die Erhöhung der Preise erfolgen, was ggf. zu mehr Umsatz führen kann – vorausgesetzt die Kosten bleiben gleich und andere externe Faktoren sind unverändert. Auf der anderen Seite kann durch ein verstärktes Marketing und entsprechende hotelspezifische Angebote (Frühbucher, *Sommer Specials* etc.) ein mehr an Absatz und letztendlich ein mehr an Umsatz generiert werden. Nicht zu unterschätzen ist die Erhöhung der Absätze und letztendlich Umsätze, die durch die Mitarbeiter selbst und durch gezieltes und geschultes *Upselling* (Aufwärtsverkaufen) generiert werden können.

Eine Steigerung der Gewinne kann aber auch über die Reduzierung der Kosten (Personalkosten, Marketing, Warenkosten etc.) ermöglicht werden. Ob dies langfristig jedoch eine Perspektive zur Erhaltung des Unternehmens ist, ist kritisch zu hinterfragen.

Wie bereits beschrieben, ist dies ein sehr einfaches Modell und soll für ein erstes Verständnis ausreichen. Bei der Festsetzung der Preise sind grundsätzlichen die eigenen Kosten, die Konkurrenz sowie die Preissensibilität des Kunden zu berücksichtigen. Nicht berücksichtigt in diesem Modell sind des Weiteren auch äußere Einflüsse (Trends, Nachfrageverhalten der Kunden, Krisen, politische Entscheidungen), die auf das Unternehmen einwirken und dessen Handlungsalternativen beeinflussen. Auf aktuelle Trends, die auf die Hotellerie einwirken, ist bereits in den vorangegangenen Kapiteln eingegangen wurden.

3.2 Operatives Hotelmanagement

Im Rahmen des operativen Hotelmangements geht es um die konkrete Umsetzung der in der strategischen Managementebene festgesetzten Strategien und Ziele in konkrete Maßnahmen und Handlungsweisen. In den nachfolgenden Kapiteln soll das operative Hotelgeschäft, wie in → Abbildung 37 dargestellt, entlang der einzelnen Bereiche bzw. Departments, erläutert werden.

Abbildung 37: Organisationsstruktur Hotel
Quelle: eigene Abbildung.

Der Aufbau orientiert sich dabei an der groben Struktur, wie sie üblicherweise von Hotelmarken, aber auch von großen und mittelgroßen

Betrieben aufgegriffen wird. Sie wird in der Literatur auch als **amerikanisches System** bezeichnet.[30] Dem Hoteldirektor oder auch General-Manager sind die vier Abteilungen mit den jeweiligen Abteilungsleitern (*departements heads*) unterstellt:

» Director of Operations

» Director of Finance

» Director of Business&Development

» Director of Human Resources

Das **europäische System**, welches im 19. Jahrhundert durch *Cäsar Ritz* für die individuelle Betreuung von Gästen entwickelt wurde, unterscheidet nicht nach Groß-, Mittel- und Kleinbetrieben und findet vielmehr Anwendung in Betrieben verschiedenster Größenordnungen.

Dem Direktor/Besitzer des Hauses sind dabei folgende Bereiche untergegliedert:

» Beherbergungsabteilung,

» Verpflegungsabteilung,

» Verwaltungsabteilung.

Systematisch werden in den nachfolgenden Kapiteln die einzelnen Abteilungen auf Grundlage des amerikanischen Systems herausgearbeitet und mit entsprechenden praktischen Beispielen versehen. Nicht auf alle Bereiche kann dabei in vollem Umfang und vertiefend eingegangen werden. Es werden aber stets weiteführende Literaturtipps gegeben. Den Abschluss eines jeden großen Bereiches (*departments*) bildet ein Interview mit einem Fachexperten aus der Praxis, der einen Einblick in aktuelle Herausforderungen und die täglichen Aufgaben der jeweiligen Position bzw. Abteilung gewährt.

3.2.1 Operations-Frontoffice

Das **Frontoffice** bildet die erste **Anlaufstelle für den Gast** und somit auch den ersten persönlichen Eindruck, den dieser vom Hotel und seinen

---

[30] Vgl. Wolf et al. 2008, S. 98.

Mitarbeitern gewinnt. Die Aufgabebereiche im Frontoffice werden in Großbetrieben in verschiedene Bereiche unterteilt: in Bereiche, die direkt an der der Rezeption erledigt werden und unmittelbar mit einem Gästekontakt verbunden sind (Frontoffice-Bereich) und in Bereiche, die nicht in einem direkten Gästekontakt stehen und dem **Backoffice-Bereich** zugeordnet werden können. Wie vielseitig das Frontoffice besetzt sein kann und welche möglichen Positionen dort zu finden sind, zeigt → Abbildung 38.

Abbildung 38: Stellen am Front-Desk
Quelle: eigene Abbildung.

So ist beispielweise der Guest-Relation-Manager erster Ansprechpartner für Gästewünsche, Beschwerden und Bedürfnisse der Gäste im Haus. Der Night-Manager übernimmt die Verantwortung für den Frontoffice-Betrieb und Abläufe während der Nacht sowie den Tagesabschluss. Der Rezeptionist ist verantwortlich für alle anreisenden und abreisenden Gäste. Darüber hinaus fallen noch die folgenden Tätigkeiten in seinen Bereich:

allgemeine Aufgaben
» Gästebetreuung, Anlaufstelle für Auskünfte
» ggf. Warenannahme nach Rücksprache mit dem jeweiligen Abteilungsleiter
» Eintragung von Problemen und Besonderheiten in das Logbuch (ggf. digital)

Aufgaben und Verantwortungsbereich im Frühdienst
» Check-in und Check-out der Gäste mittels Hotelmanagementsystem
» Gästekorrespondenz
» Event, Betreuung der Telefonzentrale
» Dienstübernahme vom Nachtdienst
» Kassenübernahme und Kassenkontrolle
Aufgaben und Verantwortungsbereich im Spätdienst
» Kassenübernahme vom Frühdienst
» Late-Check-outs und Late-Check-ins
» Schichtübergabe und Kassenübergabe an den Frühdienst

Abbildung 39: Aufgabenbereiche an der Rezeption
Quelle: eigene Abbildung.

Um die reibungslosen Abläufe am Frontoffice (Reservierungen, Check-in, Check-out etc.) gewährleisten zu können, kommt heute kaum noch ein Hotel ohne ein geeignetes Hotelmanagementsystem (Property-Management-Systeme) aus. In der Praxis existiert eine Vielzahl an Anbietern von Hotelmanagementsystemen. Im Folgenden sollen zunächst die Grundlagen der Hotelmanagementsysteme vermittelt werden, bevor abschließend zwei Anbieter vorgestellt und im Anschluss eine beispielhafte Reservierung und ein Check-in vorgenommen werden.

3.2.1.1 Hotelmanagementsysteme

Ein effektives Management in der Hotellerie ist heutzutage ohne die Nutzung geeigneter Hotelmanagementsysteme kaum noch vorstellbar. Die Tendenzen der Nachfrage und die zunehmende Digitalisierung bedingen notwendigerweise den Einsatz von entsprechenden Informations- und Kommunikationstechnologien in der Hotellerie. Die Coronapandemie hat diesen digitalen Anschub noch verstärkt.

Betrachtet man den Markt der Anbieter für hotelspezifische Software, so haben Anwender hier die Qual der Wahl.

Das nachfolgende Kapitel gibt einen Einblick über Anbieter von Hotelmanagementsystemen. Der Fokus wird dabei auf zwei Systeme gelegt, die zum einen für Hotelmarken, aber auch für die Individualhotellerie zum Einsatz kommen können. Die Anbieter sind an dieser Stelle vom

Autor frei gewählt. Jedes Hotel sollte für sich individuell vorab prüfen, welche Softwarelösung den jeweiligen Anforderungen des Hauses am besten gerecht wird. Weitere bzw. ergänzende Informationen können der aktuellen Neuauflage von *Jaworski* zur *Branchensoftware für die Hotellerie in der D-A-CH Region* entnommen werden.[31]

Dass der Hotelsoftwaremarkt sehr beweglich ist, zeigt ein Vergleich der Studien zur Branchensoftware in der Hotellerie in den letzten Jahren (2000, 2007 und 2015), in der von insgesamt 130 Softwareprodukten, die gesichtet und bewertet wurden, lediglich elf Anbieter in allen drei Studien wiederzufinden sind.

Die Infrastruktur der Hotelmanagementsysteme reicht hierbei von sehr einfachen standardisierten Hotelsystemen bis hin zu sehr komplexen (Hotelmanagement-)Systemen, die den Anforderungen und den Bedürfnissen größerer Häuser gerecht werden. Hotelmanagementsysteme können entweder auf dem elektronischen Markt von spezialisierten Softwareanbietern erworben werden oder, wie es in der Kettenhotellerie häufig vorzufinden ist, durch eine eigene IT-Abteilung innerhalb des Unternehmens entwickelt werden.

Literaturtipp

Jaworski, J. (Hrsg.) (2015): Branchensoftware für die Hotellerie in der D-A-CH Region. 41 PMS-Programme in der Marktanalyse 2015, Berlin.

Dieses Buch gibt einen übersichtlichen Einblick in die aktuellen Hotelmanagementsysteme. Es differenziert die Systeme nach Klein-, Mittel- und Großbetrieben.

---

[31] Vgl. Jaworski (Hrsg.) 2015, S. 1ff.

3.2.1.2 Definitionen und Funktionsweise von Hotelmanagementsystemen

Wissen | **Hotelmanagementsysteme**

Nach *Egger* werden Hotelmanagementsysteme bzw. Property-Management-Systeme als klassische Inhouse-Applikationen, welche die zentrale elektronische Struktur des Hotels in einem System abbilden, bezeichnet.[32]

Um diese elektronische Struktur darstellen zu können, ist es notwendig und Voraussetzung, alle **Stammdaten** im Hotelmanagementsystem vorab zu definieren und zu erfassen. Dies erfolgt in der Regel in Zusammenarbeit mit dem jeweiligen Anbieter des Hotelmanagementsystems. Sie erhalten sozusagen eine Softwarehülle, die nun mit entsprechenden Daten gefüllt werden muss.

Diese Stammdaten bilden die Grundlage, um mit dem jeweiligen System entsprechend effektiv und gut arbeiten zu können.

„Im Hotelmanagementsystem werden als Stammdaten alle Zimmer und belegbaren Räumlichkeiten (Tagungsräume) des Hotels verwaltet."[33] Merkmale wie Zimmerkategorien, Zimmeranzahl, Preise und Verfügbarkeiten, Segmente, Sources und Ratencodes müssen vorab erfasst, regelmäßig gepflegt und aktualisiert werden.

Wissen | **Verwaltungssysteme**

Goecke definiert Hotelmanagementsysteme als klassische Verwaltungssysteme eines Beherbergungsbetriebes, die sowohl als PC-Applikationen, als Client-Server-Lösung, aber auch als Web-Applikationen angeboten werden können.

---

[32] Egger 2005, S. 103.

[33] Goecke 2015, S. 379.

Anbieter solcher Systeme sind beispielsweise Oracle (Opera Cloud), SIHOT, Protel oder auch StayNTouch. Im Zusammenhang mit den Property-Management-Systemen fällt auch oftmals der Begriff der **Multi-Property-Management-Systeme**. Diese Systeme bieten gerade den Hotelmarken die Möglichkeit, die Vielzahl an Häusern einer Marke in einer gemeinsamen Bedieneroberfläche zu verwalten. So ist es dem Mitarbeiter einer Reservierungszentrale innerhalb kürzester Zeit möglich, Einblick in die jeweiligen Verfügbarkeiten der Häuser zu nehmen und diese entsprechend gut zu verkaufen.

> Traditionell liegt der Schwerpunkt dieser Inhouse-Systeme im Management des Logis-(Beherbergungs-)Bereiches, weshalb sie oftmals auch als Frontoffice-Systeme bezeichnet werden.

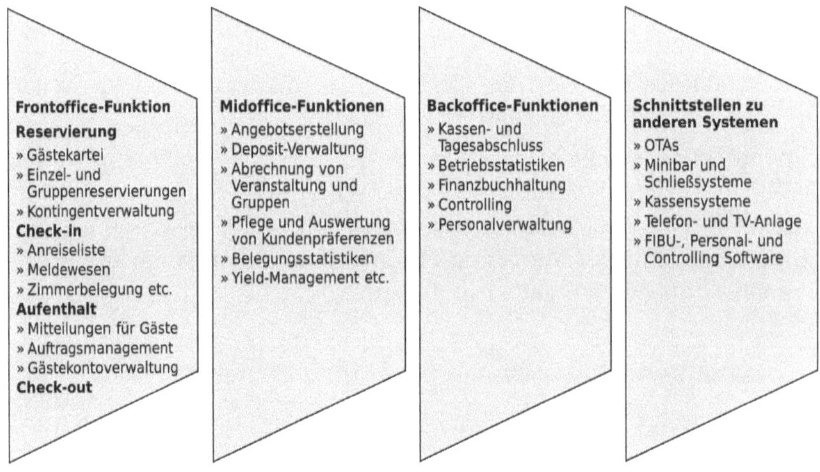

Abbildung 40: Funktionsbereiche am Front-Desk
Quelle: eigene Darstellung in Anlehnung an Goecke 2015, S. 382.

Aufgrund der heutigen Funktionalität und internen Vernetzungsmöglichkeiten zu anderen Abteilungen des Hauses finden diese aber nicht nur Anwendung im Frontoffice-Bereich, sondern haben ihre Einsatzfelder auch im Mid- und Backoffice-Bereich.[34]

Die → Abbildung 40 gibt Ihnen einen Einblick in die Funktionen und Schnittstellen eines Hotelmanagementsystems.

So ist beispielsweise die Pflege und das Auswerten der Kundenpräferenzen im Mid-Office-Bereich die Basis für ein gezieltes und effektives Kundenbeziehungsmanagement (**Customer-Relation-Management**) im Bereich der Marketingabteilung.

Aber auch im Backoffice-Bereich des Hauses lassen sich wesentliche und wichtige Informationen aus dem Hotelmanagementsystem ableiten. So können beispielsweise interne Betriebsstatistiken (Auslastung, Durchschnittsrate, Stornierungen) die Grundlage für Managemententscheidungen bilden.

3.2.1.3 Anbieter

Wie bereits beschrieben ist der Markt an Hotelmanagementsystemen sehr unübersichtlich und ständigen Veränderungen ausgesetzt. Nachfolgend sollen zwei Anbieter näher beschrieben werden, wobei sich die Autoren hier zum einen für ein sehr junges Unternehmen (StayNTouch) entschieden haben, mit Hauptsitz in Bethesda, Maryland (USA) und zum anderen für einen bereits seit vielen Jahren auf dem Markt der Hotelmanagementsysteme etablierten Anbieter, nämlich SIHOT, mit Sitz in Schiffweiler.

Wissen | **SIHOT**

SIHOT als Produkt der *GUBSE AG* ist ein Urgestein auf dem Markt der Hotelmanagementsysteme. 1986 wurde aus dem Unternehmen *GUB* und *GSE* die *GUBSE AG* gegründet.

---

[34] Vgl. Goecke 2015, S. 383.

Insgesamt sind ca. 96 Mitarbeiter bei der *GUBSE AG* beschäftigt, die sich sowohl aus Informatikern, Kaufleuten und Fachkräften aus der Hotellerie zusammensetzen. Die SIHOT-Hotelmanagementsoftware hat einen modularen Aufbau, dabei kann das Grundpaket SIHOT.PMS für die Verwaltung der Bereiche Frontoffice, Reservierung sowie des gesamten Hauses genutzt werden. Je nach Größe und Struktur des Hauses können die Systeme um die Bereiche/Module Customer Relationship, Revenue-Management oder auch um den Veranstaltungsbereich sinnvoll erweitert werden.[35] Das Anlegen einer Reservierung und ein beispielhafter Check-in sollen abschließend anhand des Property-Management-Systems SIHOT verdeutlicht werden.

Wissen | StayNTouch

StayNTouch wurde 2012 von Josef Schaap gegründet. Nach zahlreichen Investitionen und Übernahmen von diversen Unternehmen wurde StayNTouch im Jahr 2018 durch die Shiji Group mit Zweigstellen in Berlin und München übernommen. Mittlerweile hat StayNTouch seinen Hauptsitz in Amerika. Weltweit werden mehr als 90.000 Zimmer mit dem Hotelmanagementsystem versorgt.

StayNTouch ist ein „Software as a Service" (SAS)-Dienstleister, vor allem für das mobile Hotelmanagementsystem, dessen Aufgabe es ist, Lösungen für die Hotellerie anzubieten und zu entwickeln, die sich an den Bedürfnissen des Gastes und des Hoteliers ausrichten. Ziel ist es, den Gast wieder in den Mittelpunkt des Aufenthaltes zu stellen und somit nicht nur das Servicelevel zu erhöhen, sondern auch Einnahmen zu steigern und Kosten zu senken.

Das Hotelmanagementsystem StayNTouch wurde mit dem Fokus entwickelt, mobil einsetzbar und intuitiv bedienbar zu sein. So können Mitarbeiter über mobile Anwendungen (Smartphone/Tablet) auf das System zugreifen und den Gästen zu jeder Zeit und an jedem Ort einen personalisierten Service bieten.

---

[35] Vgl. Jaworski (Hrsg.) 2015, S. 136ff.

StayNTouch ist ein Partner für Hotels, die den zukunftsweisenden Weg in die Digitalisierung aktiv mitgestalten möchten. Zu den Referenzhotels des Unternehmens zählen neben den klassischen Hotels auch Resorts und Ketten der Branche wie beispielsweise Yotel, Zoku Amsterdam aber auch das Hotel Shani in Wien. Weiterführende Informationen sind online zu finden: ➽ *www.stayntouch.com.*[36]

Kees Lek, erfahrener Regional Product and Implementations Manager für Hotelmanagementsysteme gibt uns abschließend in einem kurzen Interview einen Einblick in seine Arbeit und in die Entwicklung der Hotelmanagementsystem in der Zukunft!

Interview mit Kees Lek | Regional Product and Implementations Manager | StayNTouch

How long has StayNTouch been around and what differentiates StayNTouch from other property management systems?

Founded in 2012 StayNTouch is a „Software as a Service“ mobile hotel property management system (PMS) company focused on developing solutions that help hotels raise service levels, drive revenues, reduce costs, and ultimately change the way hotels can captivate their guests.

Developed with mobility in mind, the pioneering platform enables hotels to create long-lasting relationships with their guests by delivering personalized service levels that today's guests require. StayNTouch operates on tablets and smartphones, empowering hotel employees to go above and beyond in exceeding guest expectations at every touch point.

[36] Vgl. StayNTouch 2021, www.stayntouch.com.

Powering over 90.000 rooms globally, our game-changing solution frees hotels from the constraints of legacy or premise systems, dramatically streamlines operations, increases margins, and revolutionizes how front-line staff connects with guests.

For which Hotels is StayNTouch most suitable?

StayNTouch PMS can be used in any hotel. We currently have customers with less than 10 rooms but also with 800+ rooms. While we focus on the PMS as our prime product, we also have integrations to the major Central Reservation Systems, Revenue Management systems, Payment Service Providers, Restaurant Applications and Keyless Entry Systems, so our customers have freedom in choice with whom they want to partner with.

With our api's and webhooks any integrator also can easily integrate to us as well. Together with customizable exports that can be scheduled and delivered in csv, json or xml format the possibilities are endless.

Many of our customers have a focus on enabling the service to guest anywhere and allowing them to check-in online and having self-service as an extra option to deal with peak hours in reception. Our software has in-built options to ‚offer a better room', an early check-in or a late check-out regardless if the guest is checking in/out through reception or using our self-service concepts

What does the system do in terms of digitization?

StayNTouch PMS has many ways to make the guest journey digital. The reservation that is made on the Hotels website or with an Online Travel Agency is inserted in the PMS automatically. Room inventory and prices are with any change instantly synchronized with all channels.

Confirmations are sent via email having links in them to promote APPS, the Hotels social media sites as well as links to see where the hotel is located.

Invites to check-in or check-out are going out automatically 24 hours before the guest is due to arrive or in the morning they want to check-out. Guest using the pre arrival check-in will automatically be checked in and receive a ‚room ready email' with information how to collect the key (or use their mobile phone to open the door). The check-out email has links in them to stay a bit longer and when selected the charges are automatically added to the bill and the reception is informed at the same time.

Creditcard information is automatically stored with a Payment Service Provider and not in our databases for the most secure payment handling.

We can capture guest signatures on check-in and and contracts can be saved in company information, guest information or even in notes attached to the reservation.

Invoices are emailed automatically as soon as the guest paid and signed registration cards together with the invoices can be stored outside StayNTouch PMS on a google drive or dropbox account.

What is the cost of StayNTouch if a hotel is planning to use new property management software?

The cost is very much depending on how hotels want to use our software but as a ‚rule of thumb' we offer 9,75 Euro up to 13 Euro per room per month.

For remote installation and support we do not charge but if the customer wants to have someone on-site when they go live there is fee of course.

Having this said, we do have customers making more money on upgrades and late check-out than they pay us monthly, so we also like to present ourselves as profit centre and not just a cost centre!

What are the challenges of the future for property management providers and how will user requirements for systems change in the long term?

> A big challenge is to keep the software simple to use while adding complex features. Even little request like having a shortcut somewhere is sometimes difficult to resist, knowing that it may be good for a specific hotel or even a specific user but may turn the clean screens we have today into the ‚cockpit view' we want to stay away from!
>
> The goal is to do things in a way that ‚it brings the result the user expects' in a logic workflow.
>
> Long term users can connect themselves to third parties and when doing so they are led through the different setups and are enabled to verify if important ‚use-case-scenarios' work as expected – with a clear designed progress control to see which steps are done and which scenarios are verified.

3.2.1.4 Anlegen einer Reservierung und Check-in

Ein Hotelmanagementsystem, wie beispielsweise das von SIHOT.PMS, stellt das zentrale Verwaltungssystem eines Hotels dar und wird als PC-Applikation, Client-Server-Lösung oder als Webapplikation angeboten.[37] Mittlerweile werden von vielen Softwareanbietern Webapplikationen als sogenannte Cloud-Systeme bzw. -Anwendungen zur Verfügung gestellt. Diese **Cloud-Systeme** sind insofern praktisch, da sie den Zugang von jedem denkbaren Ort via Smartphone, Tablet oder PC ermöglichen. So ist es dem General-Manager schnell möglich, aus der Ferne auf aktuelle Zahlen, Daten und Statistiken zuzugreifen, oder dem Revenue-Manager obliegt es, in kurzer Zeit Preise entsprechend über die medialen Mittel und über die jeweiligen Vertriebskanäle anzupassen.

Um eine Reservierung mit Hilfe des cloudbasierten SIHOT.PMS anzulegen, bedarf es vorab noch einiger Reservierungsstandards, um eine Vollständigkeit der Reservierung im System und letztendlich einen reibungslosen Ablauf am Frontoffice und im Hotel zu gewährleisten.

---

[37] Goecke 2015, S. 379.

> Hier sei nochmals darauf hingewiesen, dass es sich bei diesen Systemen um „Managementsysteme" handelt. Je besser und je vollständiger Daten (Markt- bzw. Kundensegmente etc.) eingepflegt werden, desto besser sind sie für entsprechende Managemententscheidungen (Vertriebskanäle, Preisgestaltung im Rahmen des Revenue-Managements etc.) nutzbar.

Reservierungsstandards

Standards im Rahmen einer Reservierung sind in vielfältiger Weise ein nützliches Instrument. Sie sichern zum einen eine gleichbleibende Qualität und bieten zum anderen dem Hotelpersonal eine **Arbeitsrichtlinie.** Standards, die im Rahmen einer eingehenden Reservierung beachtet werden sollten, werden im Folgenden kurz verdeutlicht.

Um den Aufenthalt für den Gast so reibungslos und einfach wie möglich zu gestalten, sind bereits im **Vorfeld** der Anreise zahlreiche wichtige **Informationen des Gastes** zu erfassen und im System zu hinterlegen. Hierzu zählen beispielhaft:

- das Abfragen des Gastnamens,
- das An- und Abreisedatum,
- die gewünschte Zimmerart,
- der Hinweis, ob es sich um eine Individual- oder Firmenreservierung handelt,
- die gewünschte Zahlungsweise,
- etwaige Mitgliedschaften in einem Bonusprogramm.

Die vollständige Aufnahme der Kontaktdaten (Telefon, Anschrift, E-Mail) für eine Reservierungsbestätigung und eventuelle Rückfragen sollte in keinem Fall vernachlässigt werden.

> Ist der Reservierungsprozess abgeschlossen, sollte dem Gast eine Bestätigung innerhalb der nächsten 24 Stunden zugehen. In der Hotellerie wird in diesem Zusammenhang auch oftmals der Begriff der **24-Hour-Policy** verwendet.

Die Reservierungsbestätigung sollte trotz standardisierter und vorgefertigter Anschreiben innerhalb des Hotelmanagementsystems dennoch so individuell wie möglich gestaltet werden. Wünsche und Bedürfnisse der Gäste sind entsprechend zu berücksichtigen und im Bestätigungsschreiben zu erfassen.

Im Reservierungsprozess ist darüber hinaus zwischen einer garantierten und nicht garantierten Buchung zu differenzieren.

Eine **garantierte Buchung** erfordert die Kreditkarte des Gastes im Reservierungsprozess und gewährleistet dem Gast auch bei Anreise nach 18.00 Uhr die Verfügbarkeit des gebuchten Zimmers.

Ist die Buchung nicht durch eine Kreditkarte im Rahmen des Reservierungsprozesses durch den Gast garantiert worden, wird die Verfügbarkeit des Hotelzimmers nur bis 18.00 Uhr gewährleistet.

Anlegen einer Reservierung

Im Laufe eines Tages erreichen oftmals sehr viele Anfragen die Reservierungsabteilung eines Hotels. Laut aktuellem *Hotelmarkt Deutschland 2019* ist das Telefon mit einem Anteil von 20,8 % der Buchungen immer noch mit einer der stärksten Buchungskanäle für die Hotellerie. Die Onlinebuchungsportale nehmen mit 27,8 % wie z.B. *booking.com* oder *hrs.de* allerdings die stärkste Rolle innerhalb der Vertriebskanäle ein. [38]

Im Folgenden soll das Anlegen einer Reservierung aus dem SIHOT.PMS beispielhaft erfolgen. Welche Voraussetzungen und Daten auf Gastseite benötigt werden, darauf ist im letzten Punkt im Rahmen der Reservierungsstandards bereits eingegangen worden.

Das Anlegen der Reservierung kann in der Praxis und je nach Nutzung des Systems auf sehr unterschiedliche Weise erfolgen. Erfahrungen zeigen, dass Reservierungen oftmals über den **Belegungszimmerplan** oder über das **Reservierungs-Icon** vorgenommen werden. Nachfolgendes Beispiel legt die Reservierung über das Icon **Preisinfo** an.

Die Reservierung wird unter der Maßgabe angelegt, dass der Gast in der Vergangenheit bereits Übernachtungen generiert hat und somit bereits

---

[38] Vgl. Hotelverband Deutschland e.V. 2019, S. 257.

eine vollständige Gästekartei im System hinterlegt ist, auf die im Rahmen der Reservierung zugegriffen werden kann. Sind die Gastdaten noch nicht im System angelegt, empfiehlt es sich zunächst, die entsprechenden Gastdaten im vollen Umfang in der Gästekartei zu erfassen.

Beim Öffnen des Icons Preisinfo sind der Name des Gastes sowie das Anreise- und Abreisdatum, wie in → Abbildung 41 zu sehen, einzugeben.

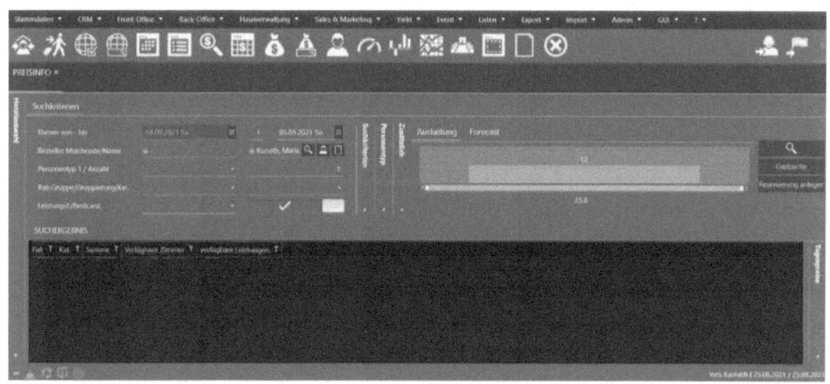

Abbildung 41: SIHOT Preisinfo
Quelle: SIHOT Property Management System.
» Die Abbildung finden Sie auch online (→ *https://files.narr.digital/9783739831268/Zusatzmaterial.zip*)

Mit der Bestätigung des Icons **Suchen** werden die aktuellen Raten und Verfügbarkeiten für diesen Tag angezeigt. Dem Gast können in diesem Rahmen die unterschiedlichen Preise und Verfügbarkeiten genannt und so ggf. ein *Upselling* auf eine höherpreisige Zimmerkategorie (Doppel Deluxe oder sogar eine Suite) angeboten werden.

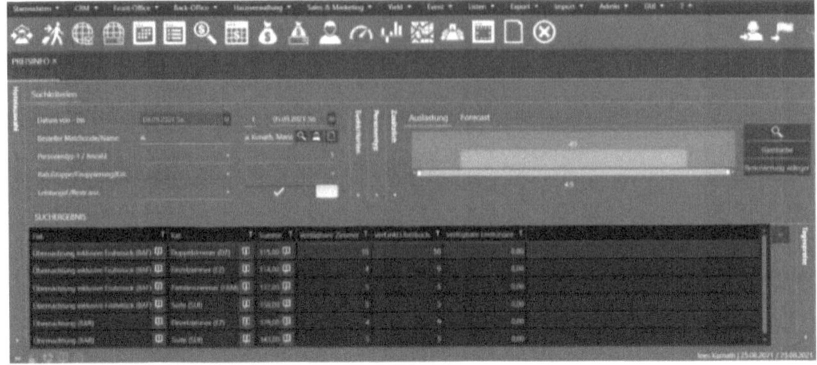

Abbildung 42: SIHOT Abfrage der Verfügbarkeit
Quelle: SIHOT Property Management System.
➽ Die Abbildung finden Sie auch online (→ *https://files.narr.digital/9783739831268/Zusatzmaterial.zip*)

Die entsprechende Zimmerkategorie ist auszuwählen und mit dem ICON **Reservierung anlegen** zu bestätigen. Es öffnet sich nachfolgende Übersicht:

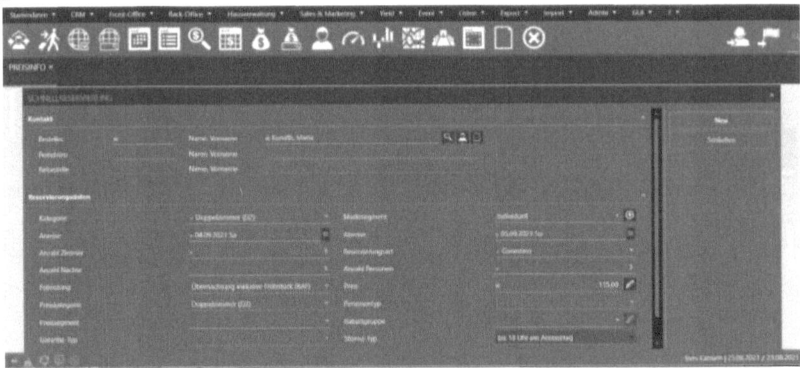

Abbildung 43: SIHOT Reservierungsübersicht
Quelle: SIHOT Property Management System.
➽ Die Abbildung finden Sie auch online (→ *https://files.narr.digital/9783739831268/Zusatzmaterial.zip*)

Abschließend sind die Daten nochmals zu prüfen und ggf. zu ergänzen. Sind alle Daten korrekt erfasst, kann die Reservierung mit dem Button **NEU** bestätigt und die Reservierung final bearbeitet und dann mit dem Button **Ändern** abgeschlossen werden.

Die nachfolgende → Abbildung 44 zeigt zusammenfassend nochmals die Reservierungsdaten des Gastes. Hier sollten die Reservierungskanäle, ggf. Kreditkartendaten oder auch Aktivitäten sowie Rechnungsmodalitäten ergänzt werden.

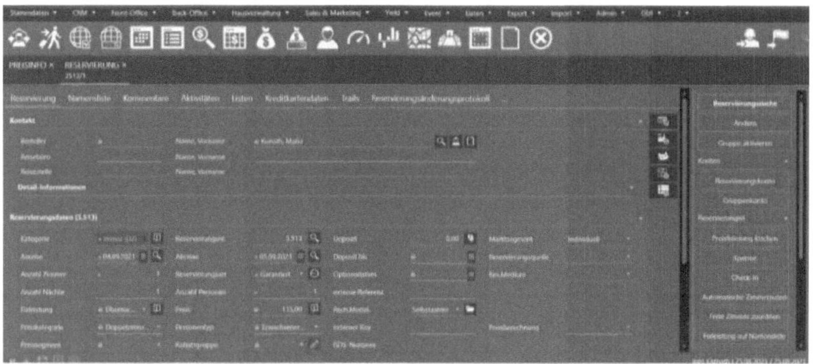

Abbildung 44: SIHOT Zusammenfassende Reservierungsübersicht
Quelle: SIHOT Property Management System.
» Die Abbildung finden Sie auch online (→ *https://files.narr.digital/9783739831268/Zusatzmaterial.zip*)

Aktivitäten werden in Hotelmanagementsystemen genutzt, um sich Erinnerungen zu setzen, die gastbezogen oder abteilungsintern nicht verloren gehen sollen. Je nach Hotelmanagementsystem finden diese in der Praxis unterschiedliche Bezeichnungen wie beispielsweise *traces* oder auch *activities*. **Aktivitäten** können mit einem entsprechenden Erinnerungsdatum versehen werden.

Beispiel einer gastbezogenen Aktivität

Der Gast wünscht sich bei Anreise ein Nackenkissen auf dem Zimmer. Dies kann über den Bereich Aktivitäten vermerkt werden. Das Anreisedatum wird für das Housekeeping mit einer Erinnerung versehen, so dass dieses am Anreisetag das Zimmer mit einem Nackenkissen ausstatten kann. Auf diese Weise ist sichergestellt, dass die Information im täglichen operativen Geschäft nicht verloren gehen (→ Abbildung 45). Entsprechende tageaktuelle Aktivitätenlisten, die durch das System generiert werden können, stellen die Umsetzung der gewünschten Gastbedürfnisse durch die jeweiligen Abteilungen sicher.

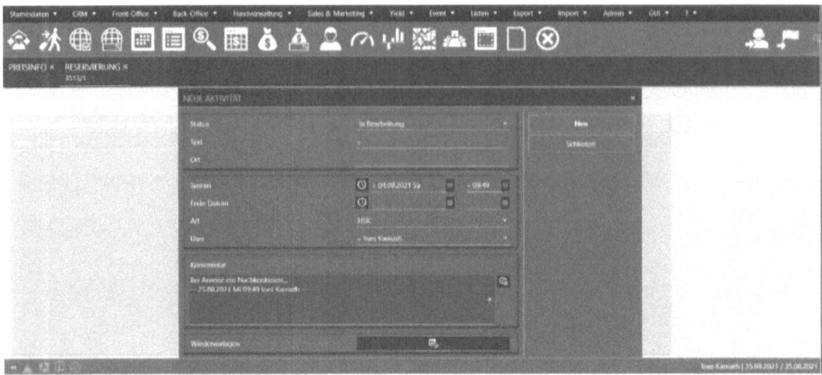

Abbildung 45: SIHOT Anlegen von Aktivitäten
Quelle: SIHOT Property Management System.
➻ Die Abbildung finden Sie auch online (→ *https://files.narr.digital/9783739831268/Zusatzmaterial.zip*)

Beispiel einer abteilungsbezogenen Aktivität

Der Gast sichert im Gespräch zu, dass die Kosten für die Übernachtung von der Firma übernommen werden. Um zu gewährleisten, dass die Kostenübernahme in den nächsten Tagen eingeht, setzt sich der Mitarbeiter eine Aktivität mit einem entsprechenden Erinnerungsdatum auf seine eigene Abteilung.

Sind alle Daten des Gastes erfasst, ist die Reservierung abgeschlossen und einem reibungslosen Check-in steht in naher Zukunft nichts im Wege.

In Zeiten der Digitalisierung haben sich die Hotelmanagementsysteme in den letzten Jahren weiterentwickelt, so dass mittlerweile auch der **Meldeschein** digital vom Gast unterschrieben werden kann. Eine Änderung des Meldescheingesetzes ist seit Januar 2019 in Kraft getreten.“[39]

[39] Kwidzinki 2019, S. 4; siehe hierzu auch → Kapitel 1.4 (Stichwort Meldewesen).

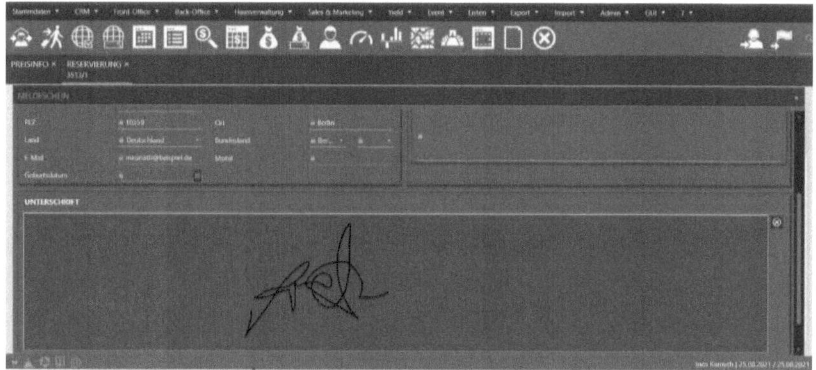

Abbildung 46: SIHOT Digitale Unterschrift
Quelle: SIHOT Property Management System.
» Die Abbildung finden Sie auch online (→ *https://files.narr.digital/9783739831268/Zusatzmaterial.zip*)

Bisher mussten die Meldescheine immer per Hand vom Gast unterschrieben werden. Zukünftig wird die handschriftliche Unterschrift durch digitale Verfahren ersetzt werden.

Hotels der Marken- als auch Privathotellerie werden hier schnell aufrüsten. Dass die Nachfrage nach den oben genannten digitalen Check-in-Möglichkeiten vorhanden ist, bestätigt nicht nur *Zeév Rosenberg* vom Berliner Boutique Hotel i31, sondern auch Dirk Klein vom Greenline Hotel Haffhus. Beide Verantwortlichen arbeiten derzeit mit diversen Technologieanbietern wie beispielsweise *Betterspace*, *Hotelspider* oder auch *Concardis* zusammen, um den Gästen einen digitalen Check-in über das Smartphone in Form einer Web-App oder am Check-in-Terminal zu ermöglichen.[40]

Im Folgenden wird der Check-in direkt am Front-Desk näher beschrieben.

Der **Check-in-Prozess** sollte hier systematisch erfolgen und folgende Punkte berücksichtigen:

» Begrüßung des Gastes,

---

[40] Vgl. John 2020, S. 5.

- Ansprechen des Gastes mit seinem Namen innerhalb des Check-in-Prozesses,
- Aushändigen des Meldescheins, mit Bitte um schriftliche Bestätigung in Form einer Unterschrift,
- Abgleich der Reservierungsdaten (Aufenthaltsdauer, Zimmerkategorie, Zahlungsart etc.).

Sind alle Daten im Hotelmanagementsystem mit den Daten des Gastes abgeglichen, sollten dem Kunden abschließend noch weiterführende und nützliche Informationen gegeben werden. Die Richtung der Zimmer/Fahrstühle sollte aufgezeigt, Frühstückszeiten angesprochen und Restaurants innerhalb des Hauses (*cross selling*) empfohlen werden. Grundsätzlich sollte der Check-in nicht länger als 3 Minuten dauern. Technisch gesehen ist der Check-in allerdings schon innerhalb von Sekunden und durch einen Klick durchführbar.

Die → Abbildung 47 zeigt beispielhaft den Check-in eines fiktiven Gastes. Sind alle Daten im System vollständig erfasst, ist lediglich ein passendes Zimmer für den Gast zu wählen und abschließend mit dem **Check-in-Button** zu bestätigen.

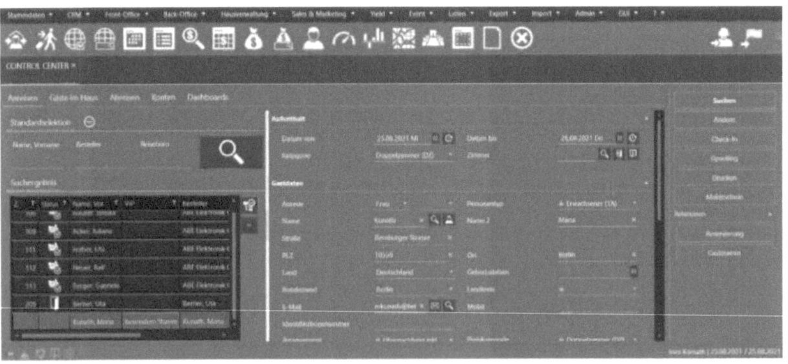

Abbildung 47: SIHOT Check-in
Quelle: SIHOT Property Management System.
➽ Die Abbildung finden Sie auch online (→ *https://files.narr.digital/9783739831268/Zusatzmaterial.zip*)

Wie bereits erwähnt, arbeiten die Hotelmanagementsysteme nur so gut, wie ihre Nutzer auch entsprechende vollständige Daten in das System einpflegen. Werden Kunden- bzw. Marktsegmente (individual, Firma, Gruppe etc.), Reservierungsquellen oder Ähnliches im Reservierungsprozess vernachlässigt, können aussagekräftige Statistiken wie Marktsegmentstatistiken oder Statistiken über Vertriebskanäle nicht zuverlässig aus dem Property-Management-System generiert und ausgewertet werden, so dass eine entsprechende strategische Vorgehensweise nur bedingt möglich wird.

3.2.1.5 Reports

Das **Berichtswesen**, also die sogenannten Reports, sind für die Hotellerie von ganz besonderer Bedeutung, da die aus dem System generierten Daten und Kennzahlen zur Steuerung und Kontrolle dieser dienen. Sie geben dem Hotel einen gewissen Handlungsspielraum, der ein gewisses strategisches Handeln ermöglicht. Klassische, für die Hotellerie wichtige Kennzahlen, wie beispielsweise die

» Auslastung (*occupancy*),
» RevPAR (*revenue per available room*),
» Durchschnittsrate (*average daily rate*),

können per Knopfdruck generiert und interpretiert werden. Darüber hinaus lassen entsprechende Berichte die Kundenstruktur des Hauses sowie die Nutzung der Vertriebskanäle erkennen, so dass ein strategisches Vorgehen, auch unter Revenue-/Yield-Gesichtspunkten, möglich wird. Was unter Revenue-Management in der Hotellerie zu verstehen ist, darauf wird in → Kapitel 3.4 „Business Development“ nochmals vertiefend eingegangen. Grundsätzlich ist auch hier zu erwähnen, dass die Listen und Reports immer den individuellen Gegebenheiten der Häuser anzupassen sind.

Umsätze/Statistiken	Beherbergungs-statistiken	Finanzlisten	Überwachungslisten
Chefinformationen	Hausstatus	Kassenbuch	No-Show-Liste
Tages-rapport	Kontingent/ Gruppenbelegung	Rechnungs-ausgangsbuch	Überwachung Deposit
Anreise/Abreise/Logis	Kontingent bestätigt: Belegung	Rechnungssplitt	Überwachung Optionen

Tagesumsatz nach Umsatzkonten	Gruppenblock - Angebot Belegung	Konten	No-Show-Verarbeitung
Tagesumsatz nach Leistungsarten	Kategorie Belegung	Buchungen	Freigabe vorgeblockter Reservierungen
Umsatzliste mit Budget	Kategorie kumuliert	Provisions-abrechnung	Freigabe Kontingente/ Blöcke
Firmenumsätze	Belegung nach Besteller	Saldenkontrolle	Freigabe Gruppen
Umsätze nach Marktsegmenten	Jahresübersicht frei/belegt	Deposit Verrechnungsliste	Freigabe Kontingent bestätigt
Umsatz: Marktsegment zu Logis	Jahresübersicht definitiv/tentativ	Liste Devisentausch	Freigabe Gruppenblock Angebot
Umsatz: Marktsegment zu *Roomnights*	Gruppenkontrollliste	Rechnungsabgrenzung	Freigabe Optionen
Umsatz: Marktsegment pro Firma	Eventmanagement Belegung	Rechnungsabgrenzung Periode	Verschieben von Optionen
Umsätze: Inland/Ausland	Zimmerstatistik	Rechnungsabgrenzung (Buchungen)	Liste der Kontenumbuchungen
Firmenumsatz: Inland/Ausland	Gerätestatistik	Automatische Depositverbuchung	offene Konten
			automatischer Reservierungsstorno

Abbildung 48: SIHOT Berichte
Quelle: eigene Darstellung aus SIHOT Property Management System.

Das SIHOT.PMS bietet seinen Nutzern gleichermaßen eine Vielzahl an Reports an (Umsatz nach Marktsegmenten, Firmenstatistiken, Channel-Statistiken etc.), die sowohl für operative kurzfristige als auch strategische und langfristige Entscheidungen herangezogen werden können. Die → Abbildung 48 zeigt auszugsweise eine Vielzahl an Reports, die über das System generiert werden können.

3.2.1.6 Kalkulationen im Logis-Rooms-Bereich

Nachdem in den vorangegangenen Kapiteln in Wesentlichen auf die operativen Abläufe am Front-Desk und die Nutzung geeigneter Hotelmanagementsysteme eingegangen wurde, soll im Folgenden die Kalkulation von Beherbergungsleistungen thematisiert werden. In der Praxis existieren hier unterschiedliche Kalkulationsmethoden. Nachfolgend sollen zwei gängige und für die Praxis anwendbare **Kalkulationsme-**

thoden (einfache **Divisionskalkulation** und **Aquivalenzzahlenkalkulation**) für den Logis-Bereich ausgewählt werden. Wie bereits erwähnt, erfordert das Handeln in der Hotellerie einer strategischen Vorgehensweise, so dass Übernachtungspreise und Packages nicht aus dem Bauch heraus ermittelt werden. Es bedarf des Einsatzes gezielter und geeigneter Kalkulationsmethoden. Grundsätzlich ist festzuhalten, dass sich der Preis aus den **3 K's** zusammensetzen sollte. Er bildet die Schnittmenge aus den eigenen ermittelten Selbstkosten der Periode für den Logis-Bereich, der Preisschwelle der Kunden sowie der Berücksichtigung der Konkurrenzpreise. Die → Abbildung 49 visualisiert diesen Zusammenhang.

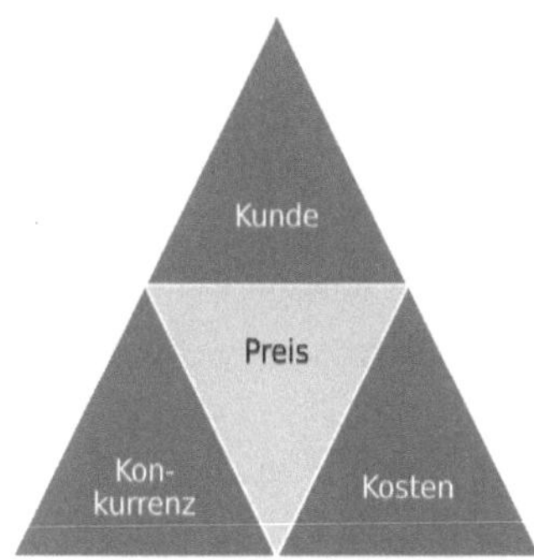

Abbildung 49: Einflussfaktoren auf den Preis
Quelle: eigene Abbildung in Anlehnung an Goehrlich/Spalteholz 2014, S. 39.

Zunächst soll jedoch eine Wiederholung und Einordnung der Kalkulationsmethoden in die Kosten- und Leistungsrechnung erfolgen.

Einordnung der Kalkulationsmethoden in die Kosten- und Leistungsrechnung

Die Kosten- und Leistungsrechnung hat die Aufgabe, die Leistungen des Betriebes während eines bestimmten Zeitraumes zu erfassen und ihnen die dabei entstandenen Kosten des Betriebes gegenüberzustellen. Dabei stützt sie sich auf das Zahlenmaterial der Finanzbuchhaltung.

Folgende Aufgaben werden durch die Kosten-Leistungs-Rechnung übernommen:

» Kontrolle der Wirtschaftlichkeit,

» Ermittlung des Preises als Angebotspreis und der Preisuntergrenze auf Basis der Selbstkosten,
» Bereitstellung von Zahlenmaterial als Grundlage für planerische Entscheidungen.

Eine Kontrolle der Wirtschaftlichkeit ist allein durch die Feststellung, welche Kosten (**Kostenarten**) wo (**Kostenstellen**) und wofür (**Kostenträger**) angefallen sind, gegeben. Es ermöglicht dem Hotel entsprechende Zahlenwerte zu analysieren und wesentliche für die Hotellerie relevante Kennzahlen abzuleiten.[41]

Im Rahmen der Ermittlung des Preises als **Angebotspreis** und der Preisuntergrenze wird in der Literatur auch oftmals von Selbstkostenrechnung gesprochen. Dabei bilden die Selbstkosten nicht nur die Grundlage für die Angebotspreise, sondern sie dienen u.a. auch als Entscheidungsgrundlage für Eigen- oder Fremdfertigung und zeigen Spielräume für eventuelle Preisveränderungen bzw. Preisspannen auf.

Die **Bereitstellung des Zahlenmaterials** dient dem Hotel bzw. Unternehmen als Grundlage für planerische Entscheidungen. So sollte die Steuerung eines jeden Unternehmens durch die Vorgabe von Zielen, quantifiziert und in konkreten Kennzahlen (Wareneinsatzquote, Personaleinsatzquote, Umsatzrendite, Durchschnittsrate, Auslastung, RevPAR etc.), erfolgen. Die Bereitstellung des Zahlenmaterials ermöglicht dem Unternehmen, Einsicht zu erhalten, welche Bereiche (Kostenstellen) wirtschaftlich arbeiten und in welchen Bereichen die Kosten im Vergleich bzw. gemessen an den Umsätzen zu hoch sind und ggf. Handlungsbedarf besteht. Durch die Gegenüberstellung von Ist- und Planwerten und der Ableitung entsprechender Kennzahlen ist das Unternehmen in der Lage, Entscheidungen auf kurz- und langfristiger Basis zu treffen, um langfristig handlungsfähig zu bleiben.

---

[41] Vgl. Hausmann et al. 2007, S. 140ff.

KLR Hotel	
	Kostenartenrechnung » erste Stufe der Kosten- und Leistungsrechnung » sammelt die Kosten eines Zeitabschnittes, die zur Leistungserstellung notwendig waren, und gibt sie gegliedert wieder » Aufstellung der Kostenarten im Kostenartenplan/ Sonderkontenrahmen für die Hotellerie SKR 03/04 » beantwortet die Frage, welche Kosten, für welchen Zweck und in welcher Höhe angefallen sind
	Kostenstellenrechnung » erfasst, in welchen Bereichen des Hotels Kosten entstanden sind, » nach dem Verursachungsprinzip müssen Kosten den Bereichen zugerechnet werden, für deren Herstellung sie angefallen sind » Kostenstelle stellt einen organisatorisch und arbeitsmäßig abgegrenzten Bereich dar, auf denen sich die anfallenden Kosten gemäß ihrer Verursachung verteilen lassen » Basis zur Erstellung eines Kostenstellenplans kann das Organigramm eines Unternehmens sein
	Kostenträgerrechnung » Aufgabe ist es, auf Basis geeigneter Kalkulationsmethoden die Selbstkosten je Leistungseinheit zu ermitteln, » Kalkulationsmethoden als Vollkostenrechnung: Divisionskalkulation, Zuschlagskalkulation, Prime-Cost-Kalkulation » Grundlage für die Preisfestsetzung » Leistungseinheiten sind z.B. die Beherbergungsleistungen, Bewirtungsleistungen, aber auch Komplementärleistungen

Abbildung 50: Kosten- und Leistungsrechnung
Quelle: eigene Abbildung in Anlehnung an Hausmann et al. 2007, S. 140ff.

Die → Abbildung 50 zeigt zusammengefasst und im Überblick die Bereiche der Kosten- und Leistungsrechnung.

Die **Kostenträgerrechnung** beschäftigt sich, wie in der Abbildung zu sehen, mit der Ermittlung der Selbstkosten auf Basis geeigneter Kalkulationsmethoden.

Für den Logis- bzw. den Rooms-Bereich kommt als geeignete Kalkulationsmethode die Divisionskalkulation und als Abwandlung der **Divisionskalkulation** die **Äquivalenzzahlenkalkulation** zum Einsatz.

Nachfolgend werden beide Kalkulationsmethoden anhand von praktischen Beispielen verdeutlicht.

Einfache Divisionskalkulation

Die einfache Divisionskalkulation findet Anwendung in Bereichen, in denen die angebotenen Leistungen in Art und Kostenstruktur sehr ähnlich sind.

$$\text{SK je Leistungseinheit} = \frac{\text{Gesamtkosten der Kostenstelle (Logis)}}{\text{Anzahl der gnerierten Übernachtungen}}$$

Innerhalb der Kalkulationsmethoden und je nach Zielsetzung und Zeitpunkt der Kalkulation kann darüber hinaus zwischen einer **Vorkalkulation** und **Nachkalkulation** differenziert werden.

Vorkalkulation

Wissen | **Vorkalkulation**

„Unter Vorkalkulation versteht man eine im Voraus (ex ante) durchgeführte Kalkulation. Es werden die Kosten für die noch zu erstellenden Leistungen zuzüglich eines Gewinns ermittelt.

Die Vorkalkulation arbeitet mit vorausberechneten Einzelkosten und Normal – bzw. Plangemeinkostenzuschlagssätzen. Daher ist die Vorkalkulation stets eine Kalkulation mit geplanten Kosten.“[42]

Nachkalkulation

Wird das Ziel der Kostenkontrolle verfolgt, so kann von einer Nachkalkulation gesprochen werden. Diese zu berechnen ist relativ einfach, da die tatsächlichen Übernachtungen der vergangenen Periode bekannt und aus dem Hotelmanagementsystem generiert werden können sowie die Gesamtkosten der Kostenstelle entsprechend der Kostenstellenrechnung der Periode zu entnehmen sind. Die vergangenheitsbezogenen Daten liegen hier also vor.

---

[42] Posluschny 2010, S. 99.

Wissen | **Nachkalkulation**

Posluschny definiert die Nachkalkulation „als eine im Nachhinein (ex post) durchgeführte Kalkulation. Die tatsächlich angefallenen Kosten (Istkosten) während einer Abrechnungsperiode oder eines Auftrages werden den geplanten Kosten (Plankosten) gegenübergestellt, so dass eine Kostenkontrolle ermöglicht wird."[43]

Beispiel einer einfachen Divisionskalkulation

Im Folgenden soll auf Basis der einfachen Divisionskalkulation der Selbstkostenpreis pro Übernachtung für ein Hotel (*Team Grün*) ermittelt werden. Da die generierten Daten vergangenheitsbezogen sind und nach Abschluss einer Periode vorliegen, kann hier von einer Nachkalkulation ausgegangen werden. Datengrundlage bilden hier die aus einem Planspiel zum Hospitality-Management generierten Daten. Informationen zum Planspielanbieter *Cesim Hospitality* können ➽ *www.cesim.com* entnommen werden.

Ausgangsdaten

Gesamtanzahl Zimmer:	140
eine Periode:	14 Tage
Gesamtkapazität je Periode:	140 Zimmer · 14 = 1.960 Zimmer

Die Zimmer sind in Größe, Ausstattung, Kostenstruktur und Nutzung sehr ähnlich, so dass hier die einfache Divisionskalkulation Anwendung finden kann.

---

[43] Posluschny 2010, S. 99.

	Green	**Red**	**Blue**	**Orange**	**Grey**	**Ochre**	**Pink**	**Navy**	**Yellow**	**Olive**	**Brown**
Revenue											
Room Revenue	111225	112962	101553	132295	140139	119336	123460,6	141870,3	114285,8	138420	122896,1
Additional hotel side revenue	17294,13	12546,03	11391,9	21472,38	17060,59	10622,14	11999,35	17708,99	15788,46	14398,45	13862,63
Breakfast Revenue	9450	10245	9188,5	17445	12375	10350	10386	17040	12529	15600	12336
Total Revenue	**137969,1**	**135753**	**122133,4**	**171212,4**	**169574,6**	**140308,1**	**145845,9**	**176619,3**	**142603,3**	**168418,5**	**149094,7**
Operating Expenses											
Room	16731,74	15709,31	13325,1	19633,21	21232,68	16134,64	16455,83	18381,12	16550,93	18093,34	17077,29
Breakfast	3450	4398	3037	8441	7175	5475	4339	6264	5459	8100	5697
Outsourcing costs (HK and improvements)	10000	10000	7000	10000	10000	10000	10422,44	0	10000	10000	10000
Management Fees	18304	18304	16000	18304	16000	13760	16000	18304	18304	16000	16000
Personnel Costs(salaries and wages, training)	43254,4	51344	96619,4	56114,8	40196	36975,8	39830,3	68401,8	65441,6	40238,24	47604,8
Sales and Marketing	18000	8000	8000	13000	8000	8000	8000	18000	8000	13000	8000
Total Operating Expenses	**109740,1**	**107755,3**	**143981,5**	**125493**	**102603,7**	**90345,44**	**95047,57**	**129350,9**	**123755,5**	**105431,6**	**104379,1**
Gross Operating Profit (GOP)	28228,99	27997,72	-21848,1	45719,36	66970,92	49962,7	50798,37	47268,39	18847,73	62986,88	44715,61
GOP conversion (%)	0,075829	0,004135	-0,25082	-0,08001	-0,30922	0,004772	0,508307	0,428554	0,018058	0,139796	0,13854

Abbildung 51: Kostenstellenrechnung Hotel
Quelle: Planspiel CESIM Hospitality.

	Green	Red	Blue	Orange	Grey	Ochre	Pink	Navy	Yellow	Olive	Brown	Brown
Room-nights, staying	979	1027	819,62	1191	1613	1172	1148,62	1199	1019,66	1284	1149	1149
Market share %	7,77	8,15	6,50	9,45	12,80	9,30	9,11	9,51	8,09	10,19	9,12	9,12
Occupancy %	49,95	52,40	41,82	60,77	82,30	59,80	58,60	61,17	52,02	65,51	58,62	58,62

Abbildung 52: Anzahl der generierten Übernachtungen in der Periode
Quelle: Planspiel Cesim Hospitality.

Nimmt man folgende Formel zur Berechnung der Selbstkosten als Grundlage, so ergibt sich als Ergebnis für den Selbstkostenpreis je Übernachtung:

$$\text{SK je Leistungseinheit} = \frac{\text{Gesamtkosten der Kostenstelle (Logis)}}{\text{Anzahl der gnerierten Übernachtungen}}$$

$$\text{SK je Leistungseinheit} = \frac{109.740\ € \text{ (Total Operating Expenses)}}{979 \text{ (Rooms} - \text{nights, staying)}}$$

Die Selbstkosten je Übernachtung betragen nach Berechnung: 112,09 €.

Kalkulationsschema zur Berechnung des Endpreises:

Selbstkosten je Übernachtung	112,09 €
+10 % Gewinn	11,20 €
= Mehrwertsteuerbasis	123,30 €
+ 7 % Mehrwertsteuer	8,63 €
= Bruttoverkaufspreis	131,93 €

+ ggf. Kurtaxe/Tourismusabgabe

Die Ermittlung der Selbstkosten ist im Rahmen der einfachen Divisionskalkulation relativ einfach. Diese bietet sich aber nur bedingt und eingeschränkt für Hotels an, die sich nicht wesentlich in der Größe der Zimmer und Kostenstrukturen unterscheiden.

Nachfolgend soll ergänzend noch die Kalkulation mit Äquivalenzzahlen erfolgen. Wie bereits erwähnt, kommt diese zum Tragen, wenn Zimmereinheiten unterschiedlich groß sowie Kostenstrukturen und Nutzung nicht identisch sind, die Hotels also unterschiedliche Zimmerkategorien in unterschiedlicher Größe aufweisen:

» Standardeinzelzimmer,
» Standarddoppelzimmer,
» Komfort Einzelzimmer,
» Komfort Doppelzimmer,
» Suite,
» Familienappartement.

Äquivalenzzahlenkalkulation

Die Äquivalenzzahlenkalkulation ist eine Variation der Divisionskalkulation. Sie berücksichtigt im Vergleich zur einfachen Divisionskalkulation die unterschiedlichen Hotelzimmerkategorien und deren Nutzung bzw. Übernachtungen. Grundlegend erfolgt die Anwendung dieser Methode in fünf Schritten:[44]

[1] Ermittlung der Kostenverhältnisse,
[2] Ermittlung der Äquivalenzzahlen,
[3] Ermittlung von Recheneinheiten (RE)/Äquivalenzzahlenmengen und Summenbildung,
[4] Ermittlung der Selbstkosten (SK) mit Hilfe der Verteilungsrechnung,
[5] Rückrechnung/Ermittlung der Selbstkosten je Übernachtung.

Ausgangsbasis für die Äquivalenzzahlenkalkulation kann entweder das investierte Kapital sein, so wie im nachfolgenden Beispiel angegeben, oder aber die unterschiedlichen Zimmergrößen in Form der Angabe der Quadratmeterzahl.

---

[44] Henschel et al. 2018, S. 216.

Ausgangsdaten

Gesamtanzahl Zimmer:	114
geöffnete Tage pro Jahr:	335
Logis (Gesamt) Gemeinkosten:	836.000 €
Übernachtungen:	21.230

Es empfiehlt sich, schrittweise, wie im nachfolgenden Beispiel angegeben, für die Berechnung der Selbstkosten vorzugehen.

Anzahl der Zimmer	Investiertes Kapital	Kostenverhältnis	Äquivalenzzahl	Übernachtungen	Äquivalenzmengen	Selbstkosten	Selbstkosten pro Übernachtung
30 Einzelzimmer	250.000 €			6.400			
60 Doppelzimmer	610.000 €			10.900			
8 Familienzimmer	96.700 €			2.250			
10 Suiten	60.900 €			980			
6 Deluxe Zimmer	40.000 €			700			
Gesamt: 114				21.230			

Abbildung 53: Beispiel einer Äquivalenzzahlenkalkulation
Quelle: eigene Abbildung in Anlehnung an Henschel et al. 2018, S. 216.

1. Schritt:
Ermittlung der Kostenverhältnisse

$$\text{Kostenverhältnisse} = \frac{\text{investiertes Kapital}}{\text{Anzahl der Zimmer}}$$

Anzahl der Zimmer	Investiertes Kapital	Kostenverhältnis	Äquivalenzzahl	Übernachtungen	Äquivalenzmengen	Selbstkosten	Selbstkosten pro Übernachtung
30 Einzelzimmer	250.000 €	8.333,34 €		6.400			
60 Doppelzimmer	610.000 €	10.166,67 €		10.900			
8 Familienzimmer	96.700 €	12.087,5 €		2.250			
10 Suiten	60.900 €	6.090 €		980			
6 Deluxe Zimmer	40.000 €	6.666,67 €		700			
Gesamt: 114				21.230			

Abbildung 54: Kostenverhältnisse
Quelle: eigene Abbildung in Anlehnung an Henschel et al. 2018, S. 216.

2. Schritt: Ermittlung der Äquivalenzzahlen

Die Äquivalenzzahlen werden aus den Kostenverhältnissen ermittelt. Das niedrigste Verhältnis wird gleich 1 gesetzt.

Anzahl der Zimmer	Investiertes Kapital	Kostenverhältnis	Äquivalenz-zahl	Übernachtungen	Äquivalenz-mengen	Selbstkosten	Selbstkosten pro Übernachtung
30 Einzelzimmer	250.000 €	8.333,34 €	1,36	6.400			
60 Doppelzimmer	610.000 €	10.166,67 €	1,67	10.900			
8 Familienzimmer	96.700 €	12.087,5 €	1,98	2.250			
10 Suiten	60.900 €	6.090 €	1	980			
6 Deluxe Zimmer	40.000 €	6.666,67 €	1,09	700			
Gesamt: 114				21.230			

Abbildung 55: Äquivalenzzahlen
Quelle: eigene Abbildung in Anlehnung an Henschel et.al.: 2018, S. 216.

3. Schritt: Ermittlung von Recheneinheiten (RE)/ Äquivalenzzahlenmengen und Summenbildung

$$\text{Äquivalentmenge} = \text{Äquivalenzzahl} \cdot \text{Übernachtungen}$$

Anzahl der Zimmer	Investiertes Kapital	Kostenverhältnis	Äquivalenz-zahl	Übernachtungen	Äquivalenz-mengen	Selbstkosten	Selbstkosten pro Übernachtung
30 Einzelzimmer	250.000 €	8.333,34 €	1,36	6.400	8.704		
60 Doppelzimmer	610.000 €	10.166,67 €	1,67	10.900	18.203		
8 Familienzimmer	96.700 €	12.087,5 €	1,98	2.250	4.455		
10 Suiten	60.900 €	6.090 €	1	980	980		
6 Deluxe Zimmer	40.000 €	6.666,67 €	1,09	700	763		
Gesamt: 114				21.230	33.105		

Abbildung 56: Äquivalenzmengen
Quelle: eigene Abbildung in Anlehnung an Henschel et al. 2018, S. 216.

4. Schritt: Ermittlung der Selbstkosten (SK) mit Hilfe der Verteilungsrechnung

$$\frac{\sum \text{SK}}{\sum \text{RE}} \cdot \text{RE}_{1\ldots n} = \text{SK}_{1\ldots n}$$

5. Schritt:
Rückrechnung/Ermittlung der Selbstkosten je Übernachtung

$$\text{Selbstkosten pro Übernachtungen} = \frac{\text{Selbstkosten}}{\text{Übernachtung}}$$

Anzahl der Zimmer	Investiertes Kapital	Kostenverhältnis	Äquivalenz-zahl	Übernachtungen	Äquivalenz-mengen	Selbstkosten	Selbstkosten pro Übernachtung
30 Einzelzimmer	250.000 €	8.333,34 €	1,36	6.400	8.704	219.776 €	34,34 €
60 Doppelzimmer	610.000 €	10.166,67 €	1,67	10.900	18.203	459.626 €	42,17 €
8 Familienzimmer	96.700 €	12.087,5 €	1,98	2.250	4.455	112.489 €	49,96 €
10 Suiten	60.900 €	6.090 €	1	980	980	24.745 €	25,25 €
6 Deluxe Zimmer	40.000 €	6.666,67 €	1,09	700	763	19.266 €	27,52 €
Gesamt: 114				21.230	33.105	836.000 €	

Abbildung 57: Selbstkosten je Übernachtung
Quelle: eigene Abbildung in Anlehnung an Henschel et al. 2018, S. 216.

Für ein Einzelzimmer ergibt sich auf Basis der ermittelten Selbstkosten und nachfolgendem Kalkulationsschema folgender Endpreis:

Selbstkosten je Übernachtung:	34,34 €
+10 % Gewinn	3,43 €
= Mehrwertsteuerbasis	37,77 €
+ 7 % Mehrwertsteuer:	2,64 €
= Bruttoverkaufspreis	40,41 €
+ ggf. Kurtaxe/Tourismusabgabe	

Durch die Kalkulationsmethode der Äquivalenzzahlenkalkulation ist es möglich, die unterschiedlichen Kostenstrukturen der Zimmer und die unterschiedliche Auslastung der Zimmer zu berücksichtigen, um so die Selbstkosten und abschließend den Bruttoverkaufspreis je Zimmerkategorie ermitteln zu können.

3.2.1.7 Kennzahlen im Logis-Bereich

Nachdem die unterschiedlichen Kalkulationsmethoden im Logis-Bereich vorgestellt wurden, sollen auf Basis der **Kostenstellenrechnung** aus dem Logis-Bereich des Planspiels *Cesim Hospitality* erste Kennzahlen für diesen berechnet und interpretiert werden: Auslastung, RevPAR und Durchschnittsrate.

	Green	Red	Blue	Orange	Grey	Orche	Pink	Nqvy	Yellow	Olive	Brown
Revenue											
Room Revenue	111.225,00 €	112.962,00 €	101.553,00 €	132.295,00 €	140.139,00 €	119.336,00 €	123.460,60 €	141.870,32 €	114.285,80 €	138.420,00 €	122.896,07 €
Additional hotel side revenue	17.294,13 €	12.546,03 €	11.391,90 €	21.472,38 €	17.060,59 €	10.622,14 €	11.999,35 €	17.708,99 €	15.788,46 €	14.398,45 €	13.862,63 €
Breakfast Revenue	9.450,00 €	10.245,00 €	9.188,50 €	17.445,00 €	12.375,00 €	10.350,00 €	10.386,00 €	17.040,00 €	12.529,00 €	15.600,00 €	12.336,00 €
Total Revenue	137.969,13 €	135.753,03 €	122.133,40 €	171.212,38 €	169.574,59 €	140.308,14 €	145.845,95 €	176.619,31 €	142.603,26 €	168.418,45 €	149.094,70 €
Operating Expenses											
Room	16.731,74 €	15.709,31 €	13.325,10 €	19.633,21 €	21.232,68 €	16.134,64 €	16.455,83 €	18.381,12 €	16.550,93 €	18.093,34 €	17.077,29 €
Breakfast	3.450,00 €	4.398,00 €	3.037,00 €	8.441,00 €	7.175,00 €	5.475,00 €	4.339,00 €	6.264,00 €	5.459,00 €	8.100,00 €	5.697,00 €
Outsourcing costs (HK and improvements)	10.000,00 €	10.000,00 €	7.000,00 €	10.000,00 €	10.000,00 €	10.000,00 €	10.422,44 €	0,00 €	10.000,00 €	10.000,00 €	10.000,00 €
Management Fees	18.304,00 €	18.304,00 €	16.000,00 €	18.304,00 €	16.000,00 €	13.760,00 €	16.000,00 €	18.304,00 €	18.304,00 €	16.000,00 €	16.000,00 €
Personnel Costs(salaries and wages, training)	43.254,40 €	51.344,00 €	96.619,40 €	56.114,80 €	40.196,00 €	36.975,80 €	39.830,30 €	68.401,80 €	65.441,60 €	40.238,24 €	47.604,80 €
Sales and Marketing	18.000,00 €	8.000,00 €	8.000,00 €	13.000,00 €	8.000,00 €	8.000,00 €	8.000,00 €	18.000,00 €	8.000,00 €	13.000,00 €	8.000,00 €
Total Operating Expenses	109.740,14 €	107.755,31 €	143.981,50 €	125.493,01 €	102.603,68 €	90.345,44 €	95.047,57 €	129.350,92 €	123.755,53 €	105.431,58 €	104.379,09 €
Gross Operating Profit (GOP)	28.228,99 €	27.997,72 €	-21.848,10 €	45.719,36 €	66.970,92 €	49.962,70 €	50.798,37 €	47.268,39 €	18.847,73 €	62.986,88 €	44.715,61 €
GOP conversion (%)	0,08	0,00	-0,25	-0,08	-0,31	0,00	0,51	0,43	0,02	0,14	0,14

Abbildung 58: Kostenstellenrechnung Logis-Bereich
Quelle: Planspiel Cesim Hospitality.

Ausgangsdaten

Gesamtanzahl Zimmer:	140
eine Periode:	14 Tage
Gesamtkapazität je Periode:	140 Zimmer · 14 = 1960

Da es in den nachfolgenden Kapiteln um die Ermittlung und Berechnung von Selbstkosten und im weiteren Verlauf um die Berechnung von hotelspezifischen Kennzahlen sowohl für den Logis als auch den F&B Bereich geht, kann die im Folgenden unter → Kapitel 3.2.1.8 bereitgestellte **Formelsammlung** als Grundlage für weitere Berechnungen genutzt werden.

Berechnung der Auslastung

$$\text{Occupancy in \%} = \frac{979}{1.960} \cdot 100$$

Die Auslastung der letzten Periode beträgt 49,94 %.

Berechnung des RevPAR

$$\text{RevPAR} = \frac{112.225\text{ €}}{1960}$$

Der RevPAR beträgt für das Hotel 57,25 €.

Berechnung der Durchschnittsrate

$$\text{Average Room Rate} = \frac{112.225\text{ €}}{979}$$

Die Durchschnittsrate beträgt 114,63 €.

Die Auslastung und die die Durchschnittsrate sind die beiden **wesentlichen Kennzahlen** im Logis-Bereich. Sie können für einen Tag, einen Monat oder für ein Jahr berechnet werden. „Sie sind Menge und Preis in der allgemeingültigen Umsatz-Definition und sind somit die beiden

Stellhebel für den Logisumsatz."[45] Eine weitere wichtige Kennzahl im Logis-Bereich stellt der RevPAR dar. Der RevPAR beschreibt den *Revenue Per Available Room* und ergibt sich aus dem Logis-Umsatz im Verhältnis zu den verfügbaren Zimmern. Er ist eine typische Vergleichskennzahl für Hotels unterschiedlicher Größe, da er in einer Zahl die Auslastung und Durchschnittsrate vereint.

Die oben berechneten Kennzahlen zeigen, dass die Auslastung der letzten Periode nicht ausreichend gewährleistet ist. Hier muss das Haus ggf. überlegen, wie es und vor allem durch welche Angebote die Auslastung zu einer entsprechenden und angemessenen Rate, insbesondere unter Revenue-Gesichtspunkten, gesteigert werden kann. Wichtig ist aber auch, die abgebildeten Kennzahlen im Zeitverlauf zu beobachten. Vielleicht ist die Periode grundsätzlich eine nachfrageschwache Periode. Vielleicht sind aber auch die Preise im Vergleich zur Konkurrenz zu hoch. Vielleicht stimmt aber auch das Preis-Leistungs-Verhältnis nicht. Die geringe Auslastung kann also unterschiedliche Ursachen haben. Durch gezieltes Revenue-Management und einen gezielten langfristigen Analyseprozess innerhalb dessen können entsprechende Lücken und Ursachen aufgedeckt werden. An dieser Stelle sei auf den Business-Development-Bereich und vertiefend das Revenue-Management verwiesen.

Abschließend seien noch Maßnahmen genannt, die es ermöglichen, die Auslastung zu steigern. Dies sind einige, aber nicht erschöpfende Beispiele:

» kreative Packages in nachfrageschwachen Zeiten anbieten, ggf. mit Kooperationspartnern in der Region,
» zielgruppenspezifisches Marketing,
» Kooperationen auf horizontaler und vertikaler Ebene eingehen,
» Steuerung der Preise durch gezieltes Revenue-Management,
» Preisdifferenzierung der Zielgruppen vornehmen,
» Marketing erhöhen.

---

[45] Vgl. Sensen 2018, S. 9.

3.2.1.8 Formelsammlung

$$\text{RevPAR} = \frac{\text{Umsatz Logis einer Periode}}{\text{verfügbare Zimmer einer Periode}}$$

$$\text{Average Room Rate} = \frac{\text{Umsatz Logis einer Periode}}{\text{Anzahl der verkauften Zimmer einer Periode}}$$

$$\text{Occupancy in \%} = \frac{\text{Anzahl der generierten Übernachtungen je Periode}}{\text{verfügbare Zimmer einer Periode}} \cdot 100$$

$$\text{Wareneinsatzquote Food in \%} = \frac{\text{Warenkosten Food einer Periode}}{\text{Umsatz Food einer Periode}} \cdot 100$$

$$\text{Wareinsatzquote Beverage in \%} = \frac{\text{Warenkosten Beverage einer Periode}}{\text{Umsatz Beverage einer Periode}} \cdot 100$$

$$\text{Personaleinsatzquote je Kostenstelle in \%} = \frac{\text{Kosten Personal einer Periode z.B. Logis}}{\text{Umsatz einer Periode z.B.Logis}} \cdot 100$$

$$\text{Umsatzrendite in \%} = \frac{\text{Gewinn}}{\text{Gesamtumsatz}} \cdot 100$$

$$\text{Anteil Logis am Gesamtumsatz in \%} = \frac{\text{Umsatz Logis einer Periode}}{\text{Gesamtumsatz einer Periode}} \cdot 100$$

$$\text{Anteil F\&B am Gesamtumsatz in \%} = \frac{\text{Umsatz F\&B einer Periode}}{\text{Gesamtumsatz einer Periode}} \cdot 100$$

$$\text{Rohaufschlagssatz in \%} = \frac{\text{Umsatz Food} - \text{Warenkosten Food}}{\text{Warenkosten Food}} \cdot 100$$

$$\text{kostendeckender Rohaufschlag in \%} = \frac{\text{Gesamtkosten der KST} - \text{Warenkosten Food}}{\text{Warenkosten Food}} \cdot 100$$

$$\text{Rohaufschlagssatz (Soll)in \%} = \frac{\text{Rohertrag}}{\text{Warenkosten Food\&Beverage}} \cdot 100$$

$$\text{Kalkulationsfaktor} = \frac{\text{Umsatz Food einer Periode}}{\text{Warenkosten Food einer Periode}}$$

$$\text{Gesamtkostenaufschlagssatz in \%} = \frac{\text{Gesamt(gemein)kosten der KST einer Periode}}{\text{Gesamtwarenkosten einer Periode}} \cdot 100$$

$$\text{SK je Leistungseinheit} = \frac{\text{Gesamtkosten der Kostenstelle (Logis)}}{\text{Anzahl der gnerierten Übernachtungen}}$$

$$\text{GOP Conversion in \%} = \frac{\text{Gross Operating Profit einer Periode}}{\text{Gesamtumsatz einer Periode}} \cdot 100$$

$$\text{Profit Conversion in \%} = \frac{\text{Gewinn der Abteilung} \cdot 100}{\text{Umsatz der Abteilung}} \cdot 100$$

$$\text{Market Penetration Index} = \frac{\text{Belegungsquote in \% eines Hotels in einer Periode}}{\text{Belegungsquote des CompSetz in \% einer Periode}} \cdot 100$$

$$\text{Average Rate Index} = \frac{\text{durchschnittl.Hotelzimmerpreis (€) einer Periode}}{\text{durchschnittl.Hotelzimmerpreis des CompSets (€)einer Periode}} \cdot 100$$

$$\text{Revenue Generating Index} = \frac{\text{RevPAR des Hotels (€) einer Periode}}{\text{RevPAR des CompSetz in \{€\} einer Periode}} \cdot 100$$

$$\text{Umsatz pro Öffnungstag} = \frac{\text{Umsatz F\&B}}{\text{Öffnungstage}}$$

$$\text{Umsatz pro Sitzplatz} = \frac{\text{Umsatz F\&B}}{\text{Sitzplätze}}$$

$$\text{Umsatz pro Mitarbeiter F\&B} = \frac{\text{Umsatz F\&B}}{\text{Mitarbeiter}}$$

$$\text{Umsatz pro Gast} = \frac{\text{Umsatz F\&B}}{\text{Anzahl der Gäste}}$$

$$\text{Anlagenintensität in \%} = \frac{\text{Anlagevermögen}}{\text{Gesamzvermögen}} \cdot 100$$

$$\text{stat. Verschuldungsgrad} = \frac{\text{Verbindlichkeiten}}{\text{Eigenkapital}}$$

$$\text{Eigenkapitalquote in \%} = \frac{\text{Eigenkapital}}{\text{Gesamtkapital (Bilanzsumme)}} \cdot 100$$

$$\text{Fremdkapitalquote in \%} = \frac{\text{Fremdkapital}}{\text{Gesamtkapital (Bilanzsumme)}} \cdot 100$$

Schema zur Ermittlung des Verkaufspreises (Zuschlagskalkulation) für Speisen:

Warenkosten (Wareneinsatz) lt. Rezeptur pro Gericht
+ Gesamtkostenaufschlagssatz
= Selbstkosten
+ Gewinn
= kalkulierter Preis
+ ggf. Serviceendgeld
= Mehrwertsteuerbasis
+ Mehrwertsteuer 19 %
= Bruttoverkaufspreis

Schema zur Ermittlung des Verkaufspreises bei Zimmern:

Selbstkosten je Übernachtung
+ Gewinn
= Mehrwertsteuerbasis
+ 7 % Mehrwertsteuer
= Bruttoverkaufspreis
+ Kurtaxe bzw. Tourismusabgabe
= Verkaufspreis (rechnerisch)

Gesamtumsatz		
- Warenkosten		
= Rohgewinn		
- Personalkosten		
- Energiekosten		
- Steuern/Versicherungen/Beiträge		
= Betriebsergebnis I	= EBITDA	= GOP
- Miete/Pacht		
- Leasing		
- Instandhaltung		

- Abschreibungen		
- Zinsen Fremdkapital		
- sonstige Kosten		
= Betriebsergebnis II	= EBIT	
+ sonstige Erlöse		
= vorläufiges Ergebnis	= EBT	=Profit or Loss

Abbildung 59: Schema der kurzfristigen Erfolgsrechnung in der Hotellerie
Quelle: eigene Abbildung in Anlehnung an Hausmann 2007, S. 165.

3.2.2 Operations – Food&Beverage (F&B)

Der zweite große Bereich innerhalb des operativen Hotelmanagements ist der **Food&Beverage**-Bereich. Unter diesen Bereich fallen alle Abteilungen, die mit Speisen und Getränken in einem Hotel zu tun haben. Je nach Größe des Hauses ist dieser Bereich unterschiedlich stark ausgeprägt. Einige Häuser weisen lediglich ein Restaurant auf, in anderen Häusern gibt es mitunter zwei Restaurants, eine Lobby-Bar, ein Bistro oder auch einen Veranstaltungsbereich, der seine Gäste mit Tagungspauschalen versorgt.

Wie bereits erwähnt, ist es das Ziel, innerhalb der Kosten- und Leistungs-Rechnung zu prüfen, wie wirtschaftlich und erfolgreich die einzelnen Abteilungen (Kostenstellen) arbeiten, so dass eine gewisse Kostenkontrolle in diesen Bereichen notwendig wird. Auf entsprechende im F&B relevante Kennzahlen wird im weiteren Verlauf noch weiter eingegangen. Zunächst sollen jedoch die Grundlagen für die Kalkulationen im Food- und Beverage-Bereich gelegt werden, wobei hier im Wesentlichen auf drei Kalkulationsverfahren eingegangen wird:

- » Kalkulation über den Rohaufschlagssatz,
- » Kalkulation über den Kalkulationsfaktor,
- » einfache Zuschlagskalkulation.

Ziel ist es, eine Speise, die bereits auf der Speisekarte steht oder auf die Speisekarte gesetzt werden soll, zu kalkulieren. Ausgangsbasis jeder Kalkulation sind immer die Warenkosten lt. Rezeptur pro Gericht. Anhand dieser werden dann durch das Aufschlagen von **Zuschlagssätzen**, **Kalkulationsfaktoren** oder **Rohaufschlagssätzen** die entsprechenden Endpreise bzw. Bruttoverkaufspreise ermittelt.

Als Datenbasis für die nun folgenden Rechenbeispiele sollen hier wieder die aus dem Planspiel *Cesim Hospitality* generierten Daten genutzt werden. Da diese Daten vergangenheitsbezogenen vorliegen, kann auch hier wieder von einer Nachkalkulation ausgegangen werden.

3.2.2.1 Kalkulation über den Rohaufschlagssatz

Bei der Kalkulation über den Rohaufschlag wird vom Umsatz der entsprechenden Kostenträger ausgegangen. Es ist also notwendig, sich die Kostenstellenrechnung der F&B-Abteilung näher anzuschauen. Die → Abbildung 60 zeigt beispielhaft die Kostenstellenrechnung der F&B-Abteilung.

	Green	Red	Blue	Orange	Grey	Ochre	Pink	Navy	Yellow	Olive	Brown
Revenue											
Food	18117,1	28970,85	67047,4	17639,6	17581,7	19480,4	27514,5	43968	66833,88	21520,2	23729
Beverage	9570	11616,67	31556,67	5859,1	6271,88	4625	6760	22668	28896,88	10559,38	16809,38
Total Revenue	27687,1	40587,52	98604,07	23498,69	23853,58	24105,4	34274,5	66636	95730,76	32079,58	40538,38
Cost of Sales											
Food	8097,705	11499,18	43585,51	5678,269	14681,21	12858,67	13331,59	17556	40478,65	10678,44	10780,48
Beverage	5000	2500	14500	0	3000	0	2500	8000	13605	3390	5500
Total Cost of sales	13097,71	13999,18	58085,51	5678,269	17681,21	12858,67	15831,59	25556	54083,65	14068,44	16280,48
Gross Profit											
Food	10019,4	17471,67	23461,89	11961,33	2900,5	6621,73	14182,91	26412	26355,23	10841,76	12948,52
Beverage	4570	9116,67	17056,67	5859,1	3271,88	4625	4260	14668	15291,88	7169,38	11309,38
Total Gross Profit	14589,4	26588,34	40518,55	17820,42	6172,37	11246,73	18442,91	41080	41647,11	18011,14	24257,89
Operating Expenses											
Management Fees	3432	3432	3000	3432	3000	2580	3000	3432	3432	3000	3000
Kitchen	11060	11480	29358	10640	8120	7483	8508,5	24528	22496,6	12600	14840
Dining Hall	5160	3120	9009,6	2880	5760	4020	2694	6672	3840	2880	4560
Maintenance	0	0	0	0	0	0	0	10000	0	0	0
Other Expenses	2085,7	3113,6	3963,5	3682,3	1722,2	1602,8	3283,1	5192,9	4931,8	1794,2	2696,5
Total Operating Expenses	21737,7	21145,6	45331,1	20634,3	18602,2	15685,8	17485,6	49824,9	34700,4	20274,2	25096,5

Abbildung 60: Kostenstellenrechnung F&B
Quelle: Planspiel Cesim Hospitality.

Das *Team Grün* möchte für das neue Gericht auf der Speisekarte den Endpreis im Rahmen einer Nachkalkulation ermitteln:

Seezungenröllchen an Weißweinsoße mit Schlosskartoffeln

Die Warenkosten pro Gericht lt. Rezeptur sind durch den Küchenchef bekannt und betragen: 4,80 €.

Die Berechnung des Bruttoverkaufspreises über den Rohaufschlagssatz erfolgt durch nachfolgende Formel:

$$\text{Rohaufschlagssatz in \%} = \frac{\text{Umsatz Food} - \text{Warenkosten Food}}{\text{Warenkosten Food}} \cdot 100$$

In der Literatur wird als Differenz zwischen dem **Betriebsumsatz Speisen** und den **Warenkosten Speisen** auch vom **Rohertrag** gesprochen.

Mit Blick in die Kostenstellenrechnung ergeben sich für die Berechnung des Rohaufschlagssatzes folgenden Werte:

$$\text{Rohaufschlagssatz in \%} = \frac{18.117\,€ - 8.098\,€}{8.098\,€} \cdot 100$$

Der **Rohertrag** im oben angegeben Beispiel beträgt **10.019 €.**

Der Rohaufschlagssatz, der sich aus dem Verhältnis des Rohertrages zu den Warenkosten ermittelt und der auf die Warenkosten pro Gericht lt. Rezeptur aufzuschlagen ist, beträgt: **123,72 %.**

Folgendes Kalkulationsschema liegt für die Berechnung des Bruttoverkaufspreises zugrunde:

Warenkosten lt. Rezeptur	4,80 €
+ Rohaufschlag 123,72 %	5,94 €
= Verkaufspreis netto	10,74 €
+ 19 % Mehrwertsteuer	2,04 €
= Bruttoverkaufspreis	12,78 €

Je nach Umsatz und Kontendifferenzierung kann die Berechnung des Rohaufschlagssatzes entweder für den Gesamtbetrieb, nur für Speisen oder nur für Getränke oder aber für einzelne Artikelgruppen bzw. Warengruppen wie beispielsweise Bier, Wein etc. erfolgen.[46]

Wie ist der Rohaufschlagssatz nun zu interpretieren?

Das *Team Grün* hat im letzten Jahr einen Gesamt-Rohaufschlag auf den Wareneinsatz in Höhe von 123,72 % erwirtschaftet. Der Prozentsatz von 123,72 auf den Wareneinsatz in Höhe von 8.098 € ergibt einen Rohertrag von 10.019 €. Dieser Wert liegt zwar im Rahmen, führt aber insgesamt und mit Blick auf die Kostenstellenrechnung der F&B-Abteilung für das *Team Grün* zu einem negativen Ergebnis (Verlust) im Restaurant.

Wie hoch muss der Rohaufschlagsatz also sein?

Er muss so hoch sein, dass die Gesamtkosten des Betriebes gedeckt werden und zusätzlich ein ausreichender Gewinn erwirtschaftet wird.[47]

Wird kein Gewinn erzielt oder, wie in unserem Beispiel gegeben, sogar ein Verlust erwirtschaftet, dann ist der kalkulierte Rohaufschlagssatz zu niedrig. Unter der Prämisse, dass Kosteneinsparungen nicht möglich sind, ist eine Erhöhung des Gewinns nur dann realisierbar, wenn die Realumsätze im Restaurant steigen. Eine Erhöhung der Umsätze ist entweder nur durch eine Preiserhöhung möglich oder durch die Mitarbeiter im Restaurant, die durch gezieltes Aufwärtsverkaufen (*Upselling*) ein Mehr an Umsatz generieren können. Eine Alternative stellt die Erhöhung des Rohaufschlages dar.

Doch wie hoch muss der Rohaufschlag sein, um mindestens kostendeckend arbeiten zu können oder, besser noch, einen Gewinn am Ende der Periode zu erwirtschaften?

Die Berechnung des kostendeckenden Rohaufschlages erfolgt durch nachfolgende Formel:

---

[46] Vgl. Henschel et al. 2018, S. 216.

[47] Vgl. Posluschny 2010, S. 104.

$$\text{kostendeckender Rohaufschlag in \%} = \frac{\text{Gesamtkosten der KST} - \text{Warenkosten Food}}{\text{Warenkosten Food}} \cdot 100$$

$$\text{kostendeckender Rohaufschlag in \%} = \frac{21.737\ € - 8.098\ €}{8.098\ €} \cdot 100$$

Der kostendeckende Rohaufschlagssatz beträgt für unser gegebenes Beispiel 168,43 %, der auf die Warenkosten pro Gericht aufzuschlagen ist.

Soll im weiteren Verlauf also noch Gewinn erwirtschaftet werden, so ist den Gesamtkosten noch ein entsprechender Gewinn aufzuschlagen. Ein angemessener Rohaufschlag sollte neben den Gesamtkosten also auch einen angestrebten Gewinn miteinbeziehen.[48]

In unserem angegeben Rechenbeispiel bleiben andere zufließenden Umsätze aus dem F&B-Bereich wie beispielsweise Getränke oder in anderen größeren Hotels auch Umsätze aus Veranstaltungen etc. für die Kalkulation des kostendeckenden Rohaufschlages unberücksichtigt.

Allein über die Speisen werden bei der Realisierung des kostendeckenden Rohaufschlagssatz alle Gesamtkosten gedeckt. Alle zusätzlichen Einnahmen in Form von Umsatzerlösen aus den F&B-Bereichen tragen zu einer positiven Entwicklung und damit zu einem positiven Endergebnis bei.[49]

Soll-Rohaufschlag

Soll noch ausreichend Gewinn erwirtschaftet werden sowie der Unternehmerlohn und Risikozuschläge Berücksichtigung finden, dann empfiehlt sich die Berechnung des Soll-Rohaufschlages wie in nachfolgendem Beispiel gegeben.

---

[48] Vgl. Posluschny 2010, S. 104.

[49] Vgl. Posluschny 2010, S. 104.

Ermittlung des Soll-Rohaufschlages

$$\text{Soll-Rohaufschlag in \%} = \frac{\text{Rohertrag}}{\text{Warenkosten Food\&Beverage}} \cdot 100$$

Beispielberechnung des Soll-Rohaufschlages mit Hilfe des Rohertrages auf Basis der Ausgangswerte von *Team Grün*:

Gesamtkosten F&B:	21.738 €
./. Wareneinsatzkosten F&B	13.098 €
= Kosten	8.640 €
+ angestrebter Betriebsgewinn	5.000 €
+ Unternehmerlohn	18.000 €
+ Eigenkapitalverzinsung	1.900 €
+ Risikozuschlag	1.700 €
= notwendiger Rohertrag	35.240 €

$$\text{Soll-Rohaufschlagsatz in \%} = \frac{35.240\ €}{13.098\ €} \cdot 100$$

Auf Basis der Berechnung ergibt sich ein erhöhter Soll-Rohaufschlagssatz von 269 %.

Erhöhung des Rohaufschlages

Eine Erhöhung des Rohaufschlages hängt von diversen Faktoren ab wie beispielsweise der Wettbewerbssituation auf dem Beschaffungs- und Absatzmarkt, dem Gästepotential oder auch der Kaufkraft der Gäste. Grundsätzlich sind zwei Arten einer Erhöhung möglich. Für welche Art sich das Unternehmen entscheidet, richtet sich nach dessen Erwartungen und Entscheidungen:

Zum einen kann eine Erhöhung des Rohertrages und des Rohaufschlages erreicht werden, indem die Wareneinsätze reduziert werden (z.B. günstiger Wareneinkauf), zum anderen kann durch eine Steigerung des Preisniveaus die Erhöhung des Rohaufschlages erfolgen.[50]

Bei den Berechnungen wurde die Umsatzsteuer (Mehrwertsteuer) nicht beachtet, d.h., zu dem kalkulierten Nettoverkaufspreis muss die gesetzliche Umsatzsteuer gerechnet werden, um den Bruttoverkaufspreis zu erhalten.

3.2.2.2 Kalkulation über den Kalkulationsfaktor

Der Kalkulationsfaktor berechnet sich als Verhältnis der Umsätze im Food-Bereich zu den Warenkosten im Food-Bereich.

Die Berechnung des Kalkulationsfaktors erfolgt durch folgende Formel:

$$\text{Kalkulationsfaktor} = \frac{\text{Umsatz Food einer Periode}}{\text{Warenkosten Food einer Periode}}$$

Auf Basis der Daten der Kostenstellenrechnung aus dem F&B-Bereich ergeben sich für die Berechnung des Kalkulationsfaktors nachfolgende Werte:

$$\text{Kalkulationsfaktor} = \frac{18.117\ €}{8.098\ €}$$

> Es ergibt sich ein Kalkulationsfaktor von 2,24, der auf die Warenkosten pro Gericht lt. Rezeptur aufzuschlagen ist.

Warenkosten lt. Rezeptur:	4.80 €
· Kalkulationsfaktor 2,24	10.75 €
= Verkaufspreis netto	10.75 €
+ 19 % Mehrwertsteuer	2.04 €
= Bruttoverkaufspreis	12.79 €

[50] Vgl. Posluschny 2010, S. 104.

Der Bruttoverkaufspreis ist mit 12,79 € auf der Speisekarte anzusetzen. Wie bereits erwähnt, bildet der Preis immer eine Schnittmenge zwischen den eigenen Kosten, der Preisbereitschaft des Kunden sowie dem Blick auf die Konkurrenz. Der Hotelier muss also für sich entscheiden, inwieweit bestimmte Preisspannen nach oben bzw. nach unter mitunter noch möglich sind.

Abschießend sei noch erwähnt, dass bei festgelegten Bruttoverkaufspreisen (bedingt durch die Marktsituation) durch einfache Division mit dem Kalkulationsfaktors auch der maximale Wareneinsatz pro Gericht ermittelt werden kann.

> In unserem Beispiel: 12,79 € : 2,24 = 5,70 € maximaler Wareneinsatz pro Gericht.

Nachfolgende Tabelle (Kalkulationshilfe) soll abschließend, ausgehend von den Wareneinsatzkosten pro Gericht, noch eine Hilfestellung bieten, um schnell von Kalkulationsfaktoren oder Rohaufschlägen zum Bruttoverkaufspreis zu gelangen.[51]

Rohaufschlag in %				Kalkulationsfaktor			
50 %	1,785	120 %	2,618	190 %	3,451	260 %	4,284
60 %	1,904	130 %	2,737	200 %	3,570	270 %	4,403
70 %	2,023	140 %	2,856	210 %	3,389	280 %	4,522
80 %	2,142	150 %	2,975	220 %	3,808	290 %	4,641
90 %	2,261	160 %	3,094	230 %	3,927	300 %	4,761
100 %	2,380	170 %	3,213	240 %	4,046	310 %	4,879
110 %	2,499	180 %	3,332	250 %	4,165	320 %	4,998

Abbildung 61: Kalkulationshilfe
Quelle: eigene Abbildung.

3.2.2.3 Einfache Zuschlagskalkulation

Abschließend soll noch die Kalkulation über die **einfache Zuschlagskalkulation** erfolgen. Hier werden alle Speisen und Getränke

[51] Vgl. Posluschny 2010, S. 104.

mit einem einheitlichen Gesamtkostenaufschlagssatz in Prozent kalkuliert. Die einfache Zuschlagskalkulation eignet sich nur bedingt und bietet sich nur dann an, wenn es sich bei dem bereitgestellten Angebot um homogene Bewirtungsleistungen handelt, die ungefähr gleich hohe Warenkosten verursachen.[52] In der Praxis ist dies jedoch eher selten der Fall.

Der Gesamtkostenaufschlagssatz berechnet sich durch das Verhältnis der Gesamt(gemein)kosten einer Periode zu den Gesamtwarenkosten einer Periode und ist in nachfolgender Formel abgebildet:

$$\text{Gesamtkostenaufschlagssatz in \%} = \frac{\text{Gesamt(gemein)kosten der KST einer Periode}}{\text{Gesamtwarenkosten einer Periode}} \cdot 100$$

Für das *Team Grün*[53] ergeben sich aus der Kostenstellenrechnung des Restaurants nachfolgende Werte zur Berechnung des Gesamtkostenaufschlagssatzes in Prozent:

$$\text{Gesamtkostenaufschlagssatz \%} = \frac{21.738\ €}{13.098\ €} \cdot 100$$

Der Gesamtkostenaufschlagssatz beträgt: 165,96 %

Zur Ermittlung des Bruttoverkaufspreises wird folgendes Kalkulationsschema zugrunde gelegt. Die Warenkosten pro Gericht lt. Rezeptur für die Seezungenröllchen betragen unverändert 4,80 €.

Warenkosten lt. Rezeptur:	4,80 €
· Gesamtkostenaufschlagssatz 165,96 %	7,97 €
= Selbstkosten	12,77 €
+ Gewinn 10 %	1,28 €
= Bedienungsgeldbasis	14,05 €
+ Bediengeld 12 %	1,68 €
= Mehrwertsteuerbasis	15,73 €
+ Mehrwertsteuer 19 %	2,98 €
= Bruttoverkaufspreis	18,71 €

52 Vgl. Henschel et al. 2018, S. 214.

53 Siehe hierzu Abbildung 51.

Das im Kalkulationsschema berücksichtige Bediengeld ist ein Entgelt, dass laut tariflichen Festlegungen für Servicekräfte im Bewirtungsbereich gezahlt werden kann. Es beträgt in der Regel 12–15 % des vom Empfänger getätigten Umsatzes. Das Bediengeld bezieht sich nicht auf den Bruttoumsatz. Grundlage ist die Bediengeldbasis wie im oben gezeigten Kalkulationsschema.[54]

3.2.2.4 Kennzahlen im F&B-Bereich

Wie bereits erwähnt, ist es das Ziel des Unternehmens wirtschaftlich und rentabel zu arbeiten, um die in der strategischen Managementebene gesetzten Ziele zu erreichen. Jede einzelne Abteilung muss einen Beitrag dazu leisten und wird an Kennzahlen, die entsprechend quantifiziert werden, gemessen. Dies ermöglicht eine Kontrolle und Steuerung der einzelnen F&B-Bereiche. Jedes Hotel muss für sich entscheiden, welche Kennzahlen zur kontinuierlichen Überwachung und Überprüfung herangezogen werden.

Nachfolgend werden einige Kennzahlen, die für den F&B wichtig erscheinen, angeführt und anhand der bereits genutzten Kostenstellenrechnung des F&B-Bereichs für das *Team Grün* berechnet, ausgewertet und ggf. Handlungsempfehlungen daraus abgeleitet:

» Wareneinsatzquote Food,
» Wareneinsatzquote Beverage,
» Personaleinsatzquote F&B gesamt,
» Umsatzrendite,
» GOP Conversion.

Kennzahlenanalyse für den F&B-Bereich – Team Grün

Auf Basis der in der Abbildung gezeigten Kostenstellenrechnung lassen sich folgende Kennzahlen für das *Team Grün* ableiten:[55]

---

[54] Vgl. Abbildung 51.

[55] Siehe hierzu Abbildung 51.

$$\text{Wareneinsatzquote Food in \%} = \frac{8.098\,€}{18.117\,€} \cdot 100$$

Die Wareneinsatzquote für den Food-Bereich beträgt 44,69 %.

$$\text{Wareinsatzquote Beverage in \%} = \frac{5.000\,€}{9.570\,€} \cdot 100$$

Für die Wareneinsatzquote der Getränke ergeben sich: 52,24 %.

$$\text{Personaleinsatzquote je Kostenstelle in \%} = \frac{19.652\,€}{9.570\,€ + 18.117\,€} \cdot 100$$

Die Personaleinsatzquote für den F&B Bereich beträgt 70,97 %.

$$\text{GOP Conversion in \%} = \frac{14.589\,€}{27.687\,€} \cdot 100$$

Die GOP Conversion für den F&B-Bereich beträgt: 52,69 %.

Die GOP Coversion setzt den operativen Gewinn ins Verhältnis zu den Gesamtumsätzen der Abteilung. Die angegebene GOP Conversion von 52,69 % gibt an, dass bei einem Gesamtumsatz von 100,00 € ein operativer Gewinn von 52,69 € übrig bleibt. Ob dies ausreichend ist, kann nur mit Blick auf die noch anfallenden Kosten und das noch verbleibende Abteilungsergebnis beantwortet werden. Da das Abteilungsergebnis von *Team Grün* einen Verlust erwirtschaftet, muss ein Blick auf die weiteren Kennzahlen erfolgen.

Wie sind diese Kennzahlen nun zu interpretieren?

Für die Hotellerie existieren Richtwerte, wie hoch und in welchem Rahmen die Personalkosten oder auch die Warenkosten gemessen am Umsatz sein sollten. Nachfolgende Tabelle aus dem *Hotelmarkt 2019* differenziert nach Individual- und Kettenhotellerie und zeigt diese Werte beispielhaft auf. Es ist darauf hinzuweisen, dass dies nur Richtwerte sind und hier entsprechend der Größe und der Strukturen der einzelnen Hotels und Häuer zu differenzieren ist.

Position	Kette		Individual	
	T Euro	%	T Euro	%
Erlöse Logis	2.488,2	75,4	1.658,8	58,1
Erlöse F&B	681,8	20,7	972,0	34,1
Sonstige Erlöse	129,7	3,9	222,6	7,8
GESAMTERTRAG	3.299,6	100,0	2.853,4	100,0
Warenaufwand	196,6	6,0	332,0	11,6
Personalaufwand	917,1	27,8	1.043,8	36,6
Energieaufwand	149,4	4,5	139,6	4,9
Steuern, Versicherungen, Beiträge	27,9	0,8	42,9	1,5
Betriebs- und Verwaltungsaufwand	654,1	19,8	514,7	18,0
Betriebsbedingter Aufwand	1.945,1	59,0	2.073,1	72,7
BETRIEBSERGEBNIS I	1.354,5	41,0	780,3	27,3
Managementgebühr	65,8	2,0	20,0	0,7
Bereinigtes Betriebsergebnis I	1.288,7	39,1	760,3	26,6
Pacht/Miete	392,1	11,9	307,6	10,8
Leasingaufwand	4,8	0,1	9,9	0,3
Instandhaltung	88,5	2,7	42,1	1,5
AfA und GwG	41,3	1,3	101,9	3,6
Zinsaufwand	14,4	0,4	34,6	1,2
Anlagebedingter Aufwand	541,1	16,4	496,1	17,4
BETRIEBSERGEBNIS II	747,6	22,7	264,1	9,3

Kennziffern	Kette	Individual
Öffnungstage	363 Tage	360 Tage
Anzahl Zimmer	117	77
TREVPAR	77,85 €	103,13 €
OCC	72,0 %	66,1 %
ARR	81,57 €	90,65 €
REVPAR	58,70 €	59,96 €
Sitzplätze Gastronomie	97	119

F&B Umsatz/Sitzplatz	7,0 T€	8,2 T€
F&B Ertrag/Gast	30,81 €	73,59 €
Wareneinsatzquote Speisen	30,4 %	36,7 %
Wareneinsatzquote Getränke	23,8 %	25,0 %
Wareneinsatzquote F&B	29,0 %	33,4 %
GOPPAR	28,97 €	27,51 €
Mitarbeiter/Zimmer (inkl. Aushilfen und Azubis)	0,22	0,51
Betriebsertrag je besch. AN	130,5 T€	72,9 T€
Personalkosten je besch. AN	36,3 T€	26,7 T€

Abbildung 62: Betriebswirtschaftliche Kennzahlen Ketten- und Individualhotellerie
Quelle: Hotelverband Deutschland e.V. 2019, S. 160.

Entsprechend der vorgegebenen Werte kann für das *Team Grün* folgende Handlungsempfehlungen abgeleitet werden:

Wie in den Ergebnissen zu sehen, ist sowohl die Personaleinsatzquote als auch die Wareneinsatzquote für Waren und Getränke zu hoch. Die Richtwerte liegen, wie oben bereits angegeben, zwischen 30–35 %.

Um die Wareneinsatzquote für Speisen und Getränke zu senken, gibt es unterschiedliche Handlungsansätze.

Es kann versucht werden, die Umsätze positiv zu beeinflussen. Dies kann zum einen durch Preiserhöhungen geschehen, insofern unter den gegebenen Marktbedingen noch Preiserhöhungen möglich und durchsetzbar sind. Darüber hinaus können Preise neu kalkuliert werden oder die Mitarbeiter werden dafür sensibilisiert, *Upselling* zu betreiben. Das heißt, Bestellungen für Gäste nicht nur entgegenzunehmen, sondern im F&B-Bereich die Speisen und Getränke aktiv zu verkaufen und zu empfehlen.

Neben dem Umsatzes können auch die Kosten beeinflusst und eine Reduzierung der Warenkosten angestrebt werden. Hier ist zu prüfen, zu welchen Preisen die Waren eingekauft werden. Eventuell sind Lieferantenwechsel zu erwägen oder bei großen Abnahmemengen Rabatte einzuholen. Zu prüfen ist auch die Lagerhaltung in Umfang und Struktur sowie der Umgang der Mitarbeiter mit den Waren. Werden Lebensmittel verschwendet oder frühzeitig entsorgt und wie groß sind Schnittverluste bei der Verarbeitung der Speisen. Beim Einkauf der Waren und bei der Erstellung der Speisekarten können saisonale Produkte und Waren Verwendung finden. Um unnötig große Lagerbestände zu vermeiden, ist es empfehlenswert, die Speisekarten nicht zu groß und damit unter Umständen unübersichtlich für den Gast aufzubauen, sondern eher klein und überschaubar und dafür regelmäßig, saisonspezifisch wechselnd.

Innerhalb der Personaleinsatzquote – und der Richtwert sollte hier auch je nach Hotel und Struktur des Hauses zwischen 30 und 35 % liegen – ist der Spielraum der Handlungsempfehlungen sicherlich nicht ganz so groß, da auf Kostenseite sicherlich nicht Personal auf die Schnelle reduziert werden soll und auch kann. Dies wäre sehr kurzfristig gedacht. Hier sind zunächst eine Umsatzerhöhung durch gezieltes *Upselling* und eventuelle Preiserhöhungen in Erwägung zu ziehen. Sollte es langfristig dennoch schwierig werden und die Personalkosten gemessen am Umsatz zu hoch sein, so kann bei Kündigungen seitens des Arbeitnehmers durch zeitversetzte Einstellungen beispielsweise entgegengewirkt werden oder in Erwägung gezogen werden, befristete Verträge auslaufen zu lassen.

3.3 Finance

Auf den nachfolgenden Seiten soll ein Einblick über die Struktur und Aufgaben der Finance-Abteilung gegeben werden, wobei inhaltlich die Kostenstellenrechnung, der Monatsabschluss sowie betriebswirtschaftliche Kennzahlen, die sich aus der Bilanz ableiten lassen, fokussiert werden sollen. Je nach Struktur und Größe des Hauses kann die Accounting-Abteilung eines Hotels unterschiedlich stark besetzt sein. Folgende Positionen innerhalb der Abteilung sind möglich:

- Accounts Receivable,
- Accounts Payable,
- Income Auditor,
- General Cashier.

In Kleinunternehmen sowie mittelständischen Unternehmen wird dieser Bereich oftmals ausgegliedert und an den Steuerberater übertragen. Das abschließende Interview mit *Jennifer Fröhlich* aus dem Adlon Kempinski Hotel Berlin vermittelt einen Eindruck von den einzelnen Aufgabenbereichen der Finance-Abteilung. Sie beschreibt sehr ausführlich, welche

Verantwortung diese Bereiche übernehmen, und zeigt Herausforderungen im Finance-Bereich der Zukunft auf.

3.3.1 Kostenarten- und Kostenstellenrechnung

Das vorangegangene Kapitel hat bereits im Vorfeld der Kalkulationen der F&B- und Logis-Leistungen einen groben Einblick in die Kostenartenrechnung, **Kostenstellenrechnung** und abschließend in die Kostenträgerstückrechnung gegeben. Die zentrale Aufgabe der Kostenartenrechnung war es, alle Kosten und Leistungen eines Betriebes zu erfassen, um sie dann verursachungsgerecht auf die einzelnen Kostenstellen umzulegen. Grundlage für die Erfassung und Gliederung der Kostenarten bildet der für die Hotellerie einheitlich anzuwendende Sonderkontenrahmen, der ➻ *www.datev.de* entnommen werden kann. Sind alle Kosten erfasst und gegliedert, so sollen sie nun verursachungsgerecht auf die einzelnen Kostenstellen gelegt werden.

Doch nach welchen Kriterien werden bzw. können die Kostenstellen gebildet werden?

Bei der Bildung von Kostenstellen kann in der Hotellerie nach folgenden Bereichen differenziert werden:[56]

Funktionsbereiche
Operative Abteilungen
Räumlichkeiten
Leistungsbereiche

Abbildung 63: Kriterien für die Erstellung von Kostenstellen
Quelle: eigene Abbildung

Für die Hotellerie üblich und gängig ist die Bildung der Kostenstellen nach operativen Abteilungen (*Operating Departments*) und Räumlichkeiten (Outlets). Die Unterteilung nach Funktionsbereichen ist eher im Industriebereich (Beschaffung-, Produktion- und Verwaltungsbereich) vorzufinden und für die Hotellerie eher unüblich. Die **Unterteilung**

[56] Vgl. Hausmann et al. 2007, S. 173.

nach Leistungsbereichen differenziert speziell in die Bereiche Beherbergung, Speisen und Getränke getrennt voneinander. Klassisch geworden, und in kleinen und mittelständischen Hotels eher vorzufinden, ist die Untergliederung der Kostenstellen in die beiden operativen Bereiche **Beherbergung (Rooms/Logis)** und **Bewirtung (F&B)**. Nichtsdestotrotz können je nach Größe des Hotels und operativen Abteilungen weitere Kostenstellen gebildet werden, vorausgesetzt, in diesen werden Umsätze erwirtschaftet (Wellness, Garage etc).

Bei größeren Häusern, die einen stark ausgeprägten F&B-Bereich haben und neben dem Restaurant auch noch andere F&B-Outlets, in denen Umsätze erwirtschaftet werden, lohnt sich erweiternd der Aufbau der Kostenstellen nach **Räumlichkeiten (Outlets)**. Es werden systematisch so viele Kostenstellen aufgebaut, wie Räumlichkeiten, sprich Outlets (Bar, Bistro, Restaurant, Bankettabteilung etc.), vorhanden sind, in denen Umsätze erwirtschaftet werden. Dies ermöglicht eine wirtschaftliche Kontrolle nicht nur des F&B-Bereiches als Ganzem, sondern auch der einzelnen Abteilungen untereinander.

Wissen | Kostenstellen bilden

Als Hilfestellung für die Bildung der Kostenstellen kann auch das vorliegende Organigramm (Organisationsstruktur) des Hauses dienen.

Die → Abbildung 64 zeigt beispielhaft die **Abteilungsergebnisrechnung** eines Hotels.[57] In dieser erfolgt die Gliederung der Kostenstellen zunächst nach den operativen Bereichen Beherbergung (Logis/Rooms) und Verpflegung (F&B). Den Umsätzen in diesen Bereichen werden die Einzelkosten, die sich direkt der Kostenstelle zuordnen lassen, gegenübergestellt, so dass ein operatives Abteilungsergebnis (GOP) sichtbar wird. Da die sich anschließenden übrigen Kosten bzw. indirekten Kosten allen Kostenstellen als Block angelastet werden, kann hier von einer

---

[57] Vgl. Hausmann et al. 2007, S. 173.

Teilkostenrechnung ausgegangen werden, da lediglich die direkten zurechenbaren Kosten den Kostenstellen zugeordnet werden. Erfolgt auch eine Verrechnung der Gemeinkosten, so dass diese über entsprechende Verfahren und Verschlüsselungssätze und mit Hilfe eines Betriebsabrechnungsbogens auf die jeweiligen Hauptkostenstellen umgelegt werden, so kann von einer Vollkostenrechnung ausgegangen werden.[58] Diese soll an dieser Stelle aber nicht vertieft werden.

Departmental Statement of Income					
Hotel-Restaurant Bergstatter Hof					
Current period (laufende Periode)					
operating departments operative Abteilungen	net revenues Nettoerträge	cost of sales Wareneinsatz	payroll Personal-aufwendungen	other expenses sonstige Aufwendungen	gross operating income Ergebnisse
rooms	183.200,00		36.200,00	45.060,00	101.940,00
food and beverage	757.000,00	244.600,00	180.000,00	11.600,00	320.800,00
total operating departments Summe operative Abteilungen	940.200,00	244.600,00	216.200,00	56.660,00	422.740,00

undistributed operating expenses Serviceabteilungen/Gemeinkosten	
administrative and general Verwaltung und Allgemeines	65.640,00
marketing Marketing	9.800,00
energy costs Energie und Wasser	58.600,00
property operation and maintenance Reparaturen und Instandhaltung	31.600,00
income before management fees and fixed charges (gross operating profit) Betriebsergebnis nach Gemeinkosten	257.100,00
rent, taxes and insurance Pacht/Miete/Leasing, Betriebs- und Objektkosten sowie Versicherungen	25.200,00

58 Vgl. Hausmann et al. 2007, S. 173.

interest expense Zinsen	49.900,00
depreciation Abschreibungen	41.600,00
income before taxes (net operating profit) Betriebsergebnis vor Einkommen/Ertragssteuern	140.400,00

Abbildung 64: Abteilungsergebnisrechnung
Quelle: eigene Abbildung in Anlehnung an Hausmann et al. 2007, S. 173ff.

Aus der oben gezeigten Abteilungsergebnisrechnung lassen sich nun bereits bekannte hotelspezifische Kennzahlen berechnen und ableiten sowie erste Ergebnisse interpretieren.

Übung | Kennzahlen berechnen

Berechnen Sie auf Basis der oben angegebenen Werte nachfolgende Kennzahlen und interpretieren Sie die Daten entsprechend:

» Anteil Logis am Gesamtumsatz
» Anteil F&B am Gesamtumsatz
» Wareneinsatzquote Food
» Personaleinsatzquote für den Rooms-(Logis-)Bereich
» Personaleinsatzquote für den F&B-Bereich
» Umsatzrendite

Die Lösung der Aufgabe können Sie nachfolgendem QR-Code entnehmen:

Wie der Lösung zu entnehmen ist, sind alle aufgeführten Kennzahlen in einem guten Bereich. Handlungsbedarf besteht also vorerst nicht. Die Personaleinsatzquote im F&B-Bereich weist ein hervorragendes Ergebnis mit 23,77 % gemessen am Umsatz auf.

Nachfolgend soll nun die Kostenstellenrechnung des F&B-Bereichs entsprechend den vorhandenen Outlets im gezeigten Beispiel erweitert werden und eine erneute aussagekräftige Analyse der Kennzahlen stattfinden, die in einer Bereichsergebnisrechnung dargestellt werden.

Der → Abbildung 65 (Bereichsergebnisrechnung) ist zu entnehmen, dass der F&B-Bereich in die jeweiligen Outlets (Räumlichkeiten) und Kostenstellen Frühstück, Restaurant und Bankett erweitert wurde, um festzustellen, wie wirtschaftlich diese einzelnen Bereiche nun tatsächlich arbeiten:

Hotel-Restaurant Bergstatter Hof					
Bereichsergebnisrechnung					
	Gesamt	Beherbergung	Frühstück	Restaurant	Saal
Umsätze	940.200,00	183.200,00	20.113,00	450.130,00	286.757,00
./. Warenkosten	244.600,00		15.044,00	150.550,00	79.006,00
./. Personalkosten	216.200,00	36.200,00	21.300,00	100.900,00	57.800,00
./. sonstige direkte Kosten	56.660,00	45.060,00	350,00	6.730,00	4.520,00
= Bereichsergebnis	422.740,00	101.940,00	-16.581,00	191.950,00	145.431,00
./. indirekte Kosten	282.340,00				
= Betriebsergebnis	140.400,00				
+/- neutrales Ergebnis	1.750,00				
= Unternehmensergebnis	142.150,00				

Abbildung 65: Bereichsergebnisrechnung
Quelle: eigene Abbildung in Anlehnung an Hausmann et al. 2007, S. 184.

Die nachfolgende Tabelle zeigt die bekannten hotelspezifischen Kennzahlen, wenn, wie in obiger Abbildung zu sehen, der F&B-Bereich, in seine einzelnen Outlets aufgesplittert wird. Die Vorgehensweise für die Berechnung der Kennzahlen ist der im Vorfeld bereits vorgestellten Formelsammlung zu entnehmen und eigenständig abzuleiten.

	Frühstück	Restaurant	Bankett
Wareneinsatzquote	74,79 %	33,45 %	27,55 %
Personaleinsatzquote	105,9 %	22,41 %	20,15 %

Abbildung 66: Kennzahlen aus der Bereichsergebnisrechnung
Quelle: eigene Abbildung

Der Tabelle ist zu entnehmen, dass der Frühstücksbereich weit über den bereits genannten Normwerten der Wareneinsatzquote bzw. der Personaleinsatzquote für die Hotellerie liegt. Alle anderen angeführten Kennzahlen des Restaurants und des Banketts liegen, gemessen an den Umsätzen, in einem guten Bereich.

Was lässt sich aus den Kennzahlen des Frühstücksrestaurant ableiten?

Schon ein Blick in die absoluten Zahlen der Bereichsergebnisrechnung zeigt, dass die Kosten in diesen Bereichen im Verhältnis zum Umsatz eindeutig zu hoch sind. Dies spiegelt sich in den jeweiligen Kennzahlen der Wareneinsatzquote (74,79 %) und der Personaleinsatzquote (105,9 %) wider. Schaut man auf die absoluten Personalkosten in Höhe von 21.300 € pro Jahr, so lassen sich hier vermutlich keine weiteren Einsparungen vornehmen, da bei der angegebenen Höhe der Personalkosten ggf. ein Mitarbeiter bzw. 1–2 Teilzeitkräfte im Einsatz sind. Würde man diese rationalisieren, wäre ein Frühstücksservice ohne Weiteres nicht mehr realisierbar.

Überprüft werden muss an dieser Stelle also die Kostenseite. Hier sollten eventuell die Warenkosten/Einsätze/Kalkulationen kontrolliert und Frühstückspreise entsprechend angepasst werden. Bei Inklusiv-Preisen (Vollpension, Halbpension etc.) sollte ggf. der interne Verrechnungspreis, den die Kostenstelle für das Frühstück angerechnet bekommt, angepasst werden. Vermutlich ist dieser hier zu gering angesetzt.

Die Bereichsergebnisrechnung ermöglicht somit eine detailliertere Betrachtung der einzelnen Abteilungen (Outlets) und deren Ergebnisse. Es wird auf Basis der Zahlen und Kennzahlen schnell ersichtlich, wie wirtschaftlich die einzelnen Bereiche in ihren Kerngeschäften tatsächlich arbeiten und in welchen Bereichen ein Handlungsbedarf besteht. Die ermittelten Kennzahlen sind hier nur beispielhaft gewählt. Aus der Bereichsergebnisrechnung lassen sich weitere für den F&B-Bereich relevante Kennzahlen ableiten (Produktivität der Mitarbeiter, Umsatz pro Sitzplatz, Umsatz pro Gast etc.). Diese sollten final in die Gesamtbetrachtungen miteinbezogen werden.

Nachfolgende Abbildung zeigt abschließend einen Kennzahlenvergleich als hinweisende Richt- und Vergleichswerte aus dem Gastronomiebereich in Hotels mit normaler, gehobener sowie First-Class-Ausstattung.

Kennziffernvergleich – Gastronomiebereich I				
Betriebstyp		STADTHOTELS		
Qualitätsniveau	normale	gehobene Ausstattung		First Class
Umsatz-größenklassen	Ausstattung	bis 1,5 Mio. €	mehr als 1,5 Mio. €	Ausstattung
Warenertrag in €				
- je Sitzplatz insgesamt*	2.839	3.825	6.195	7.049
- je Sitzplatz und Betriebstag	8,90	12,00	18,00	19,90
- je Betriebsstunde	98,50	132,50	275,60	387,20
Warenumschlag				
- Umschlagshäufigkeit (pro Jahr)	15,5	11,2	14,8	11,2
- Umschlagsdauer (in Tagen)	24	33	25	33
Wareneinsatzquote in %				
- Speisen (Küche)	39,0	35,9	33,2	32,3
- Getränke (Keller)	27,7	24,7	23,3	23,0
- sonstige Waren (Handelsware)**	61,3	58,2	55,6	51,9
verkaufte Waren insgesamt **	35,3	32,6	31,2	29,4
Rohaufschlag in %				
- Speisen (Küche)	157	178	202	209
- Getränke (Keller)	262	305	330	335

- sonstige Waren (Handelsware)**	63	72	80	93
verkaufte Waren insgesamt **	183	207	220	241
* die Sitzplatzkapazität im Freien und in den Sälen ist zu 25 % miteingerechnet				
** einschließlich Warenaufwand für Nebenbetrieb				

Abbildung 67: Kennzahlenvergleich im Gastronomiebereich
Quelle: DWIF 2019, zit. in Maschke/Scherr 2019, S. 39.

3.3.2 Monatsabschluss

Zu guter Letzt soll noch ein Blick auf den Monatsabschluss geworfen werden. Er gehört laut *Jennifer Fröhlich* (Accounts Receivable Supervisor, Adlon Kempinski Berlin) neben dem Jahresabschluss mit zu den Hauptaufgaben der Finance-Abteilung. Ziel ist immer die Überprüfung der Wirtschaftlichkeit der einzelnen Bereiche, um entsprechend langfristig handlungsfähig zu bleiben und durch gezielte Maßnahmen *wie Upselling*, Preisanpassungen etc. die Umsätze zu erhöhen oder bei vorhandenem Spielraum eventuell auch die Kosten zu senken (Warenkosten, Personalkosten etc.).

Der Monatsabschluss wird in größeren Häusern durch die Finance-Abteilung am Ende eines Monats generiert. In kleinen und mittelständischen Hotels ohne eigene Finance-Abteilung übernimmt dies auch der zuständige Steuerberater.

Nachfolgender Monatsabschluss oder auch kurz **BWA (Betriebswirtschaftliche Auswertung)** eines kleinen, mittelständischen Hotels zeigt das Monatsergebnis für den Mai 2021 praxisnah auf. Ergänzend ist nochmals zu erwähnen, dass der Monatsabschluss oder auch die BWA ein punktuelles Ergebnis zum Monatsende darstellt. Je nach Zeitpunkt (Hochsaison, Nebensaison), Belegung, ggf. auch Investitionen, die zu Abschreibungen führen, und Krisen können die Ergebnisse am Monatsende oder gerade auch zum Ende des Jahres durchaus mal einen Verlust aufweisen, wenn die Gesamtaufwendungen nicht durch Umsatzerlöse gedeckt werden können. Aus der BWA ist auch nicht ersichtlich, in welchem Betreiberverhältnis das Hotel aktuell agiert. Handelt es sich um einen klassischen Eigenbetrieb, Pacht- bzw. Franchisebetrieb oder ist das Hotel gar an einem Managementvertrag gebunden?

Heesen/Meusburger empfehlen bei der Betrachtungsweise des Zahlenwerks folgende Vorgehensweise:

[1] Blick nach ganz oben,

[2] nach ganz unten und dann suchen wir

[3] Auffälligkeiten im Mittelbau.[59]

Der Blick nach ganz oben zeigt, dass die Umsatzerlöse im Vergleich zum Vorjahr um 13,96 % gesunken sind. Ein erster Blick auf die Zahlen (Umsatzerlöse) lässt erkennen, dass das Haus im Vergleich zum letzten Jahr weniger Umsatz generieren konnte. Dies spiegelt sich auch in der Darstellung des Ergebnisses (Blick nach unten) in einem Fehlbetrag von -4.586,00 € wider. Die Umsatzrendite fällt mit -19,08 % negativ aus. Die Gründe für diese Entwicklung sind aus dem reinen Zahlenwerk nicht ersichtlich, lassen sich aber aufgrund des Zeitraumes der Erstellung der BWA und der derzeit noch vorherrschenden Coronapandemie mit den jeweiligen Einschränkungen für die Hotellerie entsprechend erklären.

Der Rohertrag als Differenz der betrieblichen Einnahmen zu den betrieblichen Ausgaben (Materialkosten, Waren, Stoffe etc.) beträgt 23.550 €.

Wie bereits erwähnt, baut die BWA oder auch der Monatsabschluss in der Hotellerie gemäß den Kostenstellen Logis (*Rooms*) und F&B auf. In unserem genannten Beispiel werden lediglich die Umsätze aus Logis erfasst, da aufgrund der aktuellen Coronakrise und -pandemie sowie der aktuellen Schutzmaßnahmen zum Zeitpunkt der Erstellung der BWA kein Frühstück in den Hotels angeboten werden konnte, so dass hier lediglich die Einnahmen aus Übernachtungen aufgeführt sind und Einnahmen aus F&B nicht generiert werden konnten. Dem betrieblichen Rohertrag werden abschließend, wie bereits angegeben, die Gemeinkosten als Ganzes angelastet, was zu einem negativem Betriebsergebnis und weiterführend zu einem Verlust bzw. Fehlbetrag im aktuellen Monat Mai führt. Der Blick auf den Mittelbau des aktuellen Monats zeigt insgesamt

---

[59] Heesen/Meusburger 2018, S. 84.

eine Erhöhung der absoluten Aufwendungen sowohl in den Personalaufwendungen als auch in den Raumkosten und lässt sich mit der coronabedingten Öffnungsstrategie und personalbedingten Einstellungen in der Hotellerie im aktuellen Monat erklären. Die Auswertung der kumulierten Jahreswerte ergibt, dass die Personalkosten und alle weiteren Aufwendungen insgesamt im Vergleich zum Vorjahreszeitraum gesunken sind. Die kumulierten Werte auf das gesamte Jahr bezogen zeigen für das Hotel aufgrund der außerordentlichen Erträge (Coronahilfen) abschließend für den Monat Mai einen Gewinn auf sowie eine positive Umsatzrendite.

Werte in EUR	**Monat: Mai**				**kumuliert: 01.01.21-31.05.21**			
	Ist-Werte	VJ-Ist	Abweichung	in %	Ist-Werte	VJ-Ist	Abweichung	in %
Einkünfte aus Gewerbebetrieb								
Betriebseinnahmen								
Umsatzerlöse	22.784	26.481	-3.697	-13,96	112.481	181.231	-68.751	-37,94
Bestandsveränderungen	0	0	0	0,00	0	0	0	0,00
aktivierte Eigenleistungen	0	0	0	0,00	0	0	0	0,00
= Gesamtleistung	22.784	26.481	-3.697	-13,96	112.481	181.231	-68.751	-37,94
sonstige betriebliche Erlöse	1.243	1.243	0	0,00	6.213	5.972	240	4,02
= Betriebseinnahmen gesamt	24.026	27.723	-3.697	-13,34	118.693	187.204	-68.510	-36,60
Betriebsausgaben								
Material, Stoffe und Waren	0	38	-38	-100,00	-8	559	-568	-101,47
Fremdleistungen	476	0	476	0,00	884	4.612	-3.728	-80,83
= Summe Einsatz	476	38	438	>999,99	876	5.171	-4.296	-83,06
betrieblicher Rohertrag	**23.550**	**27.685**	**-4.135**	**-14,94**	**117.818**	**182.032**	**-64.215**	**-35,28**
Personalkosten	25.878	17.144	8.734	50,95	116.242	141.644	-25.402	-17,93
Abschreibungen	0	868	-868	-100,00	0	4.633	-4.633	-100,00
Raumkosten	441	292	149	51,00	1.555	6.953	-5.398	-77,63
betriebliche Steuern	0	0	0	0,00	536	588	-51	-8,74
Versicherungen und Beiträge	102	138	-36	-26,05	718	821	-103	-12,54
besondere Kosten	0	0	0	0,00	0	0	0	0,00
Fahrzeugkosten (ohne Steuern)	504	678	-174	-25,67	3.075	3.404	-328	-9,64

Werbe- und Reisekosten	0	227	-227	-100,00	204	1.078	-873	-81,03
Kosten Warenabgabe	253	253	0	0,00	1.576	1.910	-335	-17,51
Reparatur und Instandhaltung	0	0	0	0,00	0	0	0	0,00
sonstige Kosten	1.050	1.632	-582	-35,67	4.761	5.456	-694	-12,73
= Gesamtkosten	28.229	21.232	6.996	32,95	128.668	166.485	-37.817	-22,71
Betriebs-ergebnis	**-4.678**	**6.453**	**-11.131**	**-172,50**	**-10.851**	**15.547**	**-26.398**	**-169,79**
Zinsaufwand	0	40	-40	-100,00	0	202	-202	-100,00
sonstige neutrale Aufwendungen	0	0	0	0,00	0	-8	8	100,00
Zinserträge	0	0	0	0,00	0	0	0	0,00
sonstige neutrale Erträge	92	0	92	0,00	32.447	10.499	21.947	209,03
verrechnete kalk. Kosten	0	0	0	0,00	0	0	0	0,00
Ergebnis vor Steuern	**-4.586**	**6.413**	**-10.999**	**-171,52**	**21.596**	**25.853**	**-4.257**	**-16,46**
Steuern Einkommen und Ertrag	0	-1.767	1.767	100,00	473	1.892	-1.419	-75,01
vorläufiges Ergebnis	**-4.586**	**8.180**	**-12.766**	**-156,07**	**21.124**	**23.961**	**-2.838**	**-11,84**

Abbildung 68: Monatsabschluss eines kleinen, mittelständischen Hotels
Quelle: eigene Abbildung.

Abschließend bleibt festzuhalten, wie wichtig es ist, sich das Gesamtergebnis des Jahres gebündelt in einem **Jahresabschluss** anzuschauen. Der Jahresabschluss bildet den rechnerischen Abschluss eines Geschäftsjahres und wird in den Instrumenten einer Gewinn-und-Verlust-Rechnung sowie einer Bilanz dargestellt. Nachfolgend soll lediglich die Bilanz eines beispielhaften Unternehmens abgebildet werden, um nochmals einige bilanztypische Kennzahlen zu betrachten.

3.3.3 Bilanz und ausgewählte Kennzahlen

Die Gliederungsvorschrift einer Bilanz wird vom Gesetzgeber festgelegt und findet sich im HGB im § 266 wieder.[60] Ähnlich wie bei der Betrachtung des Monatsabschluss soll auch hier folgende Blickrichtung gelten:

[60] Heesen/Meusburger 2018, S. 84.

[1] nach ganz unten,
[2] nach oben und dann
[3] den Blick in den Mittelbau.[61]

Wir beginnen bei der Passivseite der Bilanz:

BILANZ

AKTIVA	Geschäftsjahr		Vorjahr
	EUR	EUR	EUR
A. Anlagevermögen			
I. Sachanlagen	18.242,00		25.357,00
II. Finanzanlagen	22.600,00		0,00
		40.842,00	25.357,00
B. Umlaufvermögen			
I. Vorräte	785,70		877,30
II. Forderungen und sonstige Vermögensgegenstände	64.900,88		55.634,07
III. Kassenbestand, Bundesbank-guthaben, Guthaben bei Kreditinstituten und Schecks	91.105,30		103.986,20
		156.791,88	160.497,57
C. Rechnungsabgrenzungsposten		3.993,58	4.881,07
		201.627,46	190.735,64

PASSIVA	Geschäftsjahr		Vorjahr
	EUR	EUR	EUR
A. Eigenkapital			
I. Gezeichnetes Kapital	25.000,00		25.000,00
nicht eingeforderte ausstehende Einlagen	12.500,00		12.500,00
eingefordertes Kapital		12.500,00	12.500,00
II. Gewinn-/Verlustvortrag		55.326,18	4.357,35
III. Jahresüberschuss/-fehlbetrag		33.029,86	50.968,83
		100.856,04	67.826,18
B. Rückstellungen		40.528,23	37.962,93
C. Verbindlichkeiten		60.243,19	84.946,53
		201.627,46	190.735,64

Abbildung 69: Bilanz eines kleinen, mittelständischen Hotels
Quelle: eigene Abbildung.

Die Bilanzsumme zeigt im Vergleich zum Vorjahr eine Steigerung von 190.735,64 € auf 201.627,46 €, also insgesamt um ca. 5,6 % auf. Ist das nun gut oder nicht? Es ist nur dann gut, wenn die Bilanzsumme weniger schnell als die Umsatzerlöse ansteigt.[62] Da die Gewinn-und-Verlust-Rechnung hier nicht berücksichtigt werden kann, können hierzu keine eindeutigen Aussagen getroffen werden. Der Blick nach oben und auf das Eigenkapital zeigt, dass dieses im Vergleich zum Vorjahr um ca. 33.000 € gestiegen ist. Dies spiegelt sich in einer Eigenkapitalquote von 50 % wider. Ein für die Hotellerie sehr guter Wert, liegen Eigenkapitalquoten für die Hotellerie und Gastronomie doch durchschnittlich bei 18–

---

[61] Vgl. Heesen/Meusburger 2018, S. 84.

[62] Vgl. Heesen/Meusburger 2018, S. 84.

30 %. Hier ist jedoch nach Struktur des Hauses (normale oder hohe Ausstattung, Kur- und Ferienhotel etc.) sowie in Eigen- und Pachtbetriebe und weitere Betreiberformen zu differenzieren.

Nachfolgende Abbildung zeigt die Kapitalstruktur von Stadthotels, differenziert nach normaler, gehobener und First-Class-Ausstattung sowie unterschieden in eigentümer- und pachtgeführte Betriebe:

Bilanzanalyse - Kapitalstruktur

Betriebstyp		STADTHOTELS							
Qualitätsniveau		Normale Ausstattung		Gehobene Ausstattung				*First Class* Ausstattung	
Umsatzgrößenklassen				Bis 1,5 Mio.€		Mehr als 1,5 Mio.€			
		Eigent.	**Pächter**	**Eigent.**	**Pächter**	**Eigent.**	**Pächter**	**Eigent.**	**Pächter**
- Kurzfristige Verbindlichkeiten		15,7	74,7	10,0	40,0	14,9	34,1	14,3	38,9
- Mittelfristige Verbindlichkeiten		0,8	0,0	6,2	3,1	1,4	2,6	3,1	0,0
- Langfristige Verbindlichkeiten		38,6	0,0	82,3	19,5	53,4	3,5	35,6	2,4
Verbindlichkeiten insgesamt		**55,0**	**74,7**	**98,5**	**62,6**	**69,7**	**40,2**	**53,0**	**41,3**
Rückstellungen		1,8	11,4	1,5	7,1	4,1	30,3	4,6	16,9
Passive Rechnungsabgrenzung		0,1	0,0	0,0	0,0	0,1	0,3	0,0	0,0
Eigenkapital inkl. Bilanzgewinn und Rücklagen		43,1	13,9	0,0	30,3	26,1	29,2	42,4	41,8
Bilanz-	i.v.H.	100,0	100,0	100,0	100,0	100,0	100,0	100,0	100,0
summe	absolut in T€	482,8	140,9	1.300,5	301,2	2.952,9	558,8	6.438,1	1.326,3

Abbildung 70: Kapitalstruktur von Hotels
Quelle: eigene Abbildung in Anlehnung an Masche/Scherr 2019, S. 47.

Die Aktivseite der Bilanz zeigt, dass die Bilanzsumme im Wesentlichen durch das Umlaufvermögen gestellt wird und weniger durch das Sachanlagevermögen. Für Hotelbetriebe, die als Eigentümerbetrieb fungieren, würde der Anteil am Sachanlagevermögen gemessen an der Bilanzsumme den größten Teil ausmachen. Auffallend ist der verhältnismäßig gute Kassenbestand des Unternehmens, der mit ca. 45 % für die Liquidität des Unternehmens spricht. Im Vergleich zum Vorjahr ist der Kassenbestand zwar anteilig gesunken, weist aber immer noch einen sehr guten Wert auf.

Nachfolgend sollen auf Basis der gegebenen Bilanz einige bilanztypische Kennzahlen angeführt und interpretiert werden.

$$\text{Anlagendeckung A} = \frac{\text{Eigenkapital}}{\text{Anlagevermögen}} \cdot 100$$

$$\text{Anlagendeckung A} = \frac{100.856{,}4\ €}{40.842{,}00\ €} \cdot 100$$

Die Anlagendeckung gibt darüber Auskunft, inwiefern das Anlagevermögen durch das Eigenkapital gedeckt ist. „Es gilt nämlich: Langfristige Vermögensgegenstände sollten auch langfristig, wenn möglich mit Eigenkapital, finanziert sein.“[63]

> Die Anlagendeckung des Hotels beträgt 246,94 %.

Dies ist ein für die Hotellerie hervorragender Wert, der jedoch nicht weiter verwunderlich ist, da das Anlagevermögen des Hotels im Vergleich zum Eigentümerbetrieb per se geringer ausfällt und lediglich ca. 20 % der Bilanzsumme ausmacht.

Die Anlagenintensität zeigt das Anlagevermögen gemessen am Gesamtvermögen/an der Bilanzsumme auf. Eine hohe Anlagenintensität steht für ein höheres Risiko, dass Unternehmen bei Marktveränderungen ggf. nicht so schnell reagieren können, da das Kapital im Anlagevermögen gebunden ist, was für die Hotellerie gerade bei Betrieben, die im Eigentum geführt werden, typisch ist.

$$\text{Anlagenintensität} = \frac{\text{Anlagevermögen}}{\text{Bilanzsumme}} \cdot 100$$

$$\text{Anlagenintensität} = \frac{40.842{,}00\ €}{201.627{,}46\ €} \cdot 100$$

> Die Anlagenintensität des Hotels weist einen Wert von 20,25 % auf.

Nachfolgende Abbildung zeigt abschließend die Vermögensstruktur und auch vertiefend das Anlagevermögen von Stadthotels mit normaler, gehobener Ausstattung sowie für First-Class-Hotels vergleichend als Eigentümer vs. Pachtbetrieb auf.

---

[63] Heesen/Meusburger 2018, S. 84.

Bilanzanalyse - Vermögensstruktur

Betriebstyp	STADTHOTELS							
Qualitätsniveau	Normale Ausstattung		Gehobene Ausstattung				*First Class*	
Umsatzgrößenklassen			Bis 1,5 Mio.€		Mehr als 1,5 Mio.€		Ausstattung	
	Eigent.	**Pächter**	**Eigent.**	**Pächter**	**Eigent.**	**Pächter**	**Eigent.**	**Pächter**
- Grund und Boden	9,0	0,0	10,6	0,0	10,1	0,0	10,8	0,0
- Gebäude und feste Einbauten	63,1	0,0	59,0	7,7	64,6	8,2	56,3	2,3
- Bewegl. Einrichtungen, Maschinen, KFZ etc.	16,8	49,8	18,8	29,0	15,3	24,7	10,0	16,7
- Sonstiges Anlagevermögen	0,1	1,1	0,2	1,3	0,7	0,1	0,1	0,5
Anlagenvermögen insgesamt	**89,1**	**50,9**	**88,6**	**38,0**	**90,7**	**33,0**	**77,2**	**19,5**
- Warenbestand	1,7	9,9	1,0	6,8	1,0	5,8	1,2	2,6
- Kasse, Bank, Postscheck	4,1	22,4	2,0	28,6	2,7	39,4	14,5	59,5
- Forderungen	2,3	4,5	1,0	7,2	2,6	12,3	3,4	12,7
- Sonstiges Betriebsvermögen	2,4	12,3	3,1	17,8	2,6	6,8	3,4	4,9
Umlaufvermögen insgesamt	**10,5**	**49,1**	**7,1**	**60,4**	**8,9**	**64,3**	**22,5**	**79,7**
Aktive Rechnungsabgrenzung	0,4	0,0	0,4	1,6	0,4	2,7	0,3	0,8
Bilanzverlust bzw. Minuskapital	0,0	0,0	3,9	0,0	0,0	0,0	0,0	0,0
Bilanz- i.v.H.	100,0	100,0	100,0	100,0	100,0	100,0	100,0	100,0
summe absolut in T€	482,8	140,9	1300,5	301,2	2952,9	558,8	6438,1	1326,3

Abbildung 71: Vermögensstruktur von Hotels
Quelle: Maschke/Scherr, 2019, S. 46

Die **Liquidität I. Grades** setzt die „flüssigen Mittel" ins Verhältnis zu den kurzfristigen Verbindlichkeiten. Sie gibt Auskunft darüber, inwieweit am Bilanzstichtag die kurzfristigen Verbindlichkeiten ad hoc durch die flüssigen Mittel finanziert werden können.

$$\text{Liquidität I. Grades} = \frac{\text{Kasse bzw.Bank \& WP des Umlaufvermögens}}{\text{kurzfrstige Verbindlichkeiten}} \cdot 100$$

$$\text{Liquidität I. Grades} = \frac{91.105{,}30\ €}{60.243{,}46\ €} \cdot 100$$

> Die Liquidität I. Grades beträgt für das beispielhafte Hotel 151,22 %.

Der Richtwert liegt in der Regel bei ca. 20 %. Grundsätzlich könnte die Aussage sein, je höher, desto besser. „Aus Unternehmersicht muss es aber heißen, so viel wie notwendig."[64] Aus Sicht der Risikominimierung ist zwar eine hohe Liquidität für ein Unternehmen wünschenswert, es zeigt aber auch, dass flüssige Mittel im Unternehmen ungenutzt bleiben und nicht in eventuell notwendige Investitionen fließen.

---

[64] Heesen/Meusburger 2018, S. 84.

Abschließend soll auf die **Liquidität II. Grades** eingegangen werden. Sie bezieht neben dem Kassenbestand des Umlaufvermögens auch die Forderungen mit ein und setzt diese ins Verhältnis zu den kurzfristigen Verbindlichkeiten. Sie berechnet sich wie folgt:

$$\text{Liquidität II. Grades} = \frac{\text{Kasse bzw.Bank \& WP des Umlaufvermögens+Forderungen}}{\text{kurzfrstige Verbindlichkeiten}} \cdot 100$$

$$\text{Liquidität II. Grades} = \frac{91.105{,}30 \text{ €} + 64.900{,}88 \text{ €}}{60.243{,}46 \text{ €}} \cdot 100$$

Die Liquidität II. Grades beträgt 258,95 % und gibt an, inwieweit die „flüssigen Mittel" und die Forderungen die kurzfristigen Verbindlichkeiten decken.

Richtwerte liegen hier für die Liquidität II. Grades bei 100–120 %. Das gezeigte Hotel ist folglich im grünen Bereich einzuordnen.[65]

Zusammenfassend ergibt sich für das beispielhafte Hotel somit eine zufriedenstellende Bilanzanalyse. Es hat sich gezeigt, dass das Hotel verhältnismäßig wenig Anlagevermögen aufweist, also vermutlich nicht im betrieblichen Eigentum geführt wird. Alle weiteren Kennzahlen liegen im grünen Bereich. Hinsichtlich der Liquidität lässt sich anmerken, dass das Hotel über genügend flüssige Mittel verfügt, diese aber perspektivisch auch für Investitionen verwenden könnte.

Interview mit Jennifer Fröhlich | Accounts Receivable Supervisor | Hotel Adlon Kempinski Berlin

Was sind die operativen und strategischen Aufgaben eines Finance-Managers?

Die operativen und strategischen Aufgaben eines Finance-Managers sind sehr vielseitig und variieren je nach Größe des Betriebs.

[65] Heesen/Meusburger 2018, S. 84.

Zu den Hauptaufgaben gehören die Erstellung des Budgets sowie des Forecasts. In großen Unternehmen wird ein Monatsabschluss erstellt, um das monatliche Ergebnis betrachten zu können. So lässt sich sagen, dass der Monats- und Jahresabschluss mit zu den umfangreichsten Aufgaben des Finance-Managers gehören. Weiterhin hat der Finance-Manager die Verantwortung für das operative Controlling, den Cashflow und die Einhaltung der Compliance-Vorschriften sowie die Führung des Teams.

Wie sieht die Organisationsstruktur in einer Finance-Abteilung aus?

Die Organisationsstruktur einer Finance-Abteilung ist ebenfalls abhängig von der Größe des Unternehmens sowie den Compliance-Vorschriften.

Die Finanzabteilung des Hotel Adlon Kempinski Berlin unterteilt sich in folgende Bereiche: Accounts Receivable, Accounts Payable, Payroll, Income Auditor, Cost Controller, Purchasing, General Cashier General Accounting/Finance und die IT.

Welche Aufgaben übernehmen diese einzelnen Bereiche in der täglichen operativen Arbeit?

Die nachfolgende Auflistung zeigt nur einen kleinen Ausschnitt der täglich anfallenden komplexen Arbeit der einzelnen Bereiche der Finanzbuchhaltung im Hotel Adlon Kempinski Berlin.

Das General Accounting ist verantwortlich für Reporting, Abschlüsse, Controlling, Forecast, Versicherung, Bilanzkontenpflege sowie die stattfindenden Audits.

Eingangsrechnungen werden vom Accounts-Payable-Bereich (Kreditoren) kontrolliert und gebucht. Zu dessen Verantwortungsbereich gehören die Erstellung und Durchführung eines Zahlungslaufes sowie die Pflege der Lieferantenverträge. Im Zuge des Monatsabschlusses sind die Kollegen verantwortlich für die Rückstellungen.

Der Accounts Receivable Bereich (Debitoren) führt täglich eine Kreditkartenabstimmung durch und verbucht die Bankeingänge. Bonitätsprüfungen, Rechnungsprüfung und -legung sowie das Vertragswesen gehören zu den täglichen Aufgaben. Zum Monatsabschluss werden hier ebenfalls Rückstellungen gebildet, Monatsrechnungen geschrieben und eine Intercompany-Abstimmung durchgeführt.

Die Lohnbuchhaltung (Payroll) kümmert sich, wie der Name schon sagt, um die Lohnabrechnung, Sozialversicherungen, Zeiterfassung und die Ein- und Austritte.

Eine sehr wichtige Aufgabe in der Buchhaltung ist die Bargeldabrechnung, welche vom General Cashier bearbeitet wird. Hinzu kommen die Herausgabe von Kleinkasse und die Eingabe von Fremdwährungen.

In einem Hotel sollten täglich die Umsätze geprüft werden. Im Hotel Adlon Kempinski Berlin übernimmt dies der Income Auditor, welcher nicht nur für die Überwachung der Umsätze verantwortlich ist, sondern auch für die Kontrolle der Systeme und Schnittstellen, die Erstellung von Statistiken und für die Überprüfung der Abrechnungen der einzelnen Outlets.

Der Cost Controller arbeitet sehr eng mit dem Purchasing zusammen. Gemeinsam werden monatliche Inventuren durchgeführt. Zu den Hauptaufgaben des Cost Controllers gehören die Kontrolle der Lagerbestände sowie Menu Engineering.

Die Vertragsverhandlungen mit Lieferanten, Wareneinkauf und -annahme sowie die Lagerhaltung fallen in den Verantwortungsbereich vom Purchasing.

Systemkontrollen, Compliance-Vorschriften und Vertragswesen für IT-bezogene Themen werden von der IT bearbeitet.

Was sind Herausforderungen der Zukunft im Finance-Bereich (Zentralisierungsprozesse)?

Das Thema der Digitalisierung sollte weiterverfolgt werden, da dies viele Prozesse und Prüfungen vereinfachen würde. Allerdings muss gewährleistet sein, dass sich an die Compliance-Vorschriften des Unternehmens und die gültigen Gesetze gehalten wird.

Prozesse sollten stetig optimiert und effizienter gestaltet werden, da nicht nur das Volumen weiter zunimmt, sondern auch die Erwartungshaltung der Gäste weiter steigt.

Eine weitere Herausforderung sind Shared-Service-Center. Durch die Übernahme der Aufgaben eines Bereiches der Buchhaltung eines anderen Hotels der Kette wächst auch hier der Zentralisierungsprozess. Die Voraussetzung hierfür ist, dass die Prozesse vereinheitlicht werden. Große Hotelketten müssen nach einheitlichen Policies&Procedures arbeiten, um für Vergleiche und Prüfungen auf dem gleichen Level zu sein.

Weiterhin muss Lean-Management angewandt werden, um die gesamte Wertschöpfungskette des Dienstleistungsprozesses zu vereinfachen.

3.4 Business Development

Der Business-Development-Abteilung lassen sich je nach Größe und Struktur des Hauses folgende Abteilungen unterordnen: Reservierung&Revenue-Management, Sales&Marketing sowie die Convention&Event-Abteilung. Nachfolgend soll der Fokus speziell auf das Revenue-Management sowie auf den Convention&Event- respektive Veranstaltungsbereich gelegt werden. Hier sollen vor allem strategische und operative Prozesse im Vordergrund stehen.

Da im Rahmen der Ausführungen zum operativen Frontoffice-Management bereits das Anlegen einer Reservierung erfolgte, soll im Folgenden der Fokus auf dem **Revenue-Management** liegen. Hier soll zunächst eine definitorische Abgrenzung zum Yield-Management erfolgen, bevor auf wesentliche Aufgabenbereiche innerhalb des Revenue-Managements eingegangen wird.

Dass dem Revenue-Management in der Hotellerie eine ganz besondere Bedeutung zukommt, hat sich bereits aufgrund der Eigenschaften der Dienstleistungen in den vorangegangenen Kapiteln erahnen lassen. Infolge der **starren Kapazität** und der entsprechenden **Nachfrageschwankungen** in der Hotellerie (siehe hierzu auch → Kapitel 1.6) ist es notwendig, die Zimmer optimal, bestmöglich und zum idealen Preis auszulasten, denn Zimmer, die heute nicht verkauft werden und leer stehen, sind verloren gegangener Umsatz.[66] Ziel sollte es aber nicht sein, die Zimmer zu einem Schnäppchenpreis anzubieten, um somit maximale Auslastung zu generieren. Beim Revenue-Management geht es vielmehr darum, die Auslastung zu einem optimalen Preis zu gewährleisten. Es geht also vielmehr darum, den Wert der eingehenden Reservierungen zu erhöhen. Und dazu braucht es eine gut aufgebaute Ratenstruktur. Wie das genau aussehen kann, wird in den nachfolgenden Abschnitten inhaltlich ausgearbeitet und mit praktischen Beispielen versehen.

Revenue-Management hat genau genommen seinen Ursprung in der Airline Industrie, als einige Fluganbieter versuchten, sich auf dem Markt mit günstigen Raten zu etablieren. Heute würden wir diese als klassische Low-Cost-Airlines bezeichnen. Zunehmend versuchten auch andere Airlines, mit günstigen Preisen der zunehmenden Konkurrenz und dem zunehmenden Druck im Low-Cost-Segment standzuhalten. Sie segmentierten jedoch ihre Flugangebote entsprechend den Zielgruppen, Sitzplatzkategorien und der Nachfrage, so dass sich das Revenue-Management schnell etablierte und entsprechend durchsetzen konnte.

In der Praxis lassen sich ganz viele Beispiele des Revenue-Managements finden. Nehmen wir einfach die Fahrt zur Tankstelle und das Tanken. Wann unterliegen die Preise entsprechenden Schwankungen? Morgens, wenn der Berufs- und Pendelverkehr beginnt, sind die Preise üblicherweise am höchsten. Zum Abend hin ist oftmals eine Differenz zwischen zehn bis mitunter fünfzehn Cent zum Morgen festzustellen. Mit Beginn des Wochenendes (freitags) sind die Preise oft höher als am Sonntag. Nicht viel anders ist die Happy Hour an der Bar angelegt. Durch günstige Preise für Cocktails etc. versucht man zu Zeiten, in denen gewöhnlich eher selten Alkohol getrunken wird, entsprechende Nachfrage zu generieren.

Ganz ähnliche Ansätze lassen sich auch beim Kauf von Bahntickets wiederfinden. Bahnkarten, die lange im Voraus gebucht werden, können günstig erworben werden und sind oftmals mit Restriktionen (nicht stornierbar und gebunden an einen Zug etc.) versehen. Je kurzfristiger die

[66] Vgl. Goehrlich/Spalteholz 2020, S. 23.

Buchung, je höher die Belegung und je flexibler das Bahnticket, desto teurer ist die Fahrkarte. Nichts anderes macht sich die Hotellerie seit einigen Jahren zu nutze. Wie dies genau aussehen und wie eine entsprechende logische Preis- und Ratenstruktur für ein Hotel beispielhaft aufgebaut werden kann, soll nun ausgearbeitet werden.

3.4.1 Revenue-Management

Wenn wir die beiden Begriffe *Revenue* und *Management* in seine Bestandteile zerlegen, dann steht das Wort *Revenue* wörtlich übersetzt für Umsatz und *Management* steht sinnbildlich für die Planung, Organisation und Kontrolle.

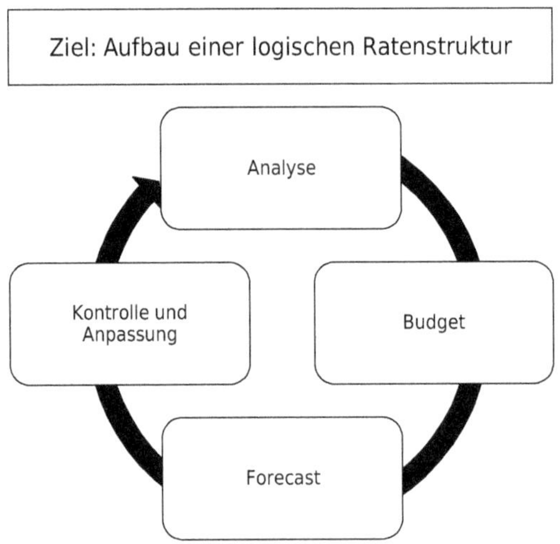

Abbildung 72: Revenue-Management-Prozess
Quelle: eigene Abbildung in Anlehnung an Geohrlich/Spalteholz 2020, S. 23.

Revenue-Management ist also nichts, was wir dem Zufall überlassen sollten, sondern beim Revenue-Management geht es um einen strategischen Denkansatz. Revenue-Management ist also langfristig angelegt, mit dem Ziel, eine logische Preis- bzw. Ratenstruktur aufzubauen. Dies lässt sich im Revenue-Management-Prozess abbilden (→ Abbildung 72).

3.4.1.1 Definition Revenue-Management

Revenue-Management erfordert also vom Revenue-Manager eine gewisse Sensibilität für Zahlen, Analysen und Interpretationen von Daten. Nach *Goehrlich/Spalteholz*[67] und *Hereter*[68] geht es beim Revenue-Management vielmehr darum,

» dem richtigen Kunden
» das richtige Produkt
» zum richtigen Preis
» und über den richtigen Vertriebskanal anzubieten.

Doch was heißt dies konkret und was steckt genau hinter dieser Definition? Was ist damit gemeint, wenn wir vom richtigen Kunden, dem richtigen Produkt und dem richtigen Preis über den richtigen Vertriebskanal sprechen?

Dem richtigen Kunden das richtige Produkt anzubieten, setzt voraus, dass das Hotel seine Ziel- bzw. Kundengruppen entsprechend kennt und im besten Fall bereits im Rahmen einer vorher festgelegten Marketingstrategie und mit Hilfe entsprechender Marketinginstrumente agiert. Doch wie lässt sich nachvollziehen, welche Gäste im letzten Monat oder auch im letzten Jahr das Hotel besucht haben und ob die vorher festgesetzte Marketingstrategie mit den jeweiligen festgelegten Zielgruppen auch tatsächlich greift? Mit Hilfe eines geeigneten Property-Management-Systems kann durch entsprechende Reports und Statistiken eingesehen werden, welche Marktsegmente im letzten Monat oder auch im letzten Jahr im Hotel übernachtet haben. Dies bedarf jedoch einer guten und sauberen Pflege der Daten (Marktsegmente, Buchungskanäle etc.) durch die Mitarbeiter in den jeweiligen Abteilungen.

Das richtige Produkt zum richtigen Preis anzubieten, meint wortwörtlich das eigene Produkt, also das Hotel mit all seinen Zimmerkategorien, Leistungsinhalten und -unterschieden, zu kennen und eine entsprechende (Preis-)Differenzierung sowohl der Zimmerkategorien als

---

[67] Goehrlich/Spalteholz 2020, S. 21.

[68] Vgl. Hereter 2017, S. 7.

auch der Marktsegmente vorzunehmen. Bekanntlich wird ein Zimmer mit Meerblick höherpreisiger verkauft als ein Zimmer zur Straßenseite, ein klassisches Standard-Einzelzimmer bei einer Buchung mit einer anderen Preiskategorie hinterlegt als beispielsweise das Komfort-Einzelzimmer und das Komfort-Einzelzimmer nochmals differenziert zum Komfort-Plus-Zimmer. Welchen Mehrwert bzw. Nutzen die Zimmer für den Gast schaffen und durch welche Preise dies letztendlich gerechtfertigt wird, ist oftmals in den Preisbeschreibungen auf den jeweiligen Internetseiten der Hotels und in den Buchungsportalen bei der Buchung der jeweiligen Zimmerkategorie einzusehen.

Eine ähnliche Differenzierung kann auch bei den Marktsegmenten geschaffen werden. An Tagen, an denen die Auslastung gering ist, kann durch gezielte Packages (Wochenend-Special, Frühbucher-Packages, Weihnachts-Promotion etc.) entsprechende Nachfrage bei bestimmten Segmenten bzw. Kundengruppen generiert werden. Welche Kundensegmente in einem Hotel möglichweise zu differenzieren sind, wird im weiteren Verlauf der Ausführungen noch verdeutlicht.

Über den richtigen Vertriebskanal das entsprechend Produkt anzubieten, heißt zu wissen, in welchen Kanälen (on- wie offline) sich die jeweiligen Zielgruppen des Hauses wiederfinden lassen und über welche Kanäle die jeweiligen Segmente das Hotel buchen oder, vereinfacht gesagt, auf welchen Wegen die Buchung den Weg in das Haus findet. Auch hierfür braucht es geeignete Statistiken und Reports, die sich aus den jeweiligen Property-Management-Systemen ziehen lassen.

Revenue-Management beschreibt also zusammenfassend einen komplexen strategischen Prozess, bestehend aus einer gezielten Analyse, der Erstellung eines Business-Plans bis hin zum Budget sowie einschließlich der Ableitung eines Forecasts als Grundlage und Basis der operativen Steuerung. Ziel des Analyseprozesses ist es, mit Hilfe der Daten eine logische und strukturierte Preis- und Ratenstruktur für die jeweiligen Segmente des Hauses aufzubauen, um auf Basis dessen ein Jahresbudget aufzustellen.

Doch was ist nun der Unterschied zwischen Revenue- und Yield-Management?

Nach *Spalteholz/Goehrlich* „befasst sich das **Yield-Management** mit der operativen Umsetzung der Ziele und der Beobachtung der täglichen Nachfrage. Unter Yield-Management versteht man auch:

» Preis-/Mengenoptimierung
» strategische Kapazitätensteuerung und Lenkung
» schwankende Nachfrage beeinflussen und lenken
» logische Preisstruktur mit fairen, marktgerechten und kostendeckenden Preisen auch im Verbund mit Aktionen zu besonderen Bedingungen.
» Ansprache unterschiedlicher Kunden/Gäste mit ihren individuellen Ansprüchen und entsprechender Zahlungsbereitschaft.“ [69]

Unter Yield-Management ist zusammenfassend und kurz gesagt die **operative** und **tägliche Steuerung** der Raten und Verfügbarkeiten zu verstehen, auf Basis der im Vorfeld bereits aufgebauten und festgelegten logischen Ratenstruktur. Die operative tägliche Steuerung der Raten und Verfügbarkeiten kann in der Praxis durch die Unterstützung und Nutzung von automatisierten Yield-Revenue-Managementsystemen wie beispielsweise *IDeaS-G3-Revenue-Management-System*, *Price Labs* oder auch *RoomPriceGenie* erfolgen, die durch geeignete Schnittstellen an das jeweilige Property-Management-System angeschlossen werden. Auf Basis der vergangenheitsbezogenen Daten im System, der bereits bestehenden, aktuellen Buchungen sowie der zukünftigen Reservierungen und einfließenden externen Faktoren wie der Nachfrage/dem Wetter etc. errechnet das System eine tagesaktuelle Rate. Die **tagesaktuelle Rate** wird auch oftmals als **BAR** bzw. **Best Available Rate** bezeichnet. In der Praxis kann sie mitunter auch folgende Bezeichnungen haben: **Fully Flexible Rate**, **Best Rate** oder **Regular Daily Rate**. Sie ist charakterisiert durch nachfolgende Eigenschaften:

» Sie bildet den Mittelpunkt der Preisstruktur,
» sie ist die Leitrate, die von jedermann zu jederzeit gebucht werden kann,

---

[69] Goehrlich/Spalteholz 2020, S. 21ff.

» sie unterliegt keinerlei Restriktionen, d.h, sie muss auch nicht vorab bezahlt werden und ist kostenfrei stornierbar,
» sie bietet dem Kunden die größtmögliche Flexibilität.[70]

Ob diese tagesaktuelle Rate (BAR), die durch das Yield-Management-System generiert wird, durch das Hotel auch freigegeben wird, entscheidet am Ende der Revenue-Manager.

Speziell für kleine und mittelständische Unternehmen, die bedingt durch ihre Größe keine automatisierten Yield- bzw. Revenue-Management-Systeme nutzen wollen bzw. können, empfiehlt sich der Aufbau einer logischen Ratenstruktur, auf deren Basis sie über das Jahr hinweg flexibel und nachfragespezifisch reagieren können. Wie das im Einzelnen aussehen kann, wird nun Schritt für Schritt erarbeitet.

Festzuhalten ist, dass unter strategischen Gesichtspunkten und mit dem Fokus der auf der strategischen Managementebene gesetzten Ziele der Revenue-Manager entscheiden sollte, welche Gäste er zu welcher Zeit, mit welchen Prämissen und zu welcher Rate im Haus haben möchte. Es sollte also nichts dem Zufall überlassen werden und es sollte die Pflichtaufgabe eines jeden Hotels sein, seine jeweiligen Kunden bzw. Gäste zu kennen.

3.4.1.2 Kennzahlen im Revenue-Management

Zunächst sollen im Folgenden einige Kennzahlen aufgeführt werden, die für das Revenue-Management von Bedeutung sind. Um diese Kennzahlen in der Praxis und mit den Mitbewerbern vergleichbar zu machen, bedienen sich die Hotels sogenannter Benchmark Reports beispielsweise der Firma *Fairmas*, *MKG* oder *STR Global*, die es ermöglichen, die eigene Leistung oder besser die eigenen Kennzahlen im Vergleich zur Konkurrenz, also einem im Vorfeld bestimmten CompSet, abbilden zu lassen.

Nach *Pesch* „sollte sich ein *Competitive Set* aus Hotels der näheren Umgebung des eigenen Hotels, mit demselben Dienstleistungsangebot und derselben Sternekategorie zusammensetzen."[71] Hierzu wird das Property-

---

[70] Vgl. Goehrlich/Spalteholz 2020, S. 21ff.

[71] Pesch 2014, S. 58.

Management-System über eine Schnittstelle zum Anbieter verbunden und der Benchmark-Bericht kann mit Hilfe der im System verfügbaren Kennzahlen (Durchschnittsrate, Auslastung und RevPAR) und einer entsprechenden Bezugsgröße, dem CompSet, generiert werden. Nachfolgend sollen wieder Daten aus dem bereits generierten Planspiel *Cesim Hospitality* angeführt werden, um eine Interpretation der notwendigen Kennzahlen im Benchmark-Vergleich zu gewährleisten. In der Praxis unterscheiden sich selbstverständlich die Hotels der Mitbewerber durch die Anzahl der Zimmer. In der → Abbildung 73 sind die Anzahl der Zimmer der Mitbewerber identisch zum „eigenen Hotel", da im Planspiel die Ausgangsdaten für alle teilnehmenden Hotels gleich sind. Nichtsdestotrotz lässt sich mit diesen Zahlen ein Vergleich der Kennzahlen durchführen.

Nr.	Hotel	*rooms available*	*rooms sold*	*rooms Revenue*	*occupancy*	*average daily rate*	*RevPAR*
1	eigenes Hotel	1.960	1.110	127.987 €	57	115 €	65 €
2	Mitbewerber 1	1.960	916	107.432 €	47	117 €	55 €
3	Mitbewerber 2	1.960	1.103	136.276 €	56	124 €	70 €
4	Mitbewerber 3	1.960	706	95.728 €	36	136 €	49 €
5	Mitbewerber 4	1.960	979	106.400 €	50	109 €	54 €
6	Mitbewerber 5	1.960	1.072	108.754 €	55	101 €	55 €
7	Summe CompSet	11.760	5.886	682.577 €	50,56	116 €	58,64 €
	MPI				112,73		
	ARI					99	
	RGI						110

Abbildung 73: Kennzahlen im Revenue-Management
Quelle: eigene Abbildung aus Daten des Planspiels CESIM Hospitality.

MPI – Market-Penetration-Index in %

$$\frac{\text{Belegungsquote in \% eines Hotels in einer Periode}}{\text{Belegungsquote des CompSetz in \% einer Periode}} \cdot 100$$

Der Market-Penetration-Index ist eine Kennzahl, die die eigene Belegung ins Verhältnis zur Durchschnittsbelegung des relevanten Marktes

(CompSet) setzt. Wie in → Abbildung 73 zu sehen, ist der Konkurrenzmarkt beispielhaft durch fünf fiktive am Markt agierende Hotelteams gekennzeichnet.

Ein Market-Penetration-Index von 100 gibt in diesem Fall an, dass das Hotel genauso stark belegt war, wie der Durchschnitt des betrachteten Marktes (CompSet). Ist der Referenzwert über 100, wie in → Abbildung 73 zu sehen, so ist die Belegung des Hotels „eigenes Hotel“ besser als der Durchschnitt des Gesamtmarktes. Würde der Wert unter 100 absinken, so wäre die Belegung schlechter als die durchschnittliche Belegung des CompSets.

ARI – Average-Rate-Index in %

$$\frac{\text{durchschnittl. Hotelzimmerpreis (€) einer Periode}}{\text{durchschnittl. Hotelzimmerpreis des CompSets (€) einer Periode}} \cdot 100$$

Der Average-Rate-Index setzt die Durchschnittsrate (*Average Rate*) des eigenen Hotels in Bezug zu den Durchschnittsraten des jeweiligen CompSet, also der festgelegten, im Markt agierenden Wettbewerber.

Wie in → Abbildung 73 zu sehen, liegt der Average-Index für das „eigene Hotel“ bei 99. Die Durchschnittsrate ist geringfügig niedriger bzw. fällt unwesentlich geringer aus als jene der agierenden Wettbewerber im CompSet. Die Frage, die sich nun stellt:

Spiegelt sich der Vorteil in der Belegung bzw. Auslastung, bedingt durch die leicht günstigere Rate, auch im Umsatz bzw. in den Umsatzzahlen, sprich im Revenue wider? Die Frage kann hier nicht eindeutig beantwortet werden. Es muss eine weitere Kennzahl (RGI – Revenue-Generation-Index) in Betracht gezogen werden, um hier eine genaue Aussage treffen zu können. Wie ziehen im Folgenden den Revenue-Generating-Index in unsere Auswertungen mit ein.

RGI – Revenue-Generation-Index in %

$$\frac{\text{RevPAR des Hotels (€) einer Periode}}{\text{RevPAR des CompSetz in \{€\} einer Periode}} \cdot 100$$

Um Hotels mit unterschiedlicher Zimmeranzahl vergleichbar zu machen, dient die Berechnung des RevPAR als Grundlage. Dieser wird ins Verhältnis zum RevPAR des CompSets einer Periode gesetzt. Er gibt an, wie sich der Umsatz auf die im Hotel verfügbaren Zimmer verteilt. Wie → Abbildung 73 zu entnehmen ist, erreicht das „eigene Hotel" einen Revenue-Generation-Index von 115. Im Vergleich zu den anderen Häusern (CompSets) fällt also der Revenue Per Availabe Room viel besser aus. Die geringfügig günstigere Durchschnittsrate (Average-Rate-Index) im Vergleich zum CompSet kann also mengenmäßig über die Auslastung ein Mehr an Umsatz generieren. Sicherlich ist der Preis hier nicht als einzige Variable zu betrachten, um Auslastung, ein Mehr an Absatz und letztlich Umsatz zu generieren. Faktoren wie die Qualität der Leistung, Stammkundenpotenzial, Etablierung im Markt etc. sind sicherlich auch weitere Faktoren, die für eine Buchungsentscheidung des Gastes sprechen.

Abschließend werden noch weitere Kennzahlen angeführt, die bei Bedarf für entsprechende Auswertungen innerhalb des Hotels herangezogen werden können:

Weitere Kennzahlen	Kurzbeschreibung
RevPAR	*revenue per availabe room* setzt den Logis-Umsatz eines Tages, eines Monats oder eines Jahres ins Verhältnis zu den verfügbaren Zimmern.
TRevPAR	*total revenue per available room* setzt den Gesamtumsatz des Hotels ins Verhältnis zu den verfügbaren Zimmern. Die Berechnung kann auch hier täglich, auf Basis eines Monats oder Jahres erfolgen.
RevPAB	*revenue per available bed* setzt den Umsatz ins Verhältnis zu den verfügbaren Betten.
RevPAM	*conference & banqueting revenue per available square meter* eine Vergleichskennzahl, vor allem für den Veranstaltungsbereich, setzt den Umsatz aus dem Veranstaltungsbereich ins Verhältnis zu den (verfügbaren) Quadratmetern (Konferenzfläche) und kann für einen Tag, Monat oder Jahr berechnet werden.
RevPASH	*food & revenue per available seat and hour* setzt den Umsatz aus dem F&B-Bereich ins Verhältnis zu Sitzplätzen je Stunde.

GOP	*gross operating profit* bezeichnet das Betriebsergebnis I und ist die Differenz zwischen dem Umsatz und dem betriebsbedingten Aufwand (Kosten). Es zeigt, wie wirtschaftlich das Unternehmen mit seiner Kernleistung arbeitet. Der GOP ist aus der Gewinn-und-Verlust-Rechnung ersichtlich. Das Ergebnis ist oft für Investoren interessant, da es das operative Betriebsergebnis unabhängig von der Finanzierung aufzeigt.
EBIT	*earning before interest and taxes* bezeichnet das Betriebsergebnis II vor Steuern und Zinsen.
NOP	*net operating profit* ist der Gewinn oder Verlust nach Steuern und Zinsen.

Abbildung 74: Weitere hotelspezifische Kennzahlen
Quelle: eigene Abbildung in Anlehnung an Hereter 2017, S. 25.

Nachfolgend soll auf den Analyseprozess des Revenue-Managements eingegangen werden, dessen Ziel es abschließend sein wird, eine logische Preisstruktur ableiten zu können.

3.4.1.3 Revenue-Management-Prozess

Das der Revenue-Management-Prozess ein strategisch angelegter Ablauf ist, ist bereits anhand der vorangegangenen Ausführungen deutlich geworden. Im nun Folgenden soll die Grundlage für eine logische Preis- bzw. Ratenstruktur erarbeitet werden. Dass der Revenue-Manager dabei im Idealfall analytische Fähigkeiten mitbringen sollte, muss an dieser Stelle nicht weiter erwähnt werden.

Mit Blick auf den eingangs erwähnten Revenue-Management-Kreislauf[72] soll zunächst mit der Analysephase begonnen werden. Sie ist der Ausgangspunkt für das sich im Anschluss und darauf aufbauende Budget und dessen Forecast.

Im Rahmen der Kalkulationsmethoden, sowohl bei den F&B-Leistungen als auch bei den Logis-Leistungen, ist bereits erwähnt worden, dass der Preis die Schnittmenge aus den eigenen Kosten (Selbstkosten), der Konkurrenz sowie den Kunden bzw. der Preisbereitschaft der Kunden bildet.

---

[72] Siehe hierzu Abbildung 72.

Er ist das Ergebnis einer systematischen und ausgiebigen Analyse (beispielsweise SWOT-Analyse). Auf die Vorgehensweise einer SWOT-Analyse bzw. unterschiedlicher Analysemethoden soll an dieser Stelle verzichtet und stattdessen auf das → Kapitel 2.2. „Strategische Analysen" verwiesen werden.

Der Analyseprozess im Rahmen des Revenue-Managements lässt sich am besten über die eingangs dargestellte Definition ableiten. Ziel des Revenue-Management ist es:

Das **richtige Produkt** (Produktanalyse)

» dem **richtigen Kunden** (Segmente/Kunden)

» zum **richtigen Preis** (eigene Kosten, Wettbewerb und Preisbereitschaft des Kunden, Angebot und Nachfrage)

» und über den **richtigen Vertriebskanal** anzubieten (Channel-Management-Analyse).

Produktkenntnisse (Produktanalyse) sind das A und O eines jeden Mitarbeiters, unabhängig davon, in welcher Abteilung er arbeitet. Für den Revenue-Manager und sein Team ist es wichtiger denn je, jedes der einzelnen Zimmer mit all seinen Ausstattungsmerkmalen und Unterschieden zu kennen, um eine Preisdifferenzierung der jeweiligen Zimmerkategorien vornehmen und den Mehrwert bzw. den Nutzen, den das Zimmer für den Gast schafft, entsprechend kommunizieren und verkaufen zu können. Dabei sind Ehrlichkeit und Transparenz in der Kommunikation unverzichtbar. In der Praxis lassen sich unterschiedliche Zimmerkategorien finden. Neben den klassischen Herangehensweisen, also Zimmerkategorien wie Einzelzimmer, Doppelzimmer, Komfort-Einzelzimmer oder Komfort-Doppelzimmer sowie der Suite, lassen sich mitunter auch Bezeichnungen finden, die dem Gast bereits im Namen den Mehrwert bzw. den Größenunterschied oder zusammengefasst entsprechende Qualitätsmerkmale eines Zimmers vermitteln.

So differenzieren beispielsweise die Hafenapartments Warnemünde[73] ihre Zimmerkategorien nach Größe und Ausblick wie folgt:

---

[73] Hafenapartments Warnemünde 2021, https://www.hafenapartments.de/impressum.php.

- Appartement S: Landseite,
- Appartement M: Landseite,
- Appartement M: Hafenblick,
- Appartement L: Landseite,
- Appartement L: Hafenblick,
- Appartement XL: Hafenblick.

Ohne dass der Gast die Zimmer kennt, kann er bei der Buchung direkt die Differenzierungsmerkmale wie Größenunterschied und den „Ausblick" zur Kenntnis nehmen und sich final entscheiden.

Grundsätzlich verkauft jedes Hotel die gleiche Leistung (Zimmer). Aber Zimmer ist nicht gleich Zimmer. Neben den Unterschieden in Ausstattung, Größe, Ausblick etc. ist für den Revenue-Manager auch die Belegung der einzelnen Zimmer wichtig bzw. zu welchen Raten diese gebucht werden. Über das jeweilige Property-Management-System (SIHOT, Opera, StayNTouch etc.) lassen sich Listen generieren, wie die einzelnen Zimmer über das Jahr hinweg belegt worden sind. Nachfolgender QR-Code zeigt beispielhaft die kumulierte Belegung der Zimmerkategorien aus dem SIHOT-Hotelmanagementsystem.

Fragen, die sich der Revenue-Manager diesbezüglich stellen kann:

- Warum sind bestimmte Zimmerkategorien besser belegt als andere?
- Welche Zimmer werden von welchen Gästen präferiert?
- Welche Zimmerkategorien sind die umsatzstärksten und warum?

Sollten diese Listen im gewählten Hotelmanagementsystem nicht abrufbar sein, ist es ratsam, beim Anbieter des jeweiligen Property-Management-Systems anzufragen. Oftmals lassen sich die Listen innerhalb kürzester Zeit integrieren.

Neben den Produktkenntnissen ist es wichtig, **seine Kunden zu kennen, um das richtige Produkt für den richtigen Kunden** verfügbar zu machen. Die Segmentierung der Kunden ist wichtig, um eine Preisdifferenzierung vornehmen zu können.

Wissen | Revenue-Manager

Der Revenue-Manager entscheidet, welche Gäste er zu welcher Zeit und zu welcher Rate im Hause haben möchte. Hier sollte nichts dem Zufall überlassen und Zielgruppen keinesfalls nach dem Gießkannenprinzip „bearbeitet" werden – oder gar noch schlimmer getreu dem Motto: Ich nehme, was ich kriege kann!

Auf Basis einer ausführlichen Analyse lässt sich im Revenue-Management eine logische Preisstruktur auf Basis von BAR-Raten, Firmenraten und Gruppenraten etc. aufbauen.

Wie in → Kapitel 2.3 „Strategisches Hotelmarketing" bereits beschrieben, erfordert eine ausgefeilte Segmentierung eine umfangreiche Marktforschung. In der Hotellerie, zumindest in der kleinen und mittelständischen Hotellerie, findet eine solche umfangreiche Segmentierung im Grunde genommen gar nicht statt. Die Markenhotellerie kann diese Aufgaben aufgrund der Nutzung geeigneter Hotel- und Customer-Relationship-Management-Systeme besser stemmen. Deshalb wird auch hier im weiteren Verlauf der Ausführungen der Begriff des Kunden bzw. der Kundengruppe verwendet.[74]

Den richtigen Kunden (**Kundenanalyse**) zur richtigen Zeit im Haus zu haben, heißt auch hier, im Rahmen einer vorher festgelegten Marketingstrategie festzulegen, auf welche Segmente bzw. Kundengruppen sich das Hotel fokussieren möchte. Hier sollte nichts dem Zufall überlassen werden. Um nachvollziehen zu können, welche Kunden zu welcher Zeit das Hotel besucht haben, ist es wichtig, bestimmte Segmente (wer ist mein Kunde bzw. meine Kundengruppe) und den Source-Code (über welchen Weg/Channel kam die Buchung ins Haus) im Property-Management-System zu hinterlegen. Je nach Hotelstruktur, Größe und Zielgruppe lassen sich für Hotels unterschiedliche Kundensegmente aufbauen. Es gibt hier keine allgemeingültige Lösung oder Empfehlung.

---

[74] Siehe hierzu auch → Kapitel 2.3.5.

Klassische Segmente sind üblicherweise die Segmente „Business-Kunde" und „Leisure-Kunde".

> Wissen | **Vom Kundensegment zur Preisdifferenzierung**
>
> Je differenzierte die Kundensegmente und die *Sources* im System angelegt sind, desto besser ist im Nachhinein die Analyse der Kundengruppen über das Hotelmanagementsystem möglich und desto besser lassen sich die Ergebnisse in die Revenue-Management-Strategie und letztendlich ins Budget einbinden und eine Preisdifferenzierung je Kundengruppe vornehmen.

So könnte ein Business-Kunde beispielsweise weiter differenziert werden in:

» Firmenkunden mit und ohne Vertrag,
» Business-Gruppen,
» Konferenzen,
» Incentive,
» Meetings.

Die → Abbildung 75 nach *Goehrlich/Spalteholz* zeigt beispielhaft mögliche **Kundensegmente** für ein Stadthotel.

Wie der Abbildung zu entnehmen ist, sind die Segmente wie beispielsweise das Firmensegment nochmals großflächig untergliedert worden. Diese Segmentierung ist sinnvoll, um abschließend einsehen zu können, welche Kundengruppen ggf. schon einen Firmenvertrag im Haus haben und wie viele Übernachtungen mit welchen konkreten Umsätzen pro Firma generiert worden sind. Diese Daten helfen bei großen Häusern beispielsweise ein segmentspezifisches Budget für den Rooms-Bereich aufzubauen. Firmenkunden, die ohne Vertrag eine Buchung generieren, sind ggf. potenzielle langfristige Kunden, die man über einen Firmenvertrag binden kann. Hier ist dann abschließend die Sales&Marketing-Abteilung gefragt.

Üblicherweise sind Verträge mit Firmen volumenabhängig, d.h. an eine bestimmte Anzahl an Übernachtungen im Jahr geknüpft. Dabei sollten die Firmenpreise immer unterhalb der BAR-Rate liegen.

Es lohnt sich also, das Hotelmanagementsystem mit all seinen Möglichkeiten, Statistiken und Reports entsprechend zu nutzen.

Hauptgruppe	Marktsegment	Definition
IND	IND	individuelle, privat reisende Gäste
	IAR	privat reisende Gäste, die ein Arrangement buchen
	IGR	privat reisende Gruppengäste
FIR	FOV	einzeln reisende Geschäftsleute von Firmen ohne Vertrag
	FTO	Tagungsgeschäft von Firmen ohne Vertrag
	FGO	Gruppen (ohne Bankett) von Firmen ohne Vertrag
	FMV	einzeln reisende Geschäftsleute von Firmen mit Vertrag
	FTM	Tagungsgeschäft von Firmen mit Vertrag
	FGM	Gruppen (ohne Bankett) von Firmen mit Vertrag
	MESSE	Messegäste individuell
REI	RBI	Einzelreisende über Reisebüro
	RVB	Einzelreisende über Reiseveranstalter Bruttoraten
	RVN	Einzelreisende über Reiseveranstalter Nettoraten
	RGR	Reisegruppen und WHO
SON	SPE	Personal Hotel/andere, z.B. Hotelkollegen, Mitarbeiter, Vertriebspartner
	SRE	Reisebüroagenten (PEP), Fam-Trips, Site-Inspections etc.

Abbildung 75: Segmente eines Hotels
Quelle: eigene Abbildung in Anlehnung an Goehrlich/Spalteholz 2020, S. 36.

In der Praxis sind die Differenzierungen nicht ganz so breit gefächert und je nach Hoteltyp, Struktur und Kundengruppen unterschiedlich stark ausgeprägt. → Abbildung 76 zeigt beispielhaft die Segmente eines Budget- und eines Kettenhotels im Vergleich.

mögliche Segmente eines Budgethotels	mögliche Segmente einer Hotelkette
Business	FIT
Leisure	Corporate
Groups	Non Tour
OTAs	Contract
	Meetings
	Others

Abbildung 76: Segmente eines Budgethotels und eines Kettenhotels
Quelle: eigene Abbildung.

Abschließend lassen sich auch hier aus dem hauseigenen Hotelmanagementsystem (→ Abbildung 79) die Kundengruppen, die über das Jahr hinweg im Hotel gebucht haben, herausfiltern. Voraussetzung ist auch hier immer, dass die Mitarbeiter in allen Abteilungen eine einheitliche Sprache sprechen und die Daten entsprechend sauber in das System eingepflegt werden. Von nichts kommt nichts!

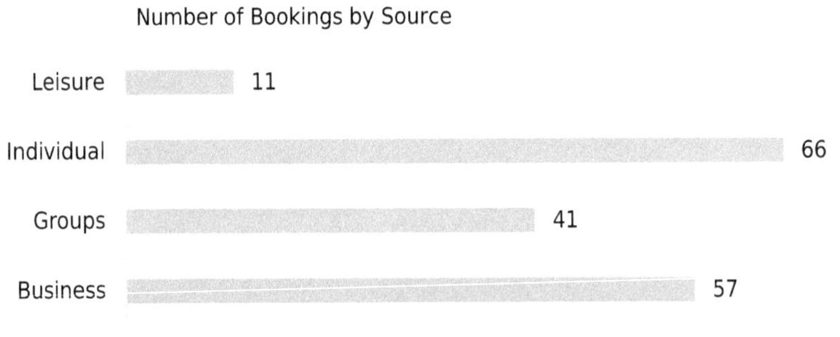

Abbildung 77: Number of Bookings by Market
Quelle: eigene Darstellung aus Daten des StayNTouch-Hotelmangementsystems.

Dem richtigen Kunden das richtige Produkt zum **richtigen Preis** anzubieten, heißt neben den eigenen Kosten (Selbstkosten für eine Übernachtung) das Angebot und die Nachfrage auf dem Markt zu kennen (**Angebots- und Nachfrageanalyse**).

Ein erfahrener Revenue-Manager weiß ganz genau, zu welchen Zeiten das Hotel entsprechende Nachfragehöhen und -tiefen hat. Bereits in den vorangegangenen Kapiteln wurde die Aussagekraft der Kennzahlen (Auslastung, Durchschnittsrate und RevPAR) thematisiert. Diese sind nicht einzeln zu betrachten, sondern im Verhältnis zueinander und im jeweiligen Zeitverlauf zu sehen. Anhand dieser Zeitverläufe lassen sich über die Jahre hinweg Parallelen erkennen und so entsprechende Ableitungen bzw. Schlussfolgerungen für das Revenue-Management, den Aufbau einer logischen Ratenstruktur und die Erstellung des Budgets ziehen.

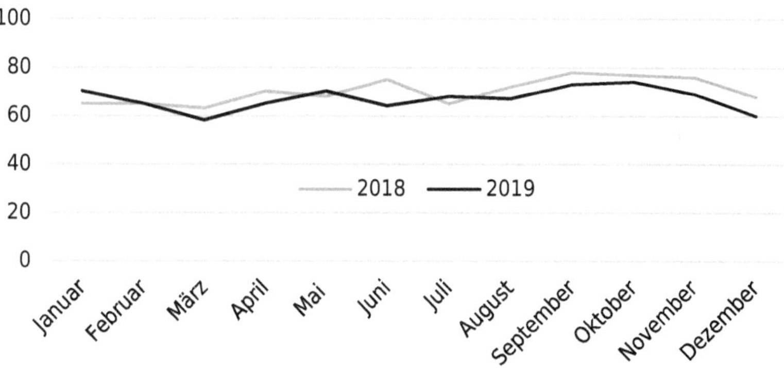

Abbildung 78: Auslastung in Prozent im Jahresvergleich
Quelle: eigene Abbildung.

Wenn es um die Nachfrage (**Nachfrageanalyse**) zu entsprechenden Zeiten geht, dann heißt das für den Revenue-Manager, ganz konkret zu wissen, wann Nachfrage in der Stadt vorhanden sein wird. Diese Nachfragezeiten können je nach Standort sehr unterschiedlich sein. Für Stadthotels wie Frankfurt, Berlin, Köln oder andere vergleichbare Städte können beispielsweise Messen, Tagungen, Kongresse, Konzerte, Events und Veranstaltungen zu vermehrten und erhöhten Anfragen führen. Für Ferienhotels sind Feiertage, Ferienzeiten und andere Einflussfaktoren wie beispielsweise auch das Wetter interessant. Um die generelle Nachfrage für die Stadt oder Destination einsehen zu können, bieten sich darüber hinaus begleitende Beherbergungsstatistiken des Landes an. Anhand dieser können u.a. folgende Punkte eingesehen werden:

» Nachfrage bzw. Ankünfte für die Stadt bzw. Destination,
» durchschnittliche Aufenthaltsdauer,
» Anzahl geöffneter Unterkünfte je Betriebsart und jeweilige Nachfrage in diesen Segmenten,
» angebotene Betten,
» durchschnittliche Bettenauslastung,
» Quellmärkte.

Webtipp | Statistik

Weitere hilfreiche Statistiken, die im Rahmen des Analyseprozesses genutzt werden können, sind:

» ReiseAnalyse der FUR
  Forschungsgemeinschaft Urlaub und Reisen
» Zahlen, Daten und Fakten 2019 (jahresaktuell)
  Verband Internet Reisevertrieb e.V.
» Hotelmarkt 2019 (jahresaktuell)
  Hotelverband Deutschland (IHA) e.V.
» DEHOGA Bundesverband
  ➧ *https://www.dehoga-bundesverband.de*
» aktuelle Beherbergungsstatistiken
  z.B. ➧ *https://www.statistik.sachsen.de/html/beherbergung.html*
» Zukunft- und Trendentwicklungen
  ➧ *https://www.zukunftsinstitut.de*

Nun gilt es abschließend, dem richtigen Kunden das richtige Produkt über den richtigen Vertriebskanal anzubieten (**Channel-Analyse**).

Wie bereits in → Kapitel 2.4.4 erwähnt, ist es das Ziel und die Aufgabe der **Distributionspolitik,** die Hotelleistung dem Kunden so effizient und effektiv wie möglich über die jeweiligen Online- wie Offline-Kanäle näherzubringen.

Doch welcher Vertriebskanal ist eigentlich der richtige?

Die → Abbildung 79 zeigt die für die Hotellerie wichtigsten Vertriebskanäle im zeitlichen Verlauf. Die Entwicklung der OTAs (*Online Travel Agencies*) macht deutlich, dass ein Hotel ohne die Nutzung von entsprechenden Online-Vertriebswegen und sogenannten Mittlern heutzutage nicht mehr auskommt. Über ein Viertel der Buchungen werden dabei über die *Online Travel Agencies* generiert. → Abbildung 79 macht aber auch deutlich, wie wichtig der direkte Distributionsweg nach wie vor für die Hotellerie ist. Mit über 50 % werden Buchungen über diesen Vertriebsweg generiert (Website, Telefon etc.).

	Anteil in %			
Vertriebskanal	2017	2016	2015	2013
Online-Buchungsportale (OTAs)	27,8	25,2	24,1	20,9
Telefon	20,8	22,5	22,6	26,2
E-Mail	18,0	16,2	18,1	15,5
Echtzeitbuchungen auf der eigenen Website	10,9	10,8	9,0	8,1
Reservierungsformular (eigene Website)	5,3	5,8	5,3	5,5
Brief/Fax	2,1	3,0	4,4	4,1
Walk ins (ohne Reservierung)	3,7	4,5	4,2	4,3
Reiseveranstalter/Reisebüros/Wholesaler	3,7	4,0	3,8	5,5
Globale Distributionssysteme (GDS)	3,4	3,0	3,1	2,6
Hotelketten- und Kooperationen mit CRS	0,4	1,1	2,6	0,4
Tourismusorganisationen	0,6	0,9	1,1	1,2
Event- und Konferenzveranstalter	1,8	1,5	0,9	4,8
Social Media Plattformen	0,3	0,3	0,2	0,2
Sonstige Kanäle	1,2	1,2	0,6	0,7
Gesamt	100	100	100	100

Abbildung 79: Vertriebskanäle der Hotellerie in Deutschland
Quelle: Hotelverband Deutschland e.V. 2019, S. 264.

Welche OTAs dabei von der Hotellerie am häufigsten genutzt werden, wird in → Abbildung 80 verdeutlicht.

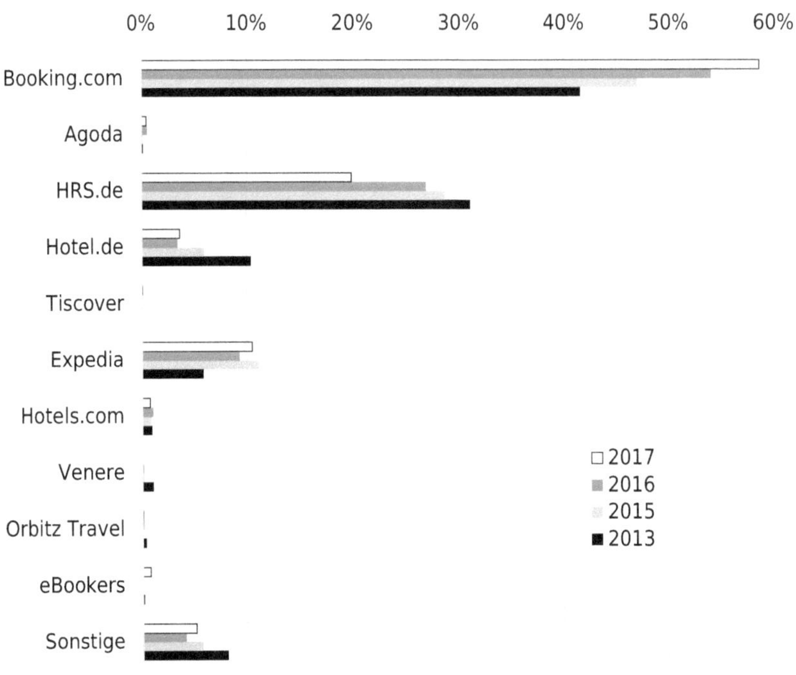

Abbildung 80: Online-Buchungsplattformen als Vertriebskanäle der Hotellerie
Quelle: Hotelverband Deutschland e.V. 2019, S. 264.

Um diese Komplexität des Vertriebs leisten zu können, bieten entsprechende Channel-Management-Systeme heutzutage Unterstützung an. Wie in → Kapitel 2.4.4 bereits beschrieben, können durch die Einbindung eines Channel-Management-Systems Hotelbuchungen eins zu eins synchronisiert und Doppelbelegungen innerhalb eines Systems vermieden werden. Laut dem Hotelverband Deutschland[75] nutzt über 50 % der

[75] Hotelverband Deutschland e.V. 2019, S. 260.

Hotellerie bereits geeignete Channel-Management-Systeme zur Unterstützung ihres hoteleigenen Vertriebs.

Webtipp | Channel-Management-Systeme

Ohne diese Systeme beurteilen zu wollen, soll hier auf einige für die Hotellerie nutzbare Channel-Management-Systeme verwiesen werden:

» SiteMinder
  ➽ *https://www.siteminder.com/de/*
» RateTiger
  ➽ *https://www.erevmax.com/germany/ratetiger/ratetiger.html*
» VerticalBooking
  ➽ *https://www.verticalbooking.com/en/home/*
» Hotel Spider
  ➽ *https://www.hotel-spider.com/de/losungen/channel-manager*

Neben den oben genannten Statistiken lohnt abermals ein Blick in das eigene Hotelmanagementsystem. Entsprechende Berichte und Reports helfen auch hier, sich für die richtigen Vertriebskanäle zu entscheiden. Nachfolgender QR-Code führt zu einem beispielhaften Market-Segment-Statistic-Report aus dem StayNTouch-Hotelmanagementsystem. Dieser zeigt tagesaktuell neben den Kundensegmenten auch die entsprechenden Buchungskanäle (*Sources*) auf, die von den Kunden am häufigsten für die Buchung genutzt werden.

Die genannten Daten des **gesamten Revenue-Management-Analyseprozesses** sind final zu bündeln, zu verdichten und mit der eingebundenen Wettbewerbsanalyse entsprechend auszuwerten. In Kombination mit den hauseigenen Statistiken aus dem jeweiligen Hotelmanagementsystem (Kundensegmente, Vertriebskanäle, verkaufte Zimmerkategorien, gebuchte Raten etc.) lässt sich abschließend eine entsprechende logische Preisstruktur auf Basis der BAR-Raten und letztlich ein finales (Jahres-)Budget aufbauen und erstellen.

Um eine **zeitliche Einordnung** vorzunehmen und einen zeitlichen Rahmen beim Aufbau der Raten und des Budgets im Jahresverlauf abzustecken, legen Erfahrungswerte folgende Herangehensweise nahe:

» Ratenvorschlag aller festgelegten Raten (BAR-, Wochenendraten, Firmen- und Gruppenraten etc.) im Mai und Juni für das Folgejahr; Zustimmung, Ablehnung bzw. Überarbeitung seitens des Direktors, Geschäftsführers oder des Area-Verantwortlichen,
» dazu kommen noch die Ratenverhandlungen mit Firmenkunden. Dies obliegt dem Hotel selbst unter Beachtung der allgemeinen Ratenstruktur des Hotels. Es erfolgt meist zwischen September und Dezember für das Folgejahr,
» Raten werden abschließend vom Verantwortlichen im Hotelmanagementsystem mit entsprechenden Buchungscodes angelegt (Festlegung von Buchungsbedingungen inklusive/exklusive Frühstück, inklusive/exklusive Kommission, Gültigkeitsdauer etc.)

Es gibt keine optimale Anzahl an BAR-Raten in der Ratenstruktur. Die Planung ist immer individuell durchzuführen.

Jedes Hotel ist vom Aufbau, von der Struktur, was seinen Kunden angeht etc. unterschiedlich und somit auch die Anzahl der verwendbaren BAR-Raten. Eine allgemeine Antwort bzw. Lösung gibt es hier nicht. Es gibt Hotels, die verwenden lediglich zwei Raten, mit denen sie das Jahr über nachfragespezifisch agieren und operativ yielden können. Es gibt aber auch Hotels, die eine Ratenstruktur von bis zu zehn verschiedenen BAR-Raten aufbauen. Andere Hotels, gerade KMUs, verwenden noch die klassische RACK-Rate und steuern mit dieser nachfragespezifisch über das Jahr hinweg. Einige Hotels steuern auch gar nicht und verwenden lediglich eine feste Rate. Es muss jedes Hotel für sich entscheiden, welche Raten und Ratenstrukturen es verwendet. Durchgesetzt hat sich in den letzten Jahren weitestgehend der Begriff der BAR-Rate.

Wissen | **RACK-Rate**

Die RACK-Rate ist der maximale Zimmerpreis, der früher in den Zimmern ausgehängt wurde – oftmals in den Schränken, daher RACK-Rate oder Schrank-Rate.

Übrigens findet die BAR-Rate, wie bereits erwähnt, in der Praxis unterschiedliche Bezeichnungen:

- Fully Flexible
- Regular Daily Rate
- Best Available Rate
- Best Rate

Die BAR-Rate, oder auch tagesaktuelle Rate genannt, ist die bestmögliche Rate und ohne jegliche Restriktion für den Gast buchbar. Sie bietet dem Kunden die größtmögliche Flexibilität. Sie muss nicht vorab bezahlt werden und ist oftmals am Anreisetag bis 18.00 Uhr stornierbar. Sie bildet den Mittelpunkt der Preisstruktur und alle anderen Raten bauen auf dieser auf. Die nachfolgend aufgebaute Ratenstruktur soll daher nur beispielhaft und auszugsweise eine mögliche Ratenstruktur für ein Hotel aufzeigen und abbilden:

Name	Preis	in Prozent
BAR II	44.00 €	115 %
BAR I	42.00 €	110 %
BAR	38.00 €	100 %
BAR III	36.00 €	95 %
BAR NONREF	35.00 €	92 %

Abbildung 81: Beispiel einer Ratenstruktur
Quelle: eigene Abbildung

Der oben gezeigten → Abbildung 81 ist zu entnehmen, dass die BAR mit 38,00 € den Mittelpunkt der Preisstruktur bildet. Alle anderen Raten bauen auf dieser Rate auf (BAR I, BAR II, BAR III, BAR NONREF).

Aus dem in → Abbildung 81 gezeigten Ratenplan noch nicht ersichtlich sind die im System hinterlegten Firmenraten mit und ohne Vertrag. Wie bereits erwähnt, sind die Verträge mit Firmen volumenabhängig, so dass auch hier unterschiedliche Firmenraten ausgehend von der BAR-Rate und abhängig vom Volumen (Anzahl der Übernachtungen) aufgebaut werden können, wie in der → Abbildung 82 zu sehen. Diese können dann ergänzend im Hotelmanagementsystem firmenspezifisch angelegt und buchbar gemacht werden.

Firmenraten sind in der Regel feste Raten, können aber auch basierend auf der tagesaktuellen BAR-Rate einen Abschlag von 10–15 % je nach Übernachtungsvolumen gewähren.

Corporate Rates (Firmenrate)	Volumen an Übernachtungen/Jahr	Abstufungen basierend auf der BAR
Corporate Rate I	> 50 Übernachtungen	75 %
Corporate Rate II	< 50 > 200 Übernachtungen	70 %
Corporate Rate III	< 200 Übernachtungen	65 %

Abbildung 82: Firmenraten
Quelle: eigene Abbildung.

Neben den Firmenverträgen können Hotels darüber hinaus weitere Verträge mit Reiseveranstaltern (*TUI*, *DERTOUR* etc.) oder Wholesalern (*Hotelbeds*) abschließen. Dies soll an dieser Stelle aber nicht weiter vertieft, sondern auf nachfolgende Literatur verwiesen werden.

Literaturtipp

Goehrlich, B., Spalteholz, B. (2020): Total Revenue im Hotel – Gewinnmaximierung in Logis, Resort, Spa, Mice, Berlin.

Barbara Goehrlich und *Bianca Spalteholz* bieten hier das klassische Grundlagenwerk, um einen umfassenden Einblick in das Revenue-Management eines Hotels zu erhalten.

Die oben abgebildeten BAR-Raten sind nun der Bewegungsspielraum, in dem sich ein Hotel abhängig von der Nachfrage und der Belegung innerhalb eines Jahres bewegen und agieren und entsprechend kurzfristig **yielden** kann.

So können die BAR I und BAR II beispielsweise bei erhöhter Nachfrage (Messen, Kongresse, Tagungen, Veranstaltungen in der Stadt, Events etc.) angeboten werden. Die BAR III hingegen kann angeboten werden, wenn die Nachfrage entsprechend schwächer ausfällt, bei klassischen Business-Häusern ggf. am Wochenende oder in den Ferienzeiten.

Die in der Tabelle abgebildete NONREF-Rate ist eine Rate, die von den Hotels für ihre Gäste oftmals neben der tagesaktuellen Rate angeboten wird. NONREF steht dabei für *Non Refundable* bzw. nicht stornierbar. Im Vergleich zur klassischen BAR-Rate ist sie oftmals günstiger angesetzt, da mit dieser Rate entsprechende Restriktionen wie „nicht stornierbar" und „im Voraus zu zahlen" etc. verbunden sind. Sie weist also im Vergleich zur BAR-Rate für den Kunden keinerlei Flexibilität auf.

Für die „günstigere Rate" im Vergleich zur tagesaktuellen Rate muss der Kunde also einige Restriktionen in Kauf nehmen.

Die oben gezeigten Raten können im Hotelmanagementsystem mitunter auch so hinterlegt werden, dass sie nur zu bestimmten Zeiten buchbar sind. Dies soll am Beispiel der BAR II verdeutlicht werden. Die BAR II soll lediglich an den Wochenenden buchbar sein, da an den Wochenenden in den kommenden Wochen mit verstärkter Nachfrage zu rechnen ist. Diese Einstellungen sind in den gängigen Hotelmanagementsystem vorzunehmen.

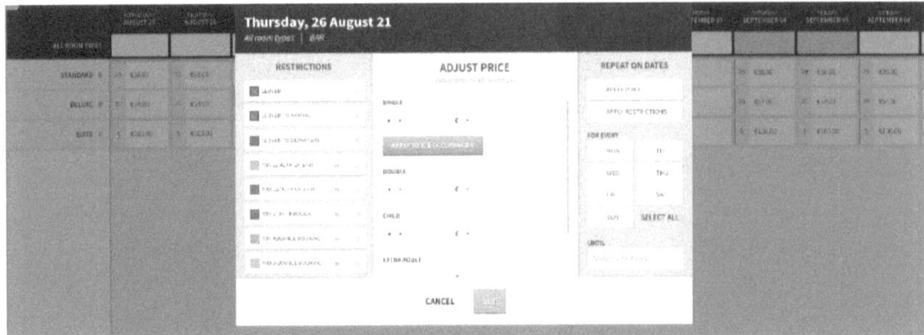

Abbildung 83: Rate-Manager
Quelle: StayNTouch-Hotelmanagementsystem.

Die in → Abbildung 83 gezeigten Restriktionen sind im Rahmen des Revenue-Managements ein übliches Instrument, um bestimmte Raten mit bestimmten Restriktionen zu hinterlegen.

Wir bereits erwähnt, sollte der Revenue-Manager entscheiden, welche Kunden er zu welcher Zeit im Haus haben möchte. In Zeiten, in denen die Nachfrage schwächer ist, kann beispielsweise durch die Erstellung von **Packages, Specials oder Frühbucherangeboten** Nachfrage bei Kundengruppen generiert werden, die sonst üblicherweise weniger präsent im Haus sind (Busgruppen, Familien etc.).

Diese Packages, Specials oder Frühbucherangebote können durch den Revenue-Manager an bestimmte Restriktionen, wie in → Abbildung 84 zu sehen, geknüpft werden.

So kann in nachfrageschwachen Zeiten oder an Wochenenden die Rate an eine Mindest- oder maximale Aufenthaltsdauer geknüpft bzw. gebunden werden. Denkbar sind aber auch entsprechende Vorausbuchungsfristen, die gerne bei Frühbucherangeboten genutzt werden und oftmals nur begrenzt für ein bestimmtes Zimmerkontingent angeboten werden.

Bezeichnung	Beschreibung
CLOSED	Ratenplan, Zimmertyp oder Hotel für den Tag schließen
CLOSED TO ARRIVAL	Anreisen sind an diesem Tag nicht möglich, kann auf den Ratenplan, Zimmertyp oder die Hotelebene gesetzt werden
CLOSED TO DEPARTURE	Abreisen sind an diesem Tag nicht möglich, kann auf Ratenplan, Zimmertyp oder Hotelebene gesetzt werden
MAX LENGTH OF STAY	Aufenthaltsdauer ab Check-in ist auf diese Anzahl an Tagen begrenzt
MIN LENGTH OF STAY	Aufenthaltsdauer setzt ein Minimum an Aufenthaltstagen voraus
MIN ADVANCED BOOKING	Vorausbuchungsfristen, eine Rate kann nur bei bestimmten (min. und max.) Vorausbuchungsfristen gebucht werden bzw. kann nur bis 30 Tage vor Anreise gebucht werden
MAX ADVANCED BOOKING	

Abbildung 84: Restriktionen
Quelle: eigene Abbildung.

Nachdem der Analyseprozess abgeschlossen und eine Ratenstruktur aufgebaut wurde, kann abschließend die Erstellung des **Budgets und des Forecasts** erfolgen.

Auch hier gibt es keine finale Herangehensweise und die Erstellung des Budgets ist wiederum abhängig von der Größe und Struktur des Hauses. Kleinere Häuser bauen lediglich ein Budget für den Logis-/Rooms- und ggf. für den F&B-Bereich auf. Größere Häuser differenzieren in entsprechende Abteilungsbudgets. Auch die Instrumente zur Erstellung eines Budgets haben sich in den letzten Jahren entscheidend geändert. Früher und zum Teil auch noch heute werden die Budgets mit aufwendigen Excel-Tabellen erstellt, alternativ bieten bereits die gängigen Hotelmanagementsysteme Unterstützung bei der Erstellung des Budgets an.

Das System kann auf Basis der vergangenheitsbezogenen, aktuellen und ggf. zukünftigen Daten einen Forecast erstellen, der als Grundlage für das Jahresbudget dienen kann. Der Revenue-Manager sollte prüfen, ob für das kommende Jahr alle Faktoren (Nachfrage, Messen, Tagungen etc.) stabil bleiben oder ob sich ggf. Einschränkungen ergeben, die es noch zu berücksichtigen gilt.

→ Abbildung 85 zeigt ein fiktives Budget eines kleinen, mittelständischen Hotels. Wie bereits erwähnt, werden die Daten aus der Analysephase (Anzahl der Übernachtungen, Durchschnittsrate etc.) gebündelt, in einem Monatsbudget erfasst und abschließend in ein Jahresbudget übertragen. Es ist darauf hinzuweisen, dass bei größeren Häusern die unterschiedlichen Segmente (Business, Leisure, Groups) mit den entsprechenden Durchschnittsraten je Segment und der jeweiligen Anzahl der Übernachtungen je Segment in einem Jahresbudget für den Logis-Bereich differenziert berücksichtigt werden. Das Budget ist also etwas komplexer und differenzierter aufgebaut.

Ist 2017

WT	Tag	RN-Budget	Aver 16	Umsatz 2016
Fr	1	42	52,31	2196,93
Sa	2	40	55,43	2217,32
So	3	26	56,76	1475,86
Mo	4	31	47,34	1467,5
Di	5	47	50,75	2385,11
Mi	6	49	43,14	2114,1
Do	7	38	46,84	1779,83
Fr	8	16	51,86	829,77
Sa	9	16	55,05	880,84
So	10	12	52,55	630,6
Mo	11	59	43,11	2543,28
Di	12	71	40,66	2887,12
Mi	13	69	42,10	2904,95
Do	14	61	43,25	2638,09
Fr	15	47	43,85	2060,98
Sa	16	20	42,25	844,97
So	17	21	42,08	883,74
Mo	18	76	41,19	3130,57
Di	19	68	41,18	2799,9
Mi	20	74	42,28	3128,49
Do	21	60	41,89	2513,69
Fr	22	26	44,83	1165,56
Sa	23	16	48,54	776,6
So	24	26	44,97	1169,29
Mo	25	73	46,22	3374,19
Di	26	73	46,08	3363,51
Mi	27	72	43,66	3143,57
Do	28	68	44,05	2995,34
Fr	29	27	53,57	1446,29
Sa	30	26	45,57	1184,82
So	31	23	48,67	1119,32
		1373	**48,07**	**62.052,13**

Ist 2016

WT	Tag	RN-Budget	Aver 15	Umsatz 2015
Do	1	33	54,98	1814,5
Fr	2	49	54,44	2667,48
Sa	3	27	57,25	1545,66
So	4	14	52,30	732,16
Mo	5	40	44,87	1794,82
Di	6	45	46,58	2096,11
Mi	7	43	41,97	1804,81
Do	8	39	42,52	1658,46
Fr	9	20	49,11	982,14
Sa	10	19	52,49	997,27
So	11	10	45,60	456,03
Mo	12	39	42,23	1646,9
Di	13	49	41,74	2045,24
Mi	14	58	42,76	2480,33
Do	15	46	42,85	1971,03
Fr	16	36	48,33	1739,88
Sa	17	22	41,18	905,99
So	18	14	48,60	680,45
Mo	19	55	42,57	2341,37
Di	20	68	45,36	3084,61
Mi	21	61	44,33	2704,33
Do	22	50	42,95	2147,7
Fr	23	32	49,93	1597,84
Sa	24	16	54,75	876,03
So	25	13	51,94	675,22
Mo	26	54	44,11	2381,88
Di	27	61	42,76	2608,63
Mi	28	61	41,94	2558,38
Do	29	53	42,77	2266,59
Fr	30	37	49,01	1813,48
Sa	31	23	54,15	1245,34
		1187	**48,55**	**54.320,66**

Abbildung 85: Fiktives Monatsbudget für den Rooms-Bereich
Quelle: eigene Abbildung.

Das Jahresbudget ist das Ergebnis aus der Summe der einzelnen Monatsbudgets. Ersichtlich wird, dass die Erstellung des Budgets einen arbeitsintensiven Prozess darstellt. Wenn die Daten aus den Hotelmanagementsystemen aber regelmäßig genutzt und mitgeführt werden, baut sich das Jahresbudget parallel und ganz automatisch mit auf. Die → Abbildung 86 zeigt ein beispielhaftes Jahresbudget:

Jahresbudget 2017			
Month	RN-Budget	Average Rate	Revenue
Januar	**1.378**	41,87	57.696,86
Februar	**1.291**	42,86	55.332,26
März	**1.531**	41,29	63.214,99
April	**1.438**	42,80	61.546,40
Mai	**1.740**	43,14	75.063,60
Juni	**1.613**	42,24	68.133,12
Juli	**1.567**	46,08	72.207,36
August	**1.969**	44,65	87.915,85
September	**1.930**	42,47	81.967,10
Oktober	**1.517**	43,71	66.308,07
November	**1.377**	42,89	59.059,53
Dezember	**1.167**	45,09	52.620,03
Gesamt:	**18518**	**43,26**	**801.065,17**

Abbildung 86: Fiktives Jahresbudget
Quelle: eigene Abbildung.

Das Jahresbudget wird mit Beginn des Jahres auf die Monate runtergebrochen (Forecast). Dies ermöglicht eine leichtere Kontrolle und Steuerungsmöglichkeiten durch den Revenue-Manager. Er kann so innerhalb kürzester Zeit einsehen, ob das Monatsbudget erfüllt wird oder das Hotel hinter den gesetzten Planwerten zurückbleibt. Ist absehbar, dass das Hotel hinsichtlich der gesetzten Budgetziele in Rückstand ist, sind entsprechende Maßnahmen zu treffen, die eine Erfüllung der Budgetzahlen gewährleisten.

Beispielhaft können u. a. folgende Maßnahmen getroffen werden:

- Packages,
- kreative Übernachtungsangebote,
- Wochenend-Specials,
- Familienangebote.

Goehrlich/Spalteholz[76] unterscheiden im Rahmen der Revenue-Strategie zwischen einem strategischen sowie einem operativen Forecast.

Der **strategische langfristige Forecast** ist dabei ein Zusammenspiel von Jahresplanung und Budget. Wie in den beiden Budgetbeispielen ersichtlich, greift man hier auf die Daten der letzten Jahre zurück und plant auf deren Basis das nachfolgende Geschäftsjahr. Hilfreich sind dabei die Daten aus dem jeweiligen Hotelmanagementsystem, die auf die *History* (Segmente, Anzahl der Buchungen, Durchschnittsrate etc.) der jeweiligen Daten zugreifen lassen sowie die für das Planjahr prognostizierten Messen, Veranstaltungen, Events etc. mitberücksichtigen. Diese Daten bilden dann insgesamt die Ausgangsbasis für erste preisstrategische Überlegungen. Wenn diese Daten sich dann final in einer Preis- und Ratenstruktur konkretisiert haben, können diese in die jeweiligen Vertriebsportalen mit ersten Preisen für 365 Tage im Voraus eingestellt werden.

Der **operative Forecast** hat das Ziel, den RevPar des Tages zu erhöhen. Hier ist also die tägliche Steuerung der Raten und Verfügbarkeiten gemeint, also klassisches Yield-Management.

Ausschlaggebend dafür sind neben der tagesaktuellen Nachfrage u.a. auch der *Pick-up,* also die Buchungsentwicklung, der aktuelle Buchungstand, unverbindliche (tentative) und definitive Buchungen sowie der Buchungsstand der Mitbewerber im Markt. Mit Blick auf die oben genannten Faktoren, kann der Revenue-Manager eine tägliche Steuerung der Raten und Verfügbarkeiten unter Einbeziehung von möglichen Restriktionen etc. vornehmen.

Final und abschließend ist das Revenue-Management ein Prozess bestehend aus einer ausgiebigen Analyse von Daten, die final in einem Budget/Forecast münden. Diese Daten sind regelmäßig zu kontrollieren und anzupassen.[77]

---

[76] Vgl. Goehrlich/Spalteholz 2020, S. 84.

[77] Siehe hierzu → Abbildung 72.

3.4.2 Convention&Event-Management

Im Folgenden sollen die Prozesse der Veranstaltungsabteilung dargelegt und mit Hilfe von praktischen Beispielen veranschaulicht werden. Zunächst soll jedoch ein kurzer Überblick über den Veranstaltungsmarkt erfolgen, bevor im Anschluss auf den Prozess einer Veranstaltungsbuchung eingegangen wird. Den Abschluss bildet das Function Sheet bzw. das Function-Sheet-Meeting sowie die eigentliche Durchführung der Veranstaltung. Revenue-Management-Prozesse im Rahmen des Veranstaltungsmanagements sollen an dieser Stelle nicht weiter konkretisiert werden, da das Thema Revenue-Management in den vergangenen Kapiteln bereits ausführlich behandelt wurde. Revenue-Management-Entscheidungen im Rahmen des Veranstaltungsmanagement finden hier jedoch gleichermaßen Berücksichtigung.

3.4.2.1 Veranstaltungsmarkt ein kurzer Überblick

Der **Tagungsmarkt** in Deutschland weist seit Jahren ein kontinuierliches Wachstum auf und verzeichnet Jahr für Jahr steigende Teilnehmer- bzw. Besucherzahlen. Nachfolgend sollen einige relevante Zahlen zum Tagungs- und Eventmarkt in Deutschland aufgeführt werden. Da die derzeitige Coronapandemie eine besondere Ausnahmesituation auch für den Tagungs- und Veranstaltungsmarkt darstellt, sollen an dieser Stelle aktuelle Zahlen und Auswirkungen nur kurz aufgeführt werden.

Webtipp | **Statistik**

Ausführliche und aktuelle Zahlen sowie Entwicklungen lassen sich dem Meeting- & EventBarometer (EITW 2021, Meeting- & Event-Barometer Deutschland 2020/2021) sowie den Internetseiten des GCB (German Convention Bureau) entnehmen:

- *https://www.eitw.de/drupal_6_22/node/19*
- *https://gcb.de/de/trends-inspiration/meeting-eventbarometer.html*

Aktuelle Trends und zukünftige Entwicklungen im Bereich Tagungen und Kongresse finden sich hier:

» *https://www.gcb.de/de/trends-inspiration/tagung-und-kongress-der-zukunft.html*

Laut dem aktuellen Meeting- & EventBarometer ist die Anzahl der Veranstaltungsstätten seit den letzten Jahren auf einem konstanten Niveau und verzeichnet nur minimale Zuwächse (0,1 %). Den größten prozentualen Zuwachs weisen hierbei die Eventlocations auf (+1,8 %). Gründe hierfür sind vor allem die alten und stillgelegten Industriegebiete, die zu Event- und modernen Tagungseinrichtungen ausgebaut wurden. Anteilig am stärksten vertreten sind in Deutschland die Tagungshotels. Nicht berücksichtigt zum Zeitpunkt der Erhebung sind aktuelle coronabedingte Schließungen und Insolvenzen. Aufgrund der Aussetzung der Insolvenzantragspflicht bis April 2021 werden diese vermutlich erst in den kommenden Jahren ersichtlich.[78]

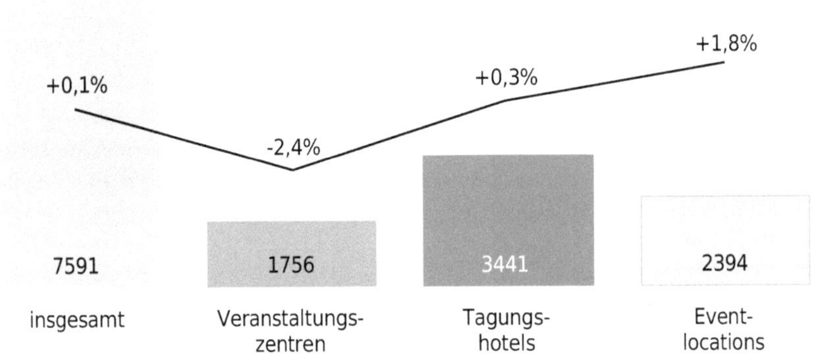

Abbildung 87: Veranstaltungsstätten in Deutschland
Quelle: eigene Abbildung nach GCB German Convention Bureau e.V. 2021: Meeting- & EventBarometer Deutschland 2020/2021, S. 20, http://www.gcb.de.

---

[78] Vgl. GCB 2021: Meeting- & EventBarometer Deutschland 2020/2021, www.gcb.de.

Wird der Anbieterseite die Nachfrage nach Veranstaltungen gegenübergestellt, so ist festzuhalten, dass die Anzahl der Teilnehmer an Veranstaltungen insgesamt im Jahr 2019 auf 423 Millionen gestiegen ist. Dies ist ein Zuwachs zum Jahr 2018 von insgesamt 2,7 %.

Die Auswirkungen der Coronapandemie auf die Tagungs- und Veranstaltungsbranche im Jahr 2020 zeigt → Abbildung 88 besonders deutlich. Der Lockdown im Jahr 2020 führte sowohl zu einem Rückgang der Präsenzveranstaltungen um 71 % als auch zu einem Rückgang der Anzahl der Teilnehmer an Präsenzveranstaltungen von insgesamt 86 % auf 60 Millionen Teilnehmer.[79]

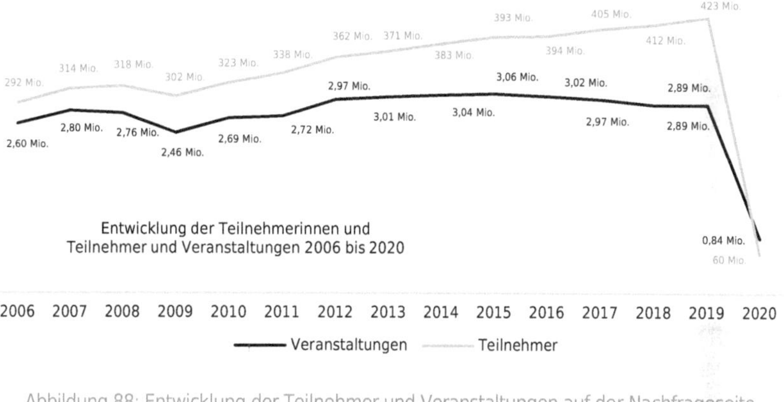

Abbildung 88: Entwicklung der Teilnehmer und Veranstaltungen auf der Nachfrageseite
Quelle: GCB German Convention Bureau e.V. 2021: Meeting- & EventBarometer Deutschland 2020/2021, S. 7, http://www.gcb.de.

Stellt man der Nachfrage (Teilnehmer an Veranstaltungen) das Angebot an Veranstaltungen gegenüber, so ist herauszustellen, dass bei steigenden Teilnehmerzahlen die Anzahl der Veranstaltungen insgesamt in den letzten Jahren rückläufig war.

Ursachen dafür sind zum einen die zunehmende Digitalisierung und Technisierung, die es den Firmen ermöglicht, gerade durch virtuelle Meetings und kleinere Besprechungen in den Firmensitzen stattfinden zu lassen. Weit entfernte oder kleinere Besprechungen und Meetings

---

[79] Vgl. GCB 2021: Meeting- & EventBarometer Deutschland 2020/2021, www.gcb.de.

werden häufiger durch Videokonferenzen ersetzt. Die aktuelle Coronapandemie hat diese Entwicklungen sicherlich noch verstärkt.

Betrachtet man die Größenklassen (Seminare, Tagungen und Kongresse), in denen Veranstaltungen im letzten Jahr durchgeführt wurden, so ist zu betonen, dass gerade kleine Veranstaltungen bis 50 Personen einen Zuwachs von 19,5 % aufweisen. Der starke Zuwachs bei den Größenklassen bis 50 Personen ist vor allem auf die Beschränkungen während des Lockdowns für die Tagungs- und Veranstaltungsbranche zurückzuführen.[80]

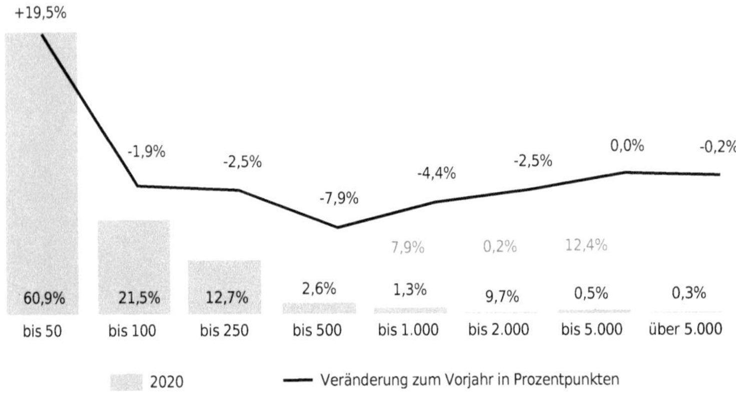

Abbildung 89: Größenklassen Seminare, Tagungen, Kongresse
Quelle: GCB German Convention Bureau e.V. 2021: Meeting- & EventBarometer Deutschland 2020/2021, S. 28, https://www.gcb.de/site/assets/files/2921/202105043_bp_meba_20_21_management-info_final.pdf, nach: EITW, Anbieterbefragungen 2020 & 2021: Größenklassen der Seminare, Tagungen und Kongresse.

Abschließend soll noch ein Blick auf die zukünftigen Entwicklungen im Tagungs- und Kongressmarkt geworfen werden, so dass die Trends bei der Ausgestaltung oder Weiterentwicklung des Tagungsbereiches unter Umständen mitberücksichtigt werden können. Dem Management-Sum-

[80] Vgl. GCB 2021: Meeting- & EventBarometer Deutschland 2020/2021, www.gcb.de.

mary der Zukunftsstudie des GCB (German Convention Büro) sind verschiedene Handlungsfelder zu entnehmen, die langfristig Berücksichtigung finden sollten, um auch zukünftig den Bedürfnissen der Nachfrageseite zu entsprechen.[81]

Architektur

» nachhaltige Zertifizierungen werden an Bedeutung gewinnen (bspw. DGNB)

» Barrierefreiheit beim Bau sichert die Wettbewerbsfähigkeit

» gesunde Wohlfühlatmosphäre verlangt nach Tageslicht und natürlicher Belüftung

Wissensvermittlung

» lebenslanges Lernen und die ständige Erreichbarkeit werden weiter zunehmen

» neue Formate werden die traditionellen Formen der Wissensaneignung ergänzen (virtuelle Konferenzen, Massive Open Online Courses

» Hybridveranstaltungen werden weiterhin wachsen

Technisierung

» neue Technologien werden für die Vor- und Nachbereitung von Veranstaltungen genutzt.

» Präsenzveranstaltungen werden um virtuelle Elemente bereichert und so dominieren ganz unterschiedliche Mischungen von Hybridveranstaltungen.

» Holografie für die Visualisierung von Präsentationen, Erstellung von Meinungsbildern durch innovative Visualisierungstechniken

» physische und virtuelle Einheiten müssen von Anfang an geplant und integriert werden

Abbildung 90: Trends im Tagungs- und Kongressmanagement
Quelle: eigene Abbildung in Anlehnung an GCB 2013, www.gcb.de, S. 13ff.

Wie → Abbildung 90 zu entnehmen ist, wird eine nachhaltige Bauweise mit entsprechender Zertifizierung zukünftig eine wesentliche Rolle spielen. Darüber hinaus ist es wichtig, mit den Tagungsräumen ein Ambiente zu schaffen, in dem sich der Gast wohlfühlt, sich entfalten und frei arbeiten kann. Tageslicht und eine natürliche Belüftung sollten hier selbstverständlich sein. Die zunehmende Digitalisierung und Technisierung führen mitunter zu Hybridveranstaltungen, bei denen u.a. die Aktivierung der Teilnehmer im Vordergrund steht, beispielsweise durch

[81] Vgl. GCB 2013, www.gcb.de, S. 13ff.

entsprechende Abstimmungsprozesse oder Beiträge zu Diskussionen. Dies erfordert sowohl bei den physischen wie auch bei den virtuellen Einheiten eine gute Planung und Integration in den Veranstaltungsablauf.[82]

Welche modernen Veranstaltungs- und Medientechniken innerhalb von Tagungen und Kongressen möglich sind, zeigt → Abbildung 91.

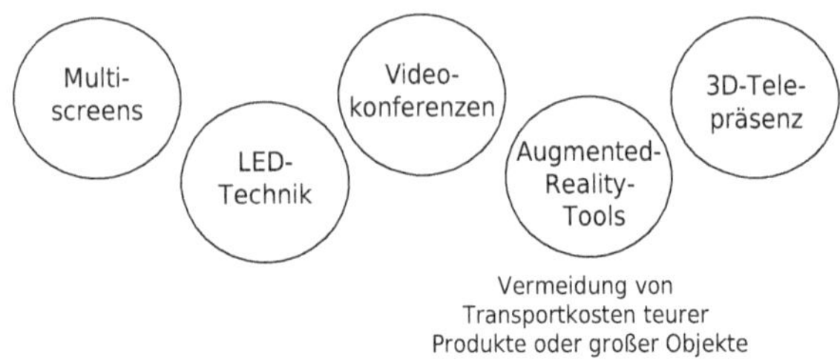

Abbildung 91: Moderne Veranstaltungs- und Medientechnik
Quelle: eigene Abbildung in Anlehnung an GCB 2013, www.gcb.de, S. 13ff.

Festzuhalten ist, dass auch unter dem Aspekt der zunehmenden Digitalisierung, die unter den Auswirkungen der Coronapandemie sicherlich noch einen großen Schub erhalten hat, nach wie vor und auch zukünftig die Serviceorientierung der Mitarbeiter im Vordergrund stehen wird und muss. Letztlich gilt es, den Anforderungen der Nachfrager gerecht zu werden und zielgruppengerechte Tagungspakete zu schnüren.

3.4.2.2 Veranstaltungsanfrage

Veranstaltungsanfragen können auf unterschiedliche Weise das Hotel erreichen. Wie in der → Abbildung 92 zu erkennen, können Anfragen sowohl über die entsprechenden direkten als auch indirekten Kanäle beim Hotel eingehen. Zusammengefasst können Anfragen beispielsweise über die eigene Website, branchenfremde Absatzmittler, Firmenreisestellen, die eigenen Mitarbeiter, E-Mail, Telefon oder auch über das

[82] Vgl. GCB 2015, www.gcb.de.

Fax das Hotel erreichen. Welche Kanäle für die Hotellerie die wichtigsten Vertriebskanäle sind, wurde bereits im Rahmen des Revenue-Managements näher angeführt. Neben den OTAs (27,8 %) sind u.a. das Telefon (20,8 %) und die E-Mail (18,0 %) die wichtigsten Kanäle für die Hotellerie.[83] Die Abbildung zeigt darüber hinaus den idealtypischen Ablauf der Bearbeitung von Veranstaltungsanfragen, über die Vakanzprüfung bis hin zur schriftlichen Angebotserstellung.

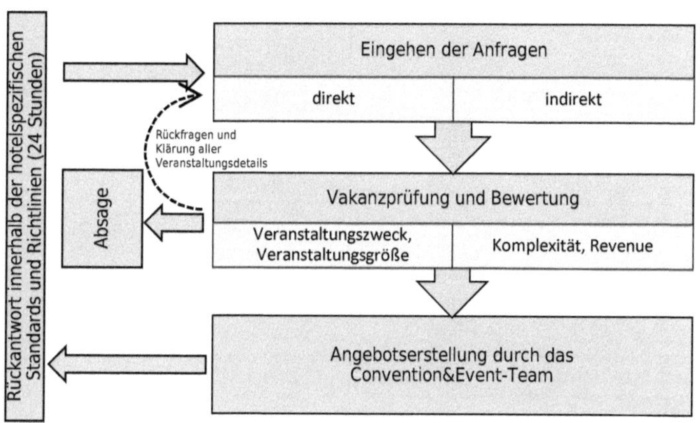

Abbildung 92: Bearbeitung von Veranstaltungsanfragen
Quelle: eigene Abbildung in Anlehnung an Zech 2010, S. 54.

Um eine Anfrage umfassend und ausreichend detailliert erfassen zu können, empfiehlt sich bei mündlichen und telefonischen Anfragen der Einsatz eines standardisierten Formulars im Veranstaltungsbereich, in dem neben den Adressdaten und dem Veranstaltungsdatum auch alle anderen relevanten Veranstaltungsdetails (Bestuhlung, Technik, Verpflegung, Zimmer) festgehalten werden. → Abbildung 93 zeigt beispielhaft ein Formular zur Detailabsprache:

[83] Vgl. Hotelverband Deutschland e.V. 2019, S. 264.

Veranstaltungsanfrage | Detailabsprache	
Kontaktdaten	
Firma:	Telefon:
Adresse:	E-Mail:
Ansprechpartner:	
Veranstaltungsdaten	
Start der Veranstaltung:	Ende der Veranstaltung:
Personenzahl:	Ausschilderung:
Bestuhlung:	Technik:
○ U-Form ○ parlamentarisch ○ Blockform ○ Stuhlreihen	○ Beamer ○ Leinwand ○ Flipchart ○ Pinnwand ○ Moderatorenkoffer ○ Mikrofon ○ Beschallungsanlage ○ Sonstiges
Catering	
1. Kaffeepause:	Besonderheiten:
Lunch:	
2. Kaffeepause:	
Kaffee nach dem Essen:	○ Gesamtrechner ○ Selbstzahler
Zimmer	
Anreise:	Abreise:
Übernachtung/Frühstück:	○ Gesamtrechner ○ Selbstzahler
Rechnung:	○ per Kreditkarte ○ per Rechnung
Parken:	○ Gesamtrechner ○ Selbstzahler

Abbildung 93: Detailabsprache einer Veranstaltungsanfrage
Quelle: eigene Abbildung.

Das Formular hat nicht den Anspruch auf Vollständigkeit. Es bildet lediglich eine mögliche Grundlage, um Anfragen detailliert zu erfassen. Je nach Haus, Struktur und Tagungsangebot können diese Formulare entsprechend angepasst und erweitert werden.

Für Neulinge im Veranstaltungsbereich ist auch ein Raumplan unter Angabe der Größe, maximalen Bestuhlung sowie ggf. der Raummieten für die erste Zeit sehr hilfreich. So kann der Mitarbeiter schnell einsehen, in welchen Räumen welche Bestuhlungsvarianten unter Angabe der maximalen Personenkapazitäten möglich sind.

Die → Abbildung 94 zeigt beispielhaft den Raumplan eines fiktiven Hotels:

Saal	Größe in qm	L x B x H	Tageslicht	Klima-anlage	parlamen-tarisch	Stuhl-reihen	U-Form	Bankett
Werni-gerode	33	7,17 x 4,57 x 3,50	ja	ja	18	30	15	-
Goslar	66	7,17 x 9,14 x 3,50	ja	ja	30	50	20	-
Halber-stadt	99	7,17 x 13,71 x 3,50	ja	ja	40	75	30	45
Qued-linburg	140	7,17 x 19,15 x 3,50	ja	ja	70	115	40	100

Abbildung 94: Raumplan
Quelle: eigene Abbildung.

Wichtig ist, die eingehenden Anfragen im Anschluss auf ihre Disponibilität (Verfügbarkeit) hin zu überprüfen und unter Revenue-Gesichtspunkten zu bewerten, um so entscheiden zu können, ob die Veranstaltung anzunehmen oder abzusagen ist. Je nach Buchungslage und Zeitraum kann es sein, dass zwar Räumlichkeiten vorhanden sind, der Eventmanager aber trotzdem entscheidet, die Veranstaltung aufgrund mangelndem F&B- bzw. Logis-Umsatz abzusagen. Neben der Auslastungsprognose, die zu Absagen führen kann, können aber auch die Bonität des Kunden oder das Image der Veranstaltung dazu führen, dass Veranstaltungen abgelehnt werden.[84]

Sind die geeigneten Verfügbarkeiten (→ Abbildung 95) entsprechend der Anfrage vorhanden, kann die Veranstaltung in Reservierungsbüchern oder in der geeigneten Hotelmanagementsoftware erfasst werden,

[84] Vgl. Zech 2010, S. 57.

wenn in diese ein Eventmodul miteingebunden ist (Opera Sales&Catering oder SIHOT Event).

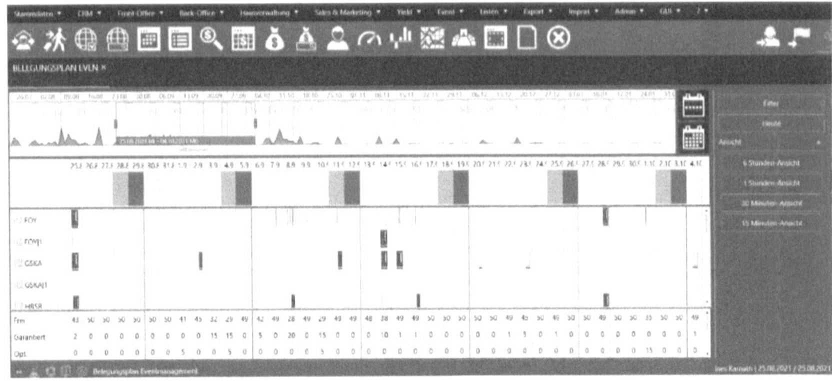

Abbildung 95: Belegungsplan für Veranstaltungen
Quelle: SIHOT Property Managementsystem.
» Die Abbildung finden Sie auch online (→ *https://files.narr.digital/9783739831268/Zusatzmaterial.zip*)

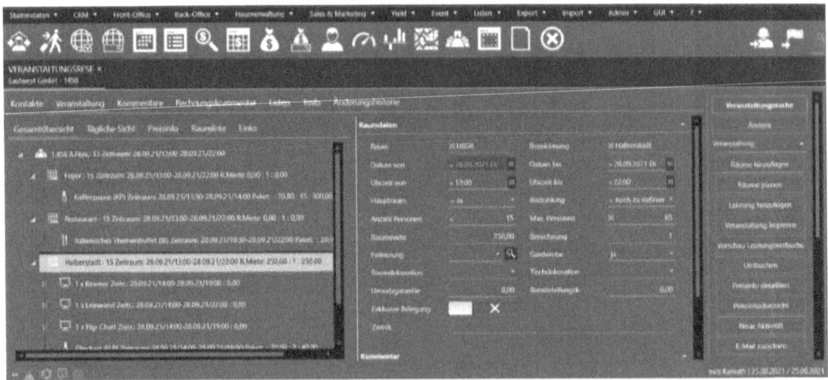

Abbildung 96: Erfassung einer Veranstaltung
Quelle: SIHOT Property Managementsystem.
» Die Abbildung finden Sie auch online (→ *https://files.narr.digital/9783739831268/Zusatzmaterial.zip*)

Die Anfrage sollte entsprechend den Wünschen des Kunden (→ Abbildung 96) detailgetreu eingebucht werden, wobei bei der Erfassung des Angebotes im Buchungssystem zwischen einer

» optionalen Buchung,
» tentativen Buchung,
» und einer definitiven Buchung

zu unterscheiden ist.

Bei einer **optionalen Buchung** wird die Anfrage des Kunden im System erfasst und ein (individuelles) Angebot mit einer entsprechen Optionsfrist bereitgestellt bzw. verschickt. Alle Daten aus der Veranstaltungsanfrage werden im jeweiligen System detailgetreu erfasst. Durch die Optionsfrist, die ungefähr 5–7 Tage umfassen sollte, wird gewährleistet, dass die Buchung nicht aus den Augen verloren wird. Dem Kunden sollte innerhalb des Angebotes und durch die Optionsfrist klar kommuniziert werden, wie lange die Kapazitäten/Veranstaltungsräume für ihn freigehalten werden. Nach Ablauf der Optionsfrist wird der Kunde kontaktiert und sein Interesse hinsichtlich einer festen Buchung abgefragt.

Eine tentative Buchung setzt die Zusage des Kunden zur Veranstaltung voraus. Aus dem optionalen Angebot wird jetzt ein schriftlicher Veranstaltungsvertrag, der dem Kunden zugesandt wird. Ist dieser vom Kunden unterschrieben zurück, kann die Buchung den Status „definitiv" enthalten. Um im Belegungsplan einen guten Überblick zu behalten, werden die Veranstaltungen im Hotelmanagementsystem oftmals farblich hinterlegt.

» optionale Buchung: grün
» tentative Buchung: gelb
» definitive Buchung: rot

Die Erfahrungen aus der Praxis zeigen dabei, dass die Nutzung der Farben von Haus zu Haus abweichen kann, es sollte jedoch bei allen Mitarbeitern Einigkeit über die Verwendung der einzelnen Farben bestehen.

Für die Mitarbeiter wird auf Basis der unterschiedlichen Farben im Belegungsplan schnell ersichtlich, welche Veranstaltungen bereits „definitiv" und welche noch „optional" und als Angebot im System hinterlegt sind. Auch bei doppelten Veranstaltungsanfragen kann so recht schnell eingesehen werden, welche Veranstaltungsbuchungen noch optional im System hinterlegt sind. Kommt es zu einer doppelten Anfrage, kann der

Kunde, der die erste Option besitzt, entsprechend schnell kontaktiert werden, um abzufragen, wie wahrscheinlich seine Buchung zu Stande kommen wird.

Bei der schriftlichen Angebotserstellung für den Kunden gibt es je nach Haus und Hotel ebenfalls unterschiedliche Vorgehensweisen. Grundsätzlich können in den heutigen Hotelmanagementsystemen mit einem EVENT MODUL die jeweiligen Angebotsschreiben der Hotels als standardisierte Formulare hinterlegt werden. Je nach Anfrage des Kunden können diese individualisiert und angepasst werden, so dass dem Kunden zeitnah ein Angebot zugesandt werden kann.

Es gibt aber auch Häuser, vor allem im Luxussegment, die die Anfragen im System erfassen und das Angebotsschreiben komplett über ein entsprechendes Office-Programm individuell auf den Kunden zugeschnitten bearbeiten und versenden.

Grundsätzlich gilt, dass ein vollständiges Angebot innerhalb eines Tages (24 Stunden) dem Kunden zugehen sollte. Sollte es Verzögerungen aufgrund von erhöhten Kapazitätsanfragen oder Personalmangel geben, sollte der Kunde zumindest kurz über den Eingang der Anfrage informiert werden.

Nachfolgendes Beispiel zeigt ein standardisiertes Schreiben aus dem SIHOT-Hotelmanagementsystem:

Zusammenfassend sollte ein vollständiges Angebot nachfolgende Punkte beinhalten:[85]

[1] allgemeine Hotelinformationen,

[2] Übersicht der entsprechend der Personenanzahl angefragten Tagungs- und Veranstaltungskapazitäten, einschließlich Raummieten oder Tagungspauschalen und eventuelle Zusatzleistungen,

[85] Vgl. Zech 2010, S. 62ff.

[3] Übersicht der angefragten Hotelzimmer inklusive Zimmerpreis, Zimmerkategorien und Frühstückspreis,
[4] Optionsdatum, bis wann die Räumlichkeiten freigehalten werden,
[5] minimal benötigte Personenzahl, um die angegebenen Preise/Konditionen garantieren zu können,
[6] ausführliche Zahlungsbedingungen im Falle einer Anzahlung bzw. Einforderung eines Deposits für die Veranstaltung,
[7] Stornierungsbedingungen bzw. zulässige Personenreduzierungen.

3.4.2.3 Veranstaltungsvertrag und Detailabsprache

Ist das Angebot im System erfasst, das Optionsdatum gesetzt und der Kunde entscheidet sich final für die Durchführung der Veranstaltung, erhält der Auftraggeber einen Veranstaltungsvertrag, der im Wesentlichen die Inhalte der Veranstaltung aufgreift und lediglich um die allgemeinen Geschäftsbedingungen, unter Angabe der Unterschrift, ergänzt wird.

Im Gespräch mit dem Kunden können in diesem Rahmen nochmals die Veranstaltungsdetails konkretisiert und auf eventuelle Rückfragen zur Veranstaltung eingegangen werden.

Die Buchung erhält im Hotelsystem den „tentativen“ Status und der Versand des Vertrages wird erneut mit einem Optionsdatum versehen, an dem der Vertrag unterschrieben von Seiten des Kunden eingehen sollte. Die Buchung wird definitiv, sobald der unterschriebene Vertrag des Kunden eingegangen ist.

Ist die Buchung im System definitiv, wird die Veranstaltung im weiteren Verlauf bis zum Veranstaltungstag weiterhin durch das Setzen von Aktivitäten/*Traces* oder auch von einem *Follow-Up* betreut. Gerade bei Großveranstaltung in Zusammenhang mit Zimmerkontingenten kann so die Entwicklung der Veranstaltung hinsichtlich der angemeldeten Personenzahlen, abgerufenen Zimmer etc. beobachtet werden.

Wird ersichtlich, dass Zimmerkontingente nicht abgerufen werden oder Anmeldungen nur geringfügig eingehen, kann so ggf. das Zimmerkontingent sowie bereitgestellte Räumlichkeiten frühzeitig und nach vorheriger Absprache mit dem Kunden reduziert werden.

Unmittelbar ein bis zwei Wochen vor der Veranstaltung sollte eine definitive und verbindliche Detailabsprache (*Pre-Con-Call/-Meeting*) mit dem Kunden erfolgen. Je nach Größe und Umfang der Veranstaltung kann die Detailabsprache telefonisch oder auch vor Ort persönlich erfolgen.

In dieser sind final und je nach Veranstaltungsart u.a. folgende Punkte zu klären:

- Anzahl der Personen,
- Bestuhlung,
- Zeiten für Kaffeepausen und Mittagessen,
- Ansprechpartner vor Ort,
- Ausschilderung,
- Technik und ggf. zusätzliche Ausstattungen,
- Abrechnung der Veranstaltung (Selbstzahler oder A-Conto-Zahler/ z.B. Rechnung an Veranstalter bzw. Firma
- Abklärung der Namensliste (bei Zimmerreservierung).

3.4.2.4 Function-Sheet-Meeting

Sind alle Details der Veranstaltung erfasst, werden die Informationen zeitnah an alle Abteilungen verteilt. Üblicherweise findet dies in Form eines wöchentlich stattfindenden Function-Sheet-Meetings statt. Ein Function Sheet stellt dabei einen zeitlichen Ablaufplan je Veranstaltung mit all den dafür notwendigen Veranstaltungsinformationen und Details dar und ist beispielhaft nachfolgendem QR-Code zu entnehmen. Dabei sind die angegeben Adressen zu Übungszwecken angelegt und vom Autor frei gewählt.

So kann das Bankett auf dem Function Sheet der jeweiligen Veranstaltung genau ersehen, wie die Räumlichkeiten bestuhlt werden, zu welchen Zeiten Kaffeepausen stattfinden, welche Extratechnik benötigt wird, wer Ansprechpartner der Veranstaltung ist etc. Das Restaurant weiß aufgrund der Ablaufinformationen, wann die Tagungsgruppen im Restaurant zum Lunchbuffet erscheinen, wie die Abrechnung erfolgt und wie viele Teilnehmer für das Mittagessen eingeplant sind.

Diese Veranstaltungsinformationen (Function Sheets) werden durch die Veranstaltungsabteilung immer für die Folgewoche gedruckt, mit Paymaster-Kontennummern versehen und ausreichend, entsprechend der Anzahl der im Haus befindlichen Abteilungen, kopiert. Im Function-Sheet-Meeting werden die Function Sheets dann final an alle Abteilungen ausgegeben und jede Veranstaltung nochmals einzeln und detailliert besprochen. Dies gewährleistet, dass alle Beteiligten die gleichen notwendigen Informationen zur jeweiligen Veranstaltung haben und diese an ihre Abteilungen weitergeben können.

Wissen | Function-Sheet-Meeting

Das Function-Sheet-Meeting dient also zusammengefasst dazu,

» dass die Kommunikation und Verständigung der Abteilungen untereinander sichergestellt sind,

» Fragen, die sich zum Function Sheet respektive zur Veranstaltung durch die Abteilungsleiter ergeben, beantworten zu können.

» dass alle Abteilungen, die in den Umsetzungsprozess involviert sind, von der Veranstaltungsabteilung die gleichen relevanten Informationen zur Veranstaltung erhalten und sich im Rahmen dieses Meetings nochmals über Abläufe etc. (fein-)abstimmen können.

» dass den involvierten Abteilungen ergänzend ggf. noch Informationen zum Kunden gegeben werden können (Stammkunde, Art der Veranstaltung, Besonderheiten etc.).

Für die Umsetzung und Durchführung der Veranstaltung ist final die Bankettabteilung zuständig. Zu Beginn der Veranstaltung sollten mit dem zuständigen Ansprechpartner nochmals die Zeiten für Kaffeepausen und das Mittagessen durchgesprochen werden. Nicht selten kommt es vor, dass diese nochmals angepasst werden müssen. Ist die Veranstaltung erfolgreich beendet, sollte noch ein *Post-Con-Meeting* bzw. ein *Post-Con-Call* erfolgen, um die Zufriedenheit des Kunden zu erfragen.

Abschließend soll der Begriff der Paymaster-Konten nochmals kurz beschrieben werden. In der Praxis findet dieser Begriff unterschiedliche Bezeichnungen. Begriffe wie Hauskonten, Konto Divers oder House-Accounts sind durchaus gängig. Ein Paymaster-Konto stellt in diesem Rahmen eine fiktive (Zimmer-)Nummer dar, auf welche die jeweiligen Leistungen der Veranstaltungen verbucht werden. Die Bankettabteilung kann so die entsprechenden Tagungspauschalen und weiteren Leistungen der Veranstaltung auf das jeweilige Konto verbuchen. Das Restaurant kann die jeweiligen Getränkeverbräuche und das Frontoffice ggf. anderweitige mit der Veranstaltung in Zusammenhang stehende Leistungen verbuchen (Zimmer). Nach Abschluss der Veranstaltung kann das Hauskonto bzw. PM-Konto dann über eine entsprechende Rechnungsstellung an die Firma nach vorheriger Prüfung ausgecheckt werden.

3.4.3 Sales&Marketing

Der Bereich Sales&Marketing innerhalb der Business-Development-Abteilung lässt sich nur schwerlich operativ darstellen und beschreiben. Alle wesentlichen Grundlagen aus dem strategischen und operativen Marketing sind in den vorangegangenen Kapiteln bereits ausführlich abgehandelt, dargestellt und mit ausreichend Literaturtipps versehen wurden. Daher soll an dieser Stelle eine Expertin Einblick in die tägliche Praxis der Sales&Marketing-Abteilung geben.

Interview mit Frances Speckhahn | Sales&Marketing Repräsentativ | Macrander Hotels GmbH & Co. KG – Courtyard by Marriott Dresden und Best Western Macrander Hotel Dresden

Frances, erzählen Sie uns kurz von Ihrem bisherigen Werdegang und etwas über die Marke, für die Sie arbeiten!

Gerne. Ich bin 30 Jahre jung und lebe seit über vier Jahren in Dresden, wo ich auch beruflich letztendlich meine Erfüllung als Sales&Marketing-Repräsentantin gefunden habe.

Eigentlich wollte ich, seitdem ich das Gymnasium besucht habe, „irgendwas mit Menschen" machen und habe mich relativ schnell für die Hotellerie interessiert und für eine klassische Ausbildung als Hotelfachfrau entschieden. Die Ausbildung durfte ich im Sheraton Hannover Pelikan Hotel absolvieren und konnte somit in vielen verschiedenen Abteilungen – von Housekeeping über Buchhaltung, Service, Technik bis hin zu Frontoffice und Sales – meine Grundkenntnisse sammeln. Nach meiner Ausbildung fühlte ich mich bereit, auch die betriebswirtschaftlichen Grundlagen in einem Studium an der Hochschule Harz zu vertiefen und Hotel- und Tourismusmanagement zu studieren. Als Vertiefungsfächer wählte ich Hotelmanagement, Personal sowie Konsumgütermarketing. Während des Studiums konnte ich auch Erfahrung im internationalen B2B-Tourismus im Rahmen eines Praktikums sammeln. Das halbjährige Praktikum in Dublin bei Abbey Ireland & UK hat mich fachlich als auch persönlich vorangebracht. Meine Englischkenntnisse konnten sich durch die tägliche Anwendung immens verbessern. Ich war im Contracting-Department für die Ratenverhandlungen mit den Suppliern und Stakeholdern in Irland und dem UK zuständig und vereinbarte Hotelraten, Preise mit Tourguides, Beförderungsmittel und deren Konditionen für die Packages, die Abbey Tours letztendlich schnürte. Das war mit Abstand die wichtigste und schönste Zeit in meinem beruflichen und persönlichen Werdegang.

Nach meinem Studium arbeitete ich noch in diversen Hotels im Frontoffice, u.a. im Steigenberger Hotel am Kanzleramt, und konnte mich innerhalb von 3 Jahren vom Frontoffice-Agent (Facharbeiter) über den Frontoffice-Shiftleader (Schichtleitung) bis zum Frontoffice-Manager hocharbeiten. In dieser Position durfte ich sogar im Pre-Opening-Team eine Hotelneueröffnung in Dresden begleiten, was einerseits sehr viel Spaß gemacht, andererseits aber auch viel Nerven gekostet hat.

Seit 2019 arbeite ich nun für die Macrander Hotels GmbH & Co. KG in Dresden und bin dort ein halbes Jahr nach meiner Einstellung vom Hotelempfang ins Sales&Marketing gewechselt. Die Betreibergesellschaft gibt es seit 2000 und führt zwei verschiedene Hotels: das Courtyard by Marriott Dresden und das Best Western Macrander Hotel Dresden. Als drittes Hotel wird das Best Western Macrander Hotel Frankfurt/Kaiserlei unter der Hotelgesellschaft Offenbach GmbH geleitet. Zwei Häuser sind Kooperationspartner von Best Western. Das Courtyard ist Franchisenehmer der Marriott-Hotelgruppe. Alle Hotels befinden sich im 4-Sterne-Bereich.

Best Western ist bei den Gästen deutlich bekannter und wurde 1946 durch Merrill K. Guertin gegründet. Der Hauptsitz der Best Western Hotel Resorts befindet sich in Phoenix/Arizona. Seit kurzem ist diese zusammen mit der Sure Stay Group und den World Hotels Collection mit seinen 18 Marken und 4.500 Hotels in über 100 Ländern eines der führenden, globalen Hotelnetzwerke. Marriott International ist seit der Übernahme von Starwood 2016 die größte Hotelkette der Welt. Mit seinen über 7.000 Hotels in 131 verschiedenen Ländern und insgesamt 30 Marken kann es das stärkste Portfolio der Branche aufweisen.

Die Gründung von Marriott erfolgte bereits 1927 durch John Willard Marriott und seine Frau Alice Marriott. Der Sitz der amerikanischen Kette befindet sich in Maryland. Nach dem Stand von 2019 beschäftigt die Kette über 174.000 Mitarbeiter und hat im selben Jahr 21 Mrd. USD Umsatz erwirtschaftet.

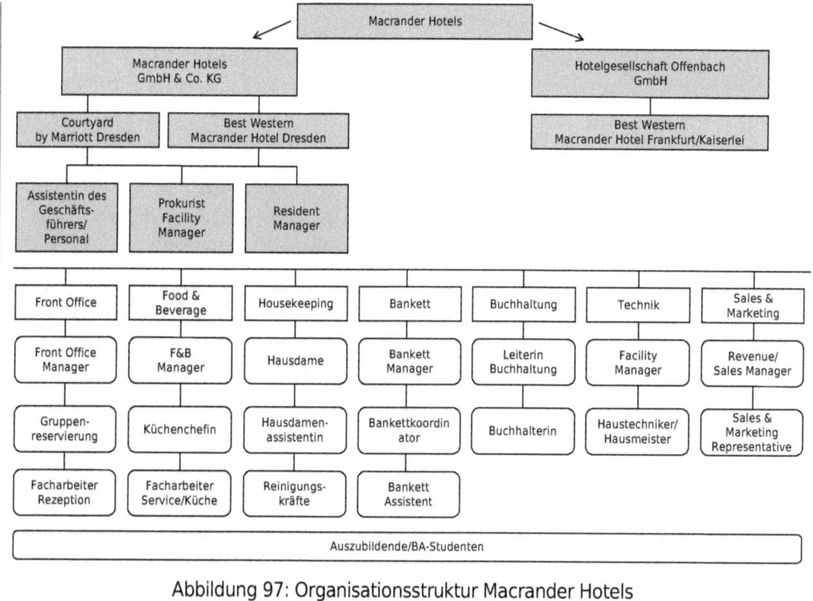

Abbildung 97: Organisationsstruktur Macrander Hotels
Quelle: Macrander Hotels.

Wie ist die Organisationsstruktur im Sales&Marketing?

Im Organigramm sieht man die Organisation in unserer Abteilung ganz gut. Ich arbeite mit meiner Vorgesetzten, welche auch für das Revenue-Management zuständig ist, eng zusammen. Sie entwickelt jährlich unsere Preisstruktur und dementsprechend werden die Firmenraten, welche ich wiederum verhandele, unseren Kunden angeboten. Ansonsten bin ich in meinen Aufgaben weitestgehend selbstständig, sind die Konditionen und Raten einmal festgelegt. Von Zeit zu Zeit dürfen wir uns auch über die Unterstützung unseres Dual-Studenten und Auszubildenden freuen.

Sie arbeiten im Sales&Marketing. Was sind Ihre täglichen operativen Aufgaben in diesem Bereich und welche strategischen Aufgaben übernehmen Sie in Ihrer Position?

Meine Aufgaben sind vor allen Dingen strategischer Natur, da sie sich vor allem auf den administrativen und kaufmännischen Bereich fokussieren. Allerdings unterstütze ich unsere Empfangsmitarbeiter auch im direkten Kontakt mit den Gästen und sorge mit meiner Kundenpflege für ein solides Customer-Relationship-Management. Von Zeit zu Zeit nehme ich von unseren Firmenkunden auch Reservierungen entgegen, welche ich entsprechend bearbeite und bestätige. Zu den strategischen Aufgaben gehören das Verkaufen der Hotelzimmer, Umsatzgenerierung, Werbung machen und das Entwickeln der Unternehmensstrategie. Dabei gliedert sich der Hauptfokus meiner Aufgaben in drei Bereiche:

Kundenpflege: zuständig für ca. 120 Business-Kunden • regelmäßige Kontaktaufnahme mit Bestandskunden • Auswertung der Room-Nights-Performance • Einladung zu Hausführungen und Terminen • Klassifizierung in Kundengruppen • Präsente und Glückwünsche zu Geburtstagen und besonderen Anlässen verschicken • Besuche

Vertragsverhandlungen: dezentral mit kleineren Firmen (direkt) via Ansprechpartner in Firma • zentral mit größeren Firmen (indirekt) via Ausschreibungstool für Vertragsraten (BW/Marriott) • Beurteilung und Vergabe der Preise nach Übernachtungsvolumen • individuelle Konditionen, z.B. LRA-/Non-LRA-Vertrag, Stornierungsbedingungen, Frühstück; Zusatzleistungen wie z.B. HP-Option, Minibar etc. • Sicherstellung der Ratenladung und Buchbarkeit der Firmenraten individuell über Firmencode je nach Kette, HRS, GDS (Amadeus, Galileo etc.) • Kalt- und Warmakquise • Kontrolle und Eingabe der Vertrags- und Messeraten nach Ladung durch Kette

Marketing und Statistiken: Social-Media-Postings • Pflege von Websites (BW&CY), Informationen wie Preise, Leistungen müssen up to date sein • Einholung von Angeboten für Kooperationspartner, z.B. Fahrradausleih, Kundengeschenke • Hilfe bei Implementierung von Neuerungen, z.B. Rhetorikstudio, WeFrame • Vermarktung aktiv betreuen • Erstellung von Aktivitätsplänen • Organisation und Initiierung von Kundenevents/Veranstaltungen • Beherbergungsstatistiken, Jahresstatistiken/Auswertung Firmenstatistiken

Was sind Herausforderungen des Sales&Marketing in der Zukunft?

Ich denke, eine der größten Herausforderungen wird sein, den persönlichen Kontakt zum Kunden zu halten. Dadurch, dass immer mehr Hotelketten ihr Sales&Marketing gebündelt organisieren und viele Hotels keine eigene Abteilung dafür haben, kommt die Kundenbindung und die individuelle Akquise am Standort zu kurz. Auch die Kundenpflege fällt somit fast komplett weg und liegt eher nebenbei im operativen Bereich bei den Empfangsmitarbeitern.

Aber auch die Zentralisierung der Vertragsverhandlungen stellt mich von Zeit zu Zeit vor neue Herausforderungen. Große Firmen wie Bosch oder Carl Zeiss verhandeln ihre Raten global über die großen Tools der Hotelketten. Wenn jedoch keine Ratenanfrage von den Unternehmen selbst kommt, hat man auch als Franchisenehmer kaum eine Chance, ein Angebot abzugeben, geschweige denn einen persönlichen Kontakt aufzubauen. Natürlich hat dieses System auch seine Vorteile, aber ein persönlicher Kontakt und das Zwischenmenschliche gehen eben verloren.

Weiterhin gibt es von Seiten einer Buchungsplattform seit einiger Zeit Konkurrenz, indem sich diese nun auf Business-Reisende und den Firmenratenverhandlungsprozess spezialisiert hat. Je mehr Firmen über dieses Portal ihre Raten buchen und verhandeln, desto weniger Möglichkeiten hat man als Hotel, seine individuellen Raten zu verhandeln und die Kontakte zu pflegen. Ganz im Gegenteil: Für die Hotels entstehen bei Buchung Kommissionskosten, welche nicht unerheblich sind. Um das Volumen zu tracken bietet die Plattform eine statistische Analyse der Room-Nights unter Zahlung von Extrakosten an.

Welche Auswirkungen hatte Corona auf die Company und wie ist das Hotel damit umgegangen?

Seit Anfang der Coronapandemie im März 2020 ist das Übernachtungsvolumen der Firmenkunden um ca. 50 % eingebrochen (Stand März 2021). Die touristischen Übernachtungen sind zwischenzeitlich sogar ganz weggefallen, durch das Beherbergungsverbot für Touristen (Mitte März 2020 bis Mai 2020/November 2020 bis Juni 2021).

Im Gegensatz dazu waren Reisen beruflicher Natur, welche zwingend notwendig waren, zwar erlaubt, allerdings haben viele Firmen ein Dienstreiseverbot ausgesprochen und stattdessen auf Homeoffice und Online-Meetings gesetzt. Hier ist der Vorteil von direkten Ansprechpartnern wieder präsent gewesen, denn wir konnten unsere Kunden kontaktieren und wussten so genau, wann Dienstreisen wieder geplant sind und wie die langfristigen Zielsetzungen und Projekte aussehen. Natürlich war die Kontaktaufnahme auch hier nicht einfach durch das Homeoffice von vielen Firmen und der angeordneten Kurzarbeit bei uns. Allerdings konnten wir mit Hilfe von Newslettern unsere Kunden auf dem Laufendem halten und so kommunizieren, dass wir weiterhin für Geschäftsreisende geöffnet sind. Unsere Kunden waren über Updates, z.B. die angepassten Hygieneregeln am Empfang, im F&B-Bereich und im Housekeeping, sehr dankbar. Durch das flexible Management während der Krise und die kurzen Kommunikationswege zu unseren Kunden konnten wir einen noch schlimmeren Einbruch unseres Geschäftes verhindern und auf betriebsbedingte Kündigungen verzichten.

Die Krise wurde darüber hinaus genutzt, um verschiedene Bereiche unserer Häuser zu renovieren und die Digitalisierung in unserem Konferenzbereich, mit Installation eines Rhetorikstudios und einem neuen Kooperationspartner für interaktive Smartboards für Hybrid-Veranstaltungen, voranzutreiben

3.5 Human Resources

Der Personalbereich in der Hotellerie hat sich in den letzten Jahren einem starken Wandel vollzogen. Je nach Größe und Struktur des Hauses variiert auch hier die Zusammensetzung der Abteilung. Kleine Häuser führen mitunter keine Personalabteilung, mit zunehmender Größe gibt es Personalverantwortliche, die für die Einstellung und Freisetzung der Mitarbeiter sowie für die Löhne verantwortlich sind. Hotels der Markenhotellerie können einen eigenen Personalentwicklungsbereich miteinbinden, der für das Qualitätsmanagement und das Training zuständig ist. Im Rahmen dieses Kapitels sollen weder Grundlagen der Personalarbeit noch die Erstellung einer Gehaltsabrechnung im Vordergrund stehen. Vielmehr soll dem Leser ein Einblick in die aktuellen Herausforderungen des Personalmanagements speziell in der Hotellerie gegeben werden. Einflussfaktoren wie der demografische Wandel, veränderte Ansprüche und Bedürfnisse der Mitarbeiter (Generation Y und Z), zunehmende Digitalisierung, eine hohe Fluktuation und ein mitunter schlechtes Image der Branche äußern sich schon jetzt in rückläufigen Ausbildungszahlen und Ausbildungsverhältnissen sowie Herausforderungen bei der Nachbesetzung von ausgeschriebenen Stellen. Abschließend soll die Bedeutung des Qualitätsmanagements für die Hotellerie hervorgehoben werden. Abgerundet wird der Personalbereich mit einem Interview von *Sandra Koch*, Human-Resource-Director der beiden Hilton Hotels Köln und Bonn, die auf aktuelle Herausforderungen und Veränderungsprozesse speziell im Personalbereich eingehen wird.

3.5.1 Aktuelle Herausforderungen der Personalarbeit in der Hotellerie

Wie in der → Abbildung 98 zu sehen, steht die Hotellerie, nicht erst seit heute, vor diversen Herausforderungen, die im Rahmen dieses Abschnitts systematisch Berücksichtigung finden werden.

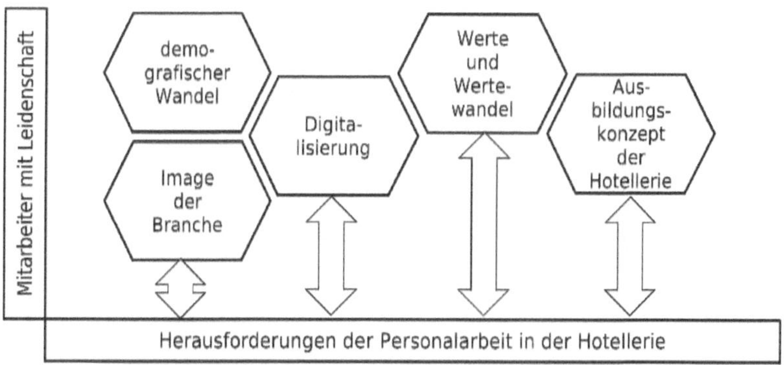

Abbildung 98: Herausforderungen der Personalarbeit in der Hotellerie
Quelle: eigene Abbildung

So macht sich der **demografische Wandel** schon seit langem in der Hotellerie bemerkbar und zeigt sich in der Herausforderung, qualifiziertes und zuverlässiges Personal zu finden. Die nachfolgende Grafik zeigt, wie sich die Erwerbsbevölkerung bis in das Jahr 2060 verändern wird.

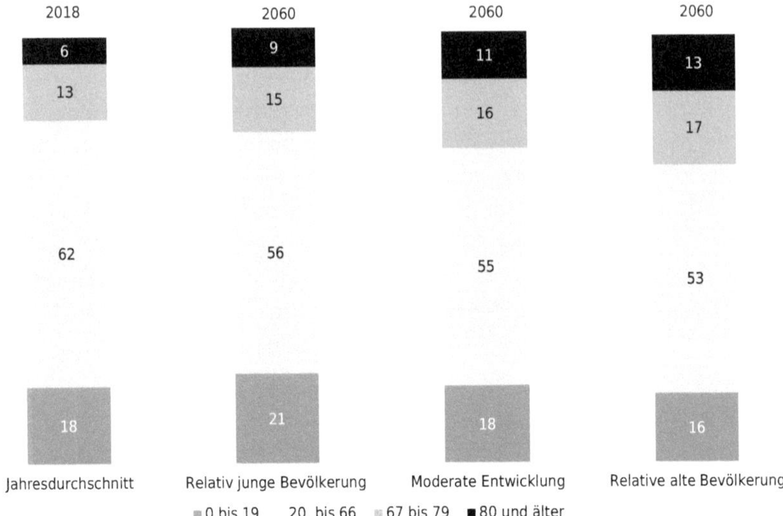

Abbildung 99: Bevölkerung nach Altersgruppen
Quelle: Statistisches Bundesamt 2021,
https://www.destatis.de/DE/Themen/Querschnitt/Demografischer-Wandel/_inhalt.html.

Wie → Abbildung 99 zu entnehmen ist, lag der Anteil der 0–19-jährigen Kinder und jungen Menschen bei 18 % im Jahr 2018. Der Anteil der Erwerbstätigen im Alter von 20–66 Jahre lag bei 62 % und 19 % der Bevölkerung waren 67 Jahre und älter. Laut der 14. koordinierten Bevölkerungsvorausberechnung wird der Anteil der Unter-20-Jährigen im weiteren Verlauf bis zum Jahr 2030 weitestgehend stabil bleiben. Interessant ist hier ein Blick in die Entwicklung der erwerbstätigen Bevölkerung bis in das Jahr 2060.[86] Der Anteil der Erwerbstätigen wird hier in allen Modellen der Vorausberechnung in den nächsten zwei Jahrzehnten deutlich sinken und im Jahr 2037 bei ca. 55–57 % liegen. Auffällig ist auch die

---

86 https://www.destatis.de.

Entwicklung der Über-80-Jährigen. Ihr Anteil wird im Jahr 2060 zwischen 9 und 13 % liegen.[87] Was heißt das jetzt speziell für die Hotellerie und das Personal-Recruiting?

Dass es langfristig immer schwieriger werden wird, geeignetes und qualifiziertes Personal für die Hotellerie zu finden und langfristig zu binden. Die Auswirkungen sind bereits jetzt spürbar und haben sich, bedingt durch die Coronapandemie, in den letzten zwei Jahren noch verstärkt. Mitarbeiter, die aufgrund des Lockdowns in der Hotellerie zwangsweise in Kurzarbeit gehen mussten, haben sich während dieser Zeit umorientiert und mitunter die Branche gewechselt. Darüber hinaus sind auch die Ausbildungszahlen in der Hotellerie und Gastronomie seit Jahren rückläufig. Eine aktuelle Grafik des DEHOGA-Bundesverbandes zeigt die Entwicklung der Ausbildungszahlen im zeitlichen Verlauf und verstärkt die Herausforderungen im Personalbereich. Gründe für die rückläufigen Ausbildungszahlen sind sicherlich auch das mitunter **schlechte Image** der Branche. Dienstleistung am Gast und in der Hotellerie wird oftmals mit folgenden Herausforderungen verbunden:

» niedriges Lohniveau,
» Wochenendarbeit bzw. unregelmäßige und wechselnde Arbeitszeiten bzw. Schichten ,
» Arbeitsbedingungen, die auf Dauer gesehen zu gesundheitlichen Beeinträchtigungen führen können.

[87] Vgl. https://www.destatis.de.

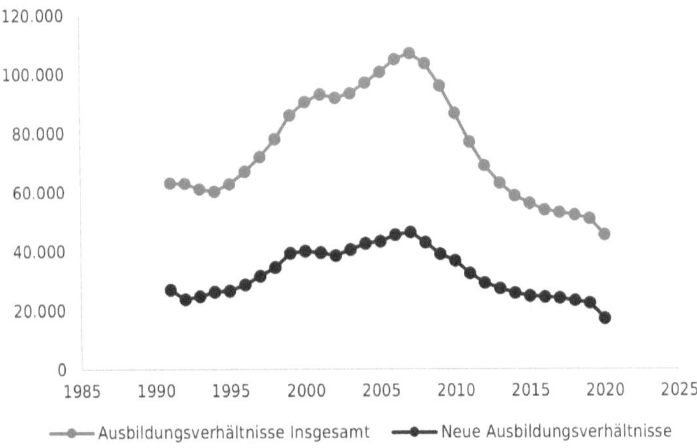

Abbildung 100: Entwicklung der Ausbildungsverhältnisse
Quelle: DEHOGA-Bundesverband 2021, https://www.dehoga-bundesverband.de.

Darüber hinaus ist ein **Wertewandel der Generationen** zu spüren. So stellt die Generation Y beispielsweise andere Maßstäbe an den Arbeitgeber von Morgen.

Zur Generation Y zählen die heute 20- bis 35-Jährigen und diese sind eine durch das Internet geprägte Generation. *Digital Natives* – so lautet oftmals eine Bezeichnung dieser Generation, die digital mit dem Internet aufgewachsen ist. Anforderungen und Bedürfnisse der Generation Y lassen sich wie folgt, wenngleich nicht erschöpfend, in Anlehnung an das Zukunftsinstitut darstellen:[88]

[88] Zukunftsinstitut GmbH 2021, https://www.zukunftsinstitut.de.

Generation Y	
	» erwarten gute Jobs » Forderungen der Vereinbarkeit von Familie und Beruf » Trennung von Arbeit und privatem Leben » familienfreundliche Rahmenbedingungen » Einbindung und Mitgestaltung » wollen ernst genommen werden » streben nach Eigenständigkeit, Selbstverwirklichung und Autonomie » Work-Life-Balance

Abbildung 101: Bedürfnisse der Generation Y
Quelle: eigene Darstellung

Für die Hotellerie heißt das, sich auf die neuen Anforderungen der Generation langfristig einzustellen, andere Arbeitszeitmodelle, gerade auch in den administrativen Bereichen der Hotellerie, möglich zu machen und in Erwägung zu ziehen – kurz: Rahmenbedingungen zu schaffen, die der Generation Y attraktiv erscheinen. Das setzt zunächst auch ein starkes Arbeitgebermarketing und intensive Werbung voraus, um da zu sein, wo der Nachwuchs sich tummelt und bewegt: in den sozialen Medien, Netzwerken und entsprechenden Arbeitgeberportalen. Darüber hinaus kann dem negativen Image der Branche durch viel Aufklärungsarbeit zu Entwicklungs- und Aufstiegsmöglichkeiten bereits frühzeitig in den Schulen und weiterführend an den Universitäten positiv entgegengewirkt werden. Hier braucht es Multiplikatoren, die mit Herz und Leidenschaft für die Branche arbeiten und die vielen Vorteile, die die Branche mit sich bringt, an die zukünftigen Generationen kommunizieren.

Konkrete Ansätze für die Personalarbeit könnten eine leistungsgerechte Vergütung sein sowie das Schaffen von Anreizen und einer Arbeitsumgebung, in der die Generation Y sich wohlfühlt: z.B. kollegiale Atmosphäre, Transparenz in der Kommunikation, Aufbau einer Feedback-Kultur, die durch Wertschätzung geprägt ist, Entwicklungsperspektiven, familienfreundliche Rahmenbedingungen, Work-Life-Balance, selbstständiges Arbeiten mit neuen/zeitgemäßen Technologien. Hier ist seitens der Unternehmen noch viel Arbeit nötig. Oftmals haben gerade die Hotels der Markenhotellerie die notwenigen Ressourcen zur Verfügung, um die Aufgaben zu bewerkstelligen. Gerade für die kleinen und mittelständischen Unternehmen ist die Situation jedoch oftmals nicht so komfortabel, da sie aufgrund von Struktur und Größe per se schon nicht dieselben Entwicklungsmöglichkeiten schaffen können. Dennoch können sie ebenfalls für Rahmenbedingungen sorgen, welche die Generation Y ansprechen. Hier gibt es seitens der Individualhotellerie viele Vorteile, mit denen sie gegenüber der Markenhotellerie profitieren kann (individuelle und familiäre Atmosphäre, familienfreundliche Rahmenbedingungen aufgrund von geringen Hierarchien und Abstimmungsbedürfnissen schnell umsetzbar etc.). Im Hinblick auf eine ausreichende Rekrutierung sind hier frühzeitig Kooperationen mit Schulen anzustreben und Praktika anzubieten, um den Nachwuchs frühzeitig zu binden, Verantwortung zu übergeben und die oben genannten Rahmenbedingungen zu schaffen.

3.5.2 Qualitätsmanagement in der Hotellerie

In der Literatur existiert eine Vielzahl an Definitionen für den Begriff **Qualität**. Die nächsten Seiten nähern sich deswegen über die Eigenschaften der Dienstleistung dem Qualitätsbegriff und dem Qualitätsverständnis bzw. der Bedeutung des Qualitätsmanagements für die Hotellerie sukzessive an. Wie bereits in → Kapitel 1.6 beschrieben, ist die Dienstleistung in der Hotellerie durch entsprechende konstitutive Eigenschaften geprägt. Diese haben, wie in → Abbildung 102 zu sehen, Auswirklungen auf die Qualität der Dienstleistung. Anders als im produzierenden Gewerbe ist in den Dienstleistungsprozess u.a. sowohl der Gast als externer Faktor sowie der Mitarbeiter (als personalbezogene und personalintensive Komponente) eingebunden. Jeder Gast hat unterschiedliche Erwartungen an die Dienstleistung und so haben laut *Linne* (→ Kapitel 1.6) viele Persönlichkeitsmerkmale und das individuelle Verhalten der Gäste einen unmittelbaren Einfluss auf die Wahrnehmung und Beurteilung der Dienstleistungsqualität. Diese wird also von jedem Gast unterschiedlich und subjektiv bewertet. Darüber hinaus ist die Erstellung der Dienstleistung in der Hotellerie nicht ohne die Einbindung der Mitarbeiter möglich. Während bei der Erstellung von (Marken-)Artikeln die Qualität durch eingebettete Prüfungsverfahren und Qualitätsnormen im Herstellungsprozess sichergestellt wird, ist dies in der Hotellerie nicht ohne Weiteres möglich. Hier arbeiten Menschen mit Menschen und wo Menschen arbeiten, passieren Fehler. Dies ist menschlich und auch natürlich! Die Frage ist, wie können Fehler bei der Erstellung der Dienstleistung vermieden werden und welche Instrumente stehen dem Hotel zur Verfügung, um eine möglichst gleichbleibende Qualität jedem Gast gegenüber zu gewährleisten.

Auch das **Uno-actu-Prinzip** hat letztendlich Auswirkungen auf die Qualität der Dienstleistung. Anders als im Handel, wo sie ein Produkt tasten, anfassen, fühlen, wahrnehmen und nach dem Kauf auch mit nach Hause nehmen können, fällt der Erstellungsprozess und die Inanspruchnahme der Dienstleistung in der Hotellerie und Gastronomie zeitlich und örtlich zusammen. Der Gast kann nicht vorher testen, fühlen und anfassen. Für das Unternehmen heißt das, die Leistung genau dann und genau zu dem Zeitpunkt zu erbringen und abzurufen (in dem Maße, wie der Gast sich dies wünscht), an dem der Gast diese nachfragt und abverlangt.

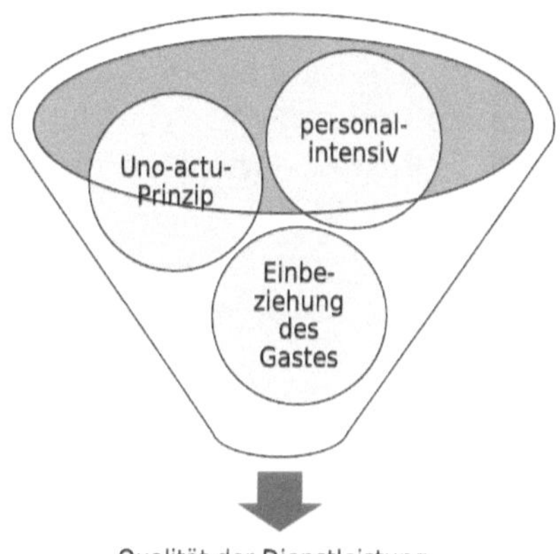

Abbildung 102: Einflussfaktoren auf die Qualität der Dienstleistung
Quelle: eigene Abbildung.

Auf Basis der genannten Einflussfaktoren, die auf die Qualität der Dienstleistung einwirken, und der subjektiv bewerteten Wahrnehmung der Qualität der Dienstleistung durch die Gäste (externer Faktor) soll im Folgenden die Definition aus kundenorientierter Sicht erfolgen.

> „Die aus Kundensicht erfolgende Beurteilung von Dienstleistungsqualität ist subjektiv und hängt von der Wahrnehmung der Eigenschaften einer Leistung ab.“[89]

Es sei ergänzend darauf hingewiesen, dass in der Literatur noch **weitere Definitionsansätze** existieren, die den Begriff der Dienstleistungsqualität näher beschreiben. Differenziert werden kann der Begriff u.a. auch aus produktorientierter Sicht (*pruduct-based*), aus wertorientierter Sicht (*value-based*) oder aber auch aus absoluter Sichtweise (*trancendent*).[90]

Zusammenfassend und vereinfacht kann Dienstleistungsqualität wie folgt beschrieben und abschließend definiert werden:

Wissen | Dienstleistungsqualität

Dienstleistungsqualität ist durch die unterschiedlichen individuellen und subjektiven Erwartungen der Kunden geprägt, die einen unmittelbaren Einfluss auf die Beurteilung und Wahrnehmung der Dienstleistungsqualität insgesamt haben. Sie wird also von jedem Gast unterschiedlich und subjektiv bewertet und lässt sich als Ergebnis eines Vergleichsprozesses, wie in nachfolgender Abbildung zu sehen, darstellen:

[89] Dreyer/Dehner 2013, S. 34.

[90] Dreyer/Dehner 2013, S. 34.

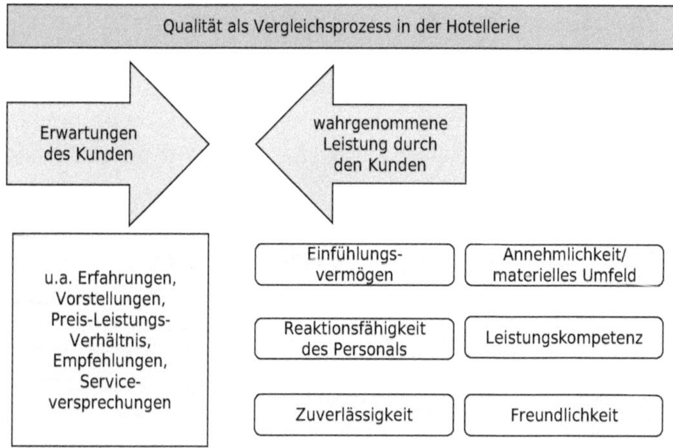

Abbildung 103: Qualität als Vergleichsprozess in der Hotellerie
Quelle: eigene Abbildung nach Henschel et al. 2018, S. 88.

Dabei werden die Erwartungen der Gäste u.a. geprägt durch bereits gemachte Erfahrungen, das gegebene Preis-Leistungs-Verhältnis und das Serviceversprechen des Unternehmens. Diese werden mit der vor Ort wahrgenommenen Leistung des Hotels abgeglichen. Ein Faktor, welcher die wahrgenommene Leistung beeinflusst, ist beispielsweise die Reaktionsfähigkeit des Personals: Wie schnell wird der Kunde beispielsweise beim Betreten des Restaurants wahrgenommen? Wie schnell wird auf Gästewünsche oder auch Beschwerden reagiert? Wie ist die Freundlichkeit des Personals und wie zuverlässig ist dieses bei der Ausführung/Beratung von Dienstleistungen? Wie ist das Umfeld (Ausstattung etc.) im Hotel beschaffen? Sind alle diese Faktoren erfüllt, dann decken sich die Erwartungen des Kunden mit der von ihm wahrgenommenen Dienstleistung. Dann ist der Kunde im besten Fall zufrieden. Weichen die Erwartungen des Kunden von den wahrgenommenen Leistungen ab, sind Lücken im Dienstleistungserstellungsprozess vorhanden. Der Kunde ist im schlimmsten Fall unzufrieden. Diese möglichen Lücken lassen sich im GAP-Modell nach *Parasuraman*, *Zeithaml* und *Berry*,[91] wie in → Abbildung 104 zu sehen, bestmöglich darstellen. Es verdeutlicht, welche Lücken bzw. GAPs zwischen der vom Gast erwarteten Leistung und der wahrgenommenen Leistung beim Dienstleistungserstellungsprozess entstehen können und welche Lösungsansätze für das Hotel bestehen.

Es bedarf also auch hier wiederum eines strategischen Denkansatzes. **Qualitätsmanagement** muss langfristig geplant und in das Unternehmen/Hotel als Managementansatz etabliert und integriert sein. Welche Möglichkeiten und Ansätze hier für das Hotel bestehen, soll im Folgenden näher betrachtet werden.

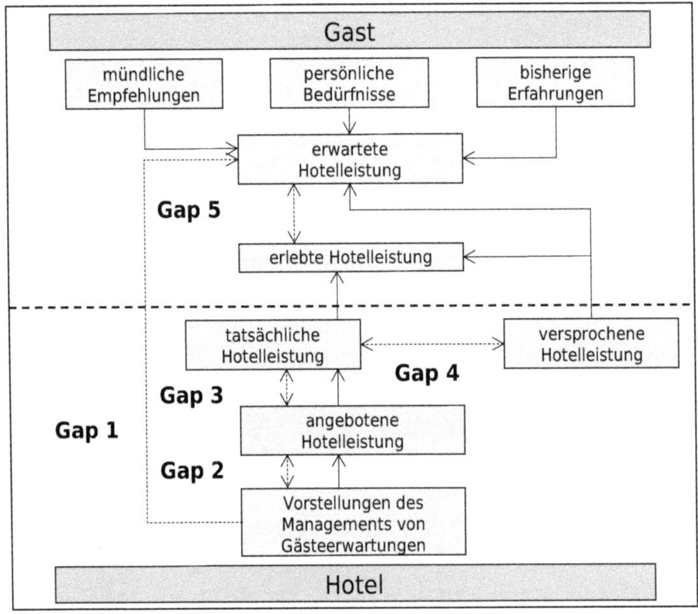

Abbildung 104: GAP-Modell
Quelle: eigene Abbildung nach Zeithaml/Parasuraman/Berry 1992, S. 62.

---

[91] Zeithaml et al. 1992, S. 62.

Das **GAP 1** stellt eine Abweichung der Vorstellungen der Gästeerwartungen des Managements und der erwarteten Hotelleistung des Gastes dar. Es zeigt sehr deutlich, dass das Hotel die Erwartungen seiner Gäste nicht kennt. So denkt das Management beispielsweise, dass die Gäste Wert auf große Zimmer legen, und diese wünschen sich im Gegensatz lieber einen 24-Stunden-Room-Service oder einen Check-out bis 11.00 Uhr. Um diese Lücke zu schließen, sollte das Hotel regelmäßig Gästebefragungen durchführen bzw. Bewertungen der Gäste über die jeweiligen Bewertungsportale einsehen und entsprechend berücksichtigen! Kurzum Marktforschung betreiben.

GAP 2 entsteht, wenn die Vorstellungen des Managements über die Gästeerwartungen in falschen Angeboten und letztlich Dienstleistungen und Normen konkretisiert werden. Das Angebot geht also aufgrund von fehlenden Kenntnissen über spezifische Gästeerwartungen an der Zielgruppe vorbei. Je besser auch hier das Management die Erwartungen seiner Gäste kennt, desto spezifischer kann hier eine Angebotserstellung und Konkretisierung in entsprechenden Dienstleistungsstandards und Normen erfolgen, die den Bedürfnissen der Zielgruppe gerecht werden.

Werden diese Standards nicht kommuniziert und nicht ausreichend durch das Management an die Mitarbeiter weitergeben, so kommt es zu **GAP bzw. Lücke 3** im Modell. Hier weicht die angebotene Leistung von der tatsächlich erstellten Leistung im Dienstleistungserstellungsprozess ab.

Kommunikation durch das Management an die Mitarbeiter ist hier sicherlich die eine, eine ausreichende Qualifikation der Mitarbeiter und Empowerment bzw. den Mitarbeitern einen gewissen Handlungsspielraum zu gewährleisten sicherlich eine weitere wichtige und nicht zu vernachlässigende Komponente. Mitarbeiter müssen durch entsprechende Schulungen und Trainings ausreichend und gut für die im Hause bestehenden Standards und das Serviceversprechen an den Gast von Beginn an sensibilisiert werden. Darüber hinaus sollten genügend technische Mittel bzw. Ressourcen vorhanden sein, um dem Gast einen reibungslosen Service bieten zu können.

GAP 4 zeigt eine Abweichung der tatsächlichen Hotelleistung von der versprochenen Dienstleistung. Hier ist Transparenz, Ehrlichkeit und Wahrheit in der Kommunikation sowohl nach innen als auch nach außen und mit dem Gast das A und O. Das Leistungsversprechen, dass dem

Gast über die jeweiligen Kanäle der Kommunikation (Internetseite, Flyer etc.) gegeben wird, muss ehrlich und wahr sein, da ansonsten Erwartungen des Gastes entstehen bzw. geweckt werden, die in der späteren Umsetzung der Dienstleistung nicht gewährleistet werden können.

GAP 5 ist abschließend die Diskrepanz zwischen den Erwartungen des Kunden und der wahrgenommenen Leistung. Diese Lücke erschließt sich aus den anderen Gaps (1–4). Je weniger Lücken also per se entstehen, desto mehr Qualität entsteht im Dienstleistungsprozess für den Kunden.

Das erweiterte Lückenmodell nach *Zeithamel/Parasuramann/Berry* zeigt abschließend Möglichkeiten bzw. Handlungsalternativen auf, die dem Entstehen von Lücken vorzubeugen vermögen:

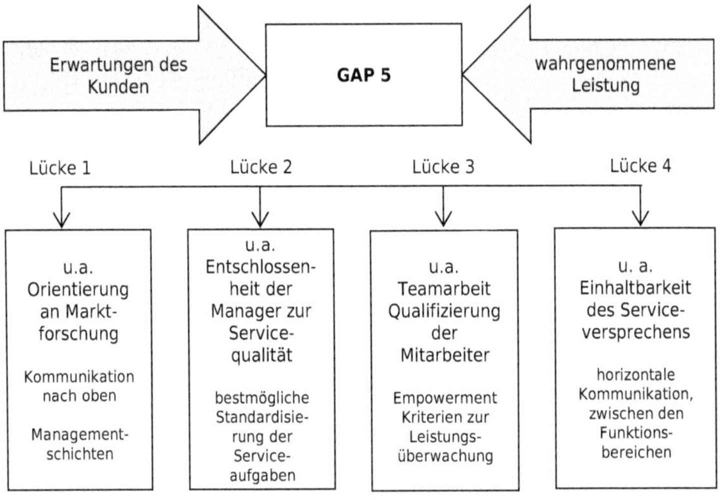

Abbildung 105: Erweitertes Lückenmodell
Quelle: eigene Abbildung nach Zeithamel et al. 1992, S. 149.

Einen weiteren und ergänzenden Ansatz zeigt die Hotelqualität getrennt in unterschiedliche Dimensionen auf. Die **Qualitätsbeurteilung** bzw. die Wahrnehmung des Kunden differenziert sich hier zum einen in die materiellen (Tech-Dimension) und immateriellen Faktoren (Touch-Dimension).[92] Während sich die Tech-Dimension mit der Frage beschäftigt: „Was erhält der Kunde?", befasst sich die Touch-Dimension mit der Frage: „Wie wird die Dienstleistung an den Kunden übermittelt bzw. angeboten?" (zuverlässig, zuvorkommend und schnell). Sie unterliegt damit sehr stark der Meinung des Kunden. Festzuhalten ist, dass sich Kundenzufriedenheit nicht allein durch die materiellen Faktoren einstellt, sondern vielmehr die immaterielle Komponente, nämlich das „Wie wird der Service übermittelt und angeboten?", einen entscheidenden Einfluss auf die Dienstleistungsqualität und letztlich die Wahrnehmung und Beurteilung des Kunden hat. Die Herausforderung hierbei ist, die Qualität der Touch-Dimension stets auf einem einheitlichen und gleichbleibenden Niveau zu halten, da sie doch sehr stark durch die Interaktion der Mitarbeiter mit den Gästen geprägt ist und diese sind bekanntlich nicht immer gleich – weder die Gäste noch die Mitarbeiter.

Die → Abbildung 106 zeigt die Dimensionen der Dienstleistungsqualität mit entsprechenden Beispielen entlang der Leistungsphasen in der Hotellerie.

Beiden Modellansätzen ist gemein, dass die Dienstleistungsqualität durch den Kunden sehr unterschiedlich und, wie bereits erwähnt, sehr subjektiv wahrgenommen und beurteilt werden kann. Aus beiden Modellen gehen mögliche Fehlerquellen, die im Dienstleistungserstellungsprozess entstehen können, hervor. Die Herausforderung in beiden Modellen ist, die Qualität im Dienstleistungsprozess auf einem stetig einheitlichen Niveau zu halten. Das erweiterte Lückenmodell nach *Zeithamel* et al. hat u.a. gezeigt, dass mögliche Lösungsansätze in einer Entschlossenheit des Managements zur Servicequalität sowie einer bestmöglichen Standardisierung der Serviceaufgaben und einer ausreichenden Qualifizierung der Mitarbeiter zu sehen sind. Nachfolgend soll auf die Möglichkeit der Standardisierung durch das Instrument der Serviceketten in der Hotellerie eingegangen werden. Der Aufbau der Servicekette ermöglicht es, durch die Einführung von entsprechenden Standards eine Vereinheitlichung der Prozesse im gesamten Hotel und durch

---

[92] Dreyer/Dehner 2013, S. 45.

alle Abteilungen hinweg zu gewährleisten. Doch was ist unter einer Servicekette zu verstehen?

Teilqualitäten Qualitätsdimension	Tech-Dimension	Touch-Dimension
Potentialqualität	» Anzahl der Mitarbeiter » Hotelarchitektur » technische Ausstattung » Erreichbarkeit mit Auto, Bus bzw. Bahn	» Persönlichkeit der Mitarbeiter
Prozessqualität	» Check-in » Anzahl der Mitarbeiter » Zimmerangebot » Tagungsmöglichkeiten » Serviceangebot » Restaurantangebot » Lage der Zimmer » Sauberkeit » Zimmereinrichtung » Angebot an Sport- und Freizeiteinrichtungen	» Hotelatmosphäre » Zimmeratmosphäre (Einrichtung, Farbgestaltung, Duft etc.) » Persönlichkeit, Hilfsbereitschaft, Freundlichkeit der Mitarbeiter, Verlässlichkeit, Reaktionsfähigkeit, Empathie und Kompetenz der Mitarbeiter
Ergebnisqualität	» Check-out » Transfer zum Flughafen » Folgebuchungen etc.	» Zufriedenheit des Gastes » Verhalten bei Beschwerden » kommunikative Nachbetreuung

Abbildung 106: Dimensionen der Dienstleistungsqualität
Quelle: eigene Abbildung nach Dreyer/Dehner, 2013, S. 43.

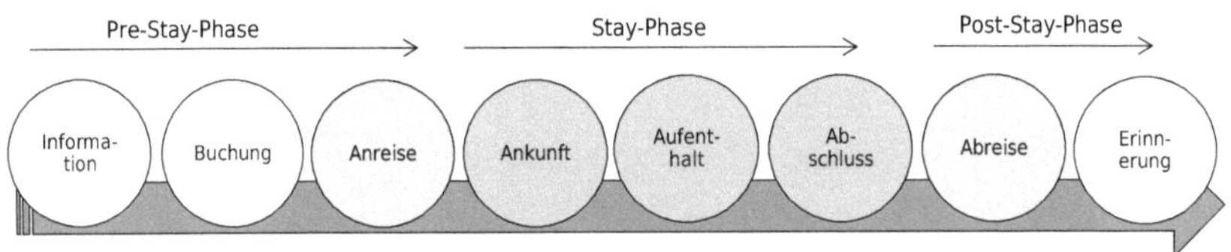

Abbildung 107: Servicekette Hotel
Quelle: eigene Abbildung, siehe hierzu auch → Abbildung 4.

Eine **Servicekette** bricht die Leistung eines Hotels in seine einzelnen Bestandteile bzw. Teilleistungen aus gastbezogener Perspektive systematisch auf. Sie zeigt mögliche Kontaktpunkte auf, die ein Gast von einer Anfrage bis hin zum Check-out und letztlich bis zur Nachbetreuung bzw. Erinnerung durchlaufen kann. → Abbildung 107 zeigt eine Servicekette/Customer Journey nach *Linne* (→ Kapitel 1.3) als mögliches Beispiel für die Hotellerie.

Entlang dieser Servicekette kann für jeden einzelnen Bereich Kontaktpunkten bzw. kritischen Ereignissen/Fehlerquellen, die während eines Aufenthaltes gastbezogen entstehen können, durch das Aufsetzen von entsprechenden Standards entgegengewirkt werden.

Aus → Abbildung 107 sei nun bespielhaft die Ankunft bzw. der Check-in ausgekoppelt und den kritischen Ereignissen bzw. möglichen **Fehlerquellen** sowie mögliche Maßnahmen einschließlich der Standards, wie in nachfolgender Tabelle zu sehen, gegenübergestellt.

Leistung/ Ankunft	kritische Ereignisse	Maßnahmen	mögliche Standards für den Check-in
Check-in	» Empfang nicht besetzt » keine Begrüßung » ungepflegtes Personal » Telefon wird nicht rechtzeitig beantwortet » keine Auskunft » unfreundliches Personal » Check-in dauert zu lange	» ausreichend Personal gewährleisten » Mitarbeiter zu den Standards im Hotel schulen » einheitliche Berufsbekleidung und Standards » Check-in-Prozess nicht länger als drei Minuten	» Wahrnehmung und Begrüßung des Gastes mit einem freundlichen Lächeln nach spätestens 30 Sekunden » Check-in Prozess nicht länger als 3 Minuten » Gast während des Check-ins mit Namen ansprechen (dreimal) » Reservierungsdetails bzw. Aufenthaltsdetails mit dem Gast im Gespräch abgleichen » Zahlungsart nochmals klären » Meldeschein unterschreiben lassen » Informationen zum Frühstücksrestaurant und Frühstückszeiten, ggf. auch noch andere Outlets empfehlen (Cross-Selling) » Richtung zu den Fahrstühlen und Zimmern weisen » Gepäckhilfe anbieten » Dem Gast einen guten Aufenthalt wünschen und als weiterer Ansprechpartner zur Verfügung stehen.

Abbildung 108: Standards für den Check-in
Quelle: eigene Abbildung.

Die Standards lassen sich abschließend für jeden Bereich respektive für jede Abteilung im Hotel aufbauen. Sie stellen im Wesentlichen eine Arbeitsrichtlinie bzw. Verhaltensweisen der Mitarbeiter dem Gast gegenüber dar und sichern somit eine gleichbleibende Qualität, nicht nur in einer Abteilung, sondern, entsprechend angepasst, über alle Abteilungen hinweg.

Halten sich alle Mitarbeiter der Rezeption an die jeweiligen Standards im Check-in-Bereich, kann eine gleichbleibende Qualität zumindest für diesen Bereich gewährleistet werden.

Wichtig ist, diese Standards regelmäßig und kontinuierlich zu überprüfen. Mitarbeiter agieren und arbeiten nicht jeden Tag gleich. Darüber hinaus ist die Hotellerie durch eine hohe Fluktuation der Mitarbeiter geprägt, d.h., es gilt neue Mitarbeiter zu schulen, zu trainieren und zu beobachten und entsprechend Feedback zu geben.

Bei all diesen festgelegten Normen und Standards ist jedoch eines ganz wesentlich: Der Mitarbeiter sollte diese Standards nicht emotionslos am Gast runterspulen, sondern authentisch und freundlich in das Gespräch mit dem Gast integrieren.

Abschließend sollen noch etwaige **Messinstrumente** genannt werden, die eine stetige Kontrolle der Dienstleistungsprozesse und Leistungen in der Hotellerie ermöglichen.

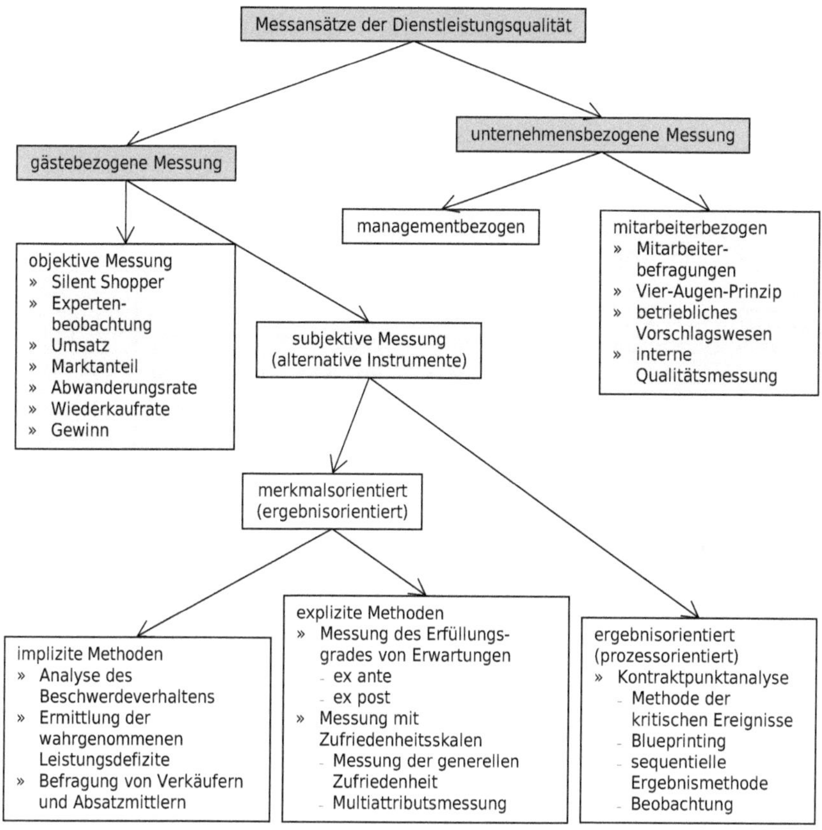

Abbildung 109: Messinstrumente Dienstleistungsqualität
Quelle: eigene Abbildung nach Dreyer/Dehner 2013, S. 73.

In der Ketten- bzw. Markenhotellerie kommen häufig die **Silent-Shopper-Methode** oder auch Expertenbeobachtungen als gästebezogene Messmethoden zum Einsatz. Mit Hilfe dieser Methoden wird die Einhaltung der genannten Standards über alle Abteilungen hinweg geprüft. Kritisch zu betrachten ist, dass die Messung in der Regel nur ein- oder zweimal im Jahr stattfindet und nur ein punktuelles Ergebnis darstellt.

Eine regelmäßige Messung würde hier ein valideres und aussagekräftigeres Ergebnis über den Zeitverlauf schaffen.

Ergänzend dazu finden auf Unternehmensebene einmal jährlich Mitarbeiterbefragungen statt. Darüber hinaus ist das betriebliche Vorschlagswesen genauso integriert wie **interne Qualitätsmessungen,** die in der Regel durch eigene *Internal Audits* stattfinden. Die Zufriedenheit der Gäste wird über regelmäßige **Gästebefragungen,** die nach dem Aufenthalt der Gäste automatisch per E-Mail versandt werden, sichergestellt.

All diese Instrumente ermöglichen es, eine gleichbleibende Qualität der Dienstleistung zu gewährleisten, die Erwartungen der Gäste zu kennen und ihnen durch die jeweiligen Standards einen ihren Bedürfnissen entsprechenden Service gegenüberzustellen bzw. zu bieten.

Interview mit Sandra Koch | Cluster-Human-Resource-Director | Hilton Cologne und Hilton Bonn

Was sind operative und strategische Aufgaben eines Cluster-Human-Resource-Managers?

Meine Aufgaben als HR-Director sind sehr umfangreich und abwechslungsreich. Grundsätzlich kann man sagen, dass ich in meiner Funktion für alle Aufgaben rund um das Personal innerhalb der beiden Hotels Hilton Bonn und Hilton Köln verantwortlich bin.

Aufgrund der Arbeit mit den persönlichen Daten von Mitarbeitern ist eine sehr hohe Diskretion Voraussetzung.

Im Vordergrund meiner Tätigkeiten beschäftige ich mich mit der Entwicklung und Umsetzung von Strategien zur Motivation der Mitarbeiter, deren Fortbildung und Entwicklung und ganz allgemein damit, uns als Arbeitergebermarke stetig weiterzuentwickeln und eine gute Positionierung auf dem Markt zu haben.

Ebenfalls zählt es zu meinen Aufgaben, zu besetzende Stellen klar zu definieren und gezielte Strategien für die Personalbeschaffung zu entwickeln.

Im Bereich der Personalverwaltung bin ich als verantwortliche Personalerin damit betraut, die Lohn- und Gehaltsabrechnungen nach den gültigen gesetzlichen Bestimmungen durchzuführen.

Was sind aktuelle Herausforderungen der Personalarbeit jetzt und in Zukunft?

Aus meiner Sicht nimmt die Personalarbeit eine sehr bedeutende Rolle für den nachhaltigen Erfolg eines Unternehmens ein.

Die größte Herausforderung in der Personalarbeit besteht aktuell darin, die notwendigen Personalressourcen qualitativ sowie quantitativ entsprechend den betrieblichen Anforderungen zur Verfügung zu stellen. Der Fachkräftemangel nimmt hier eine bedeutende Rolle ein und Strategien im Bereich Recruiting und Personalentwicklung müssen regelmäßig überprüft und entsprechend angepasst werden. Eine weitere Herausforderung, die ich derzeit erkenne, ist der Wertewandel von Mitarbeitern. Immer stärker verändert sich die Balance von Beruf und Privatleben und es ist enorm wichtig, hierfür die nötigen Rahmenbedingungen zu schaffen.

Mit dem Einzug neuer Generationen in unsere Arbeitswelt wird sich aus meiner Sicht zukünftig der innerbetriebliche Kulturwandel beschleunigen und das schafft mehr Gestaltungsspielraum für die Personalarbeit. Die Entwicklung und Positionierung einer starken Arbeitgebermarke wird Voraussetzung sein, um Mitarbeiter auch weiterhin an das Unternehmen zu binden und neue Talente zu gewinnen.

Wie begegnet die Hotellerie den Herausforderungen des demografischen Wandels, vor allem in der Personalarbeit?

Die Auswirkungen des demografischen Wandels zeigen große Unterschiede in den Branchen auf. Während z.B. Unternehmen in der Industrie durch lange Unternehmenszugehörigkeiten mit einer Überalterung der Belegschaft umgehen müssen, ist die Hotelbranche mit einer hohen Fluktuation und Problemen bei der Neugewinnung von Mitarbeitern konfrontiert.

Im Gastgewerbe liegt ein spezieller Fokus auf der Gewinnung und Entwicklung von Nachwuchskräften im Bereich Berufsausbildung. Das Angebot und die Umsetzung einer fachlich fundierten, praxisorientierten und modernen Ausbildung ist sehr wichtig, um als Unternehmen über erforderliche Fachkräfte verfügen zu können.

Bezüglich des demografischen Wandels ist ein weiterer wichtiger Punkt die Bewusstseinsstärkung im Hinblick auf die Vielfältigkeit im Arbeitsleben. Wo es früher sehr starre und gleichbleibende Vorgehensweisen in der Personalarbeit gegeben hat, sind heute eine enorme Flexibilität und Innovation unumgänglich. Die Implementierung neuer Arbeitszeitmodelle, angepasste Stellenangebote für Mütter, Ausbildungsangebote für bildungsschwächere junge Menschen/geflüchtete Menschen, Kooperationen mit Hochschulen und Entwicklungsangebote für Quereinsteiger sind nur einige Beispiele, wie man dem demografischen Wandel zusätzlich begegnen muss.

Fazit: Speziell für die Hotelbranche ist es enorm wichtig, wirksame Anreize zu schaffen, um neue Nachwuchskräfte/Fachkräfte zu gewinnen und diese langfristiger zu binden.

Wie hat sich das Recruiting innerhalb der letzten Jahre verändert?

Durch den Wandel vom Arbeitgebermarkt zum Arbeitnehmermarkt sind die Zeiten, in denen man eine Flut von Bewerbungen auf eine Anzeige bekommen hat, vorbei. In der Personalarbeit muss man heute kreative Wege finden, um geeignete Kandidaten zu gewinnen.

Zusätzliche Bedingungen wie z.B. die Technisierung, unterschiedliche Verhaltensmuster, veränderte Werte und Erwartungshaltungen haben stark dazu beigetragen, dass sich der Prozess der Personalbeschaffung gewandelt hat in den letzten Jahren.

Auf welchem Wege und über welche Wege findet Recruiting heutzutage statt?

Karrierewebsites, Jobbörsen, Empfehlungsprogramme für Mitarbeiter, Karrieremessen oder Social Media – die Bandbreite an Recruiting-Kanälen ist groß. Grundsätzlich hat die fortschreitende Digitalisierung den Prozess Jobsuche in den letzten 10 bis 15 Jahren elementar verändert.

In vielen Fällen reicht es nicht mehr aus, eine Stellenanzeige ausschließlich auf einem Kanal zu schalten und auf eingehende Bewerbungen zu warten. Es ist wichtig, dass man bei der Personalgewinnung auf mehrere Rekrutierungskanäle setzt, um die gesuchte Zielgruppe bestmöglich zu erreichen und geeignete Bewerbungen zu erhalten. Arbeitgeber sollten daher unterschiedliche Wege zur Mitarbeitersuche kennen und bedarfsgerecht einsetzen.

Welche Rolle spielen dabei Kanäle wie *Gronda, Hocaboo* und soziale Medien wie *XING*?

Mit den angesprochenen Plattformen erreicht man als Arbeitgeber sowohl passiv suchende (Anzeigenschaltung) als auch aktiv suchende Kandidaten (Direktansprache). Ich halte diese Kanäle für eine sinnvolle Erweiterung zum klassischen Recruiting, jedoch denke ich, dass es diese nicht ersetzen wird.

Wie sieht Mitarbeiterbindung heute und in der Zukunft aus?

Seit Anfang der Coronapandemie im März 2020 ist das Übernachtungsvolumen der Firmenkunden um ca. 50 % eingebrochen (die Bindung von Mitarbeitern ist entscheidend für den wirtschaftlichen Erfolg eines Unternehmens).

Ein guter Ruf auf dem Arbeitergebermarkt, eine angenehme Arbeitsatmosphäre und attraktive Benefits sind heutzutage jedoch nicht mehr ausreichend, um die Einsatzbereitschaft und Loyalität der Mitarbeiter dauerhaft aufrechtzuerhalten.

Mitarbeiterbindung sollte als ein Unternehmensziel gesehen werden und als wichtige Kernaufgabe vom Management gelebt werden.

Aus meiner Sicht zeigen heute Maßnahmen wie z.B. Gesundheitsförderung, gelebte Feedback-Kultur, Homeoffice-Möglichkeiten, flexible Arbeitszeitmodelle, transparente Kommunikationskultur und Entwicklungs-/Aufstiegsmöglichkeiten den größten Erfolg, wenn es darum geht, Mitarbeiter langfristig zu binden. Aufgrund des demografischen Wandels wird Mitarbeiterbindung zukünftig eine der wichtigsten Kernaufgaben im Personalmanagement sein.

Welche Ansprüche haben die Generationen Y und Z an den Arbeitgeber heute?

Die Generation Y wie auch die Generation Z hat ihre konkreten Vorstellungen von der heutigen Arbeitswelt. Wer diese in Frage stellt oder die jungen Menschen gar als „verwöhnt" abstempelt, hat nicht verstanden, welche Chance sich dahinter verbirgt. Eine Unternehmenskultur, die auf die individuellen Bedürfnisse bezüglich Arbeitszeit und -ort eingeht, die selbstbestimmtes, eigenverantwortliches Arbeiten ermöglicht und dazu eine faire Bezahlung und Weiterentwicklungsmöglichkeiten bietet, nützt am Ende der Entwicklung des Unternehmens und Arbeitnehmern aller Generationen.

Es ist wichtig, dass man als Unternehmen die Personalpolitik individuell an die verschiedenen Generationen anpasst, um eine starke Arbeitgebermarke zu entwickeln und somit langfristiger Mitarbeiter zu binden.

4 Digitalisierung in der Hotellerie

Lernziele

In diesem Kapitel lernen Sie:

» welchen Einfluss die Digitalisierung auf die Customer Journey der Hotellerie hat,

» welche Tools nutzbar sind.

Nachfolgend soll die Customer Journey nochmals verdeutlicht und vertieft sowie mögliche zukunftsweisende digitale Instrumente für den Hotelier aufgezeigt werden.

Bei all den neuen technologischen Entwicklungen und Herausforderungen sei noch erwähnt, dass es wichtig ist, bei allen Entscheidungen vor allem **vorausschauend und strategisch** vorzugehen und die zukünftigen Erwartungen und Bedürfnisse der Gäste im Blick zu haben. Der Hotelier muss für sich entscheiden, wie weit er den Digitalisierungsprozess in seinem Haus vorantreiben möchte.

„Der Gast von Morgen erwartet (Hotel-)Umgebungen, in der die mitgebrachten elektronischen Geräte intuitiv integriert werden können. Neben den passenden Schnittstellen spielt dabei auch das Angebot des Hotels im Internet zunehmend eine wichtige Rolle. Hoteleigene und fremde Apps, die eigene Website und gezielte Kundenansprache über das Internet werden zu einer Voraussetzung für (eine) erfolgreiche Vermarktung und Kundenbindung des Hotels.“[93] Die → Abbildung 110 zeigt abschließend nochmals die Veränderungen auf, die sich durch die Digitalisierung für den Hotelier ergeben. So ändern sich für den Gast und Mitarbeiter nicht nur die zu nutzenden Informations- und Kommunikationstechnologien, sondern auch interne Prozesse und Abläufe.

---

[93] Hotelverband Deutschland e.V. 2019, S. 85.

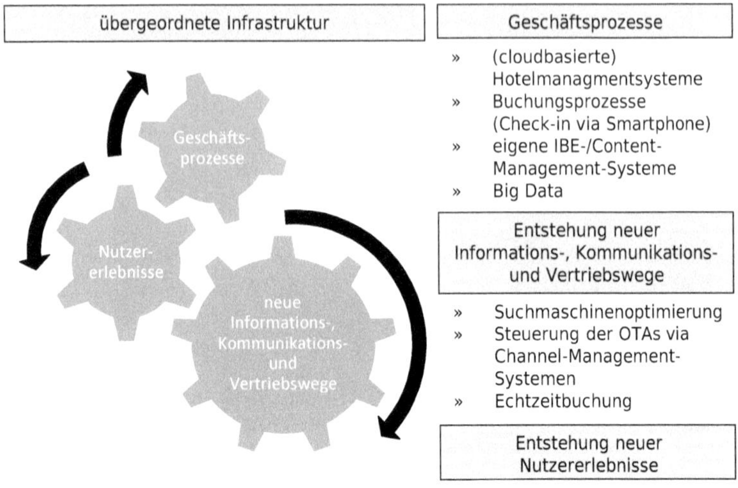

Abbildung 110: Auswirkungen der Digitalisierung auf die Hotellerie
Quelle: eigene Abbildung.

4.1 Definition Customer Journey

In der Literatur lassen sich unter dem Begriff Customer Journey ganz unterschiedliche Definitionsansätze finden. Einige Definitionen sollen im Folgenden näher ausgeführt und konstitutive Merkmale herausgefiltert werden. Grundlage der Customer Journey sind die trichter- bzw. funnelorientierten Kaufprozessmodelle, die auf dem Grundgedanken des **AIDA-Modells** der Werbewirkungsforschung aufbauen.

Eine der ersten Definitionen im E-Commerce erfolgte durch den Bundesverband für digitale Wirtschaft e.V. im Jahr 2012. Dieser definiert die Customer Journey als Metapher für den Verlauf des **Kaufentscheidungsprozesses** des Kunden wie folgt:

Wissen | **Customer Journey**

„Die Customer Journey stellt alle messbaren Kontaktpunkte eines Nutzers auf den Weg zu einer definierten Aktion dar. Hierbei werden alle Marketingkanäle berücksichtigt, mit denen ein Konsument im Rahmen dieser Aktion in Berührung kommt, wobei sowohl Sicht- als auch Klickkontakte einbezogen werden.“[94]

Nach *Radde*[95] lässt sich die Customer Journey in der Hotellerie in drei Phasen unterteilen:

» **Pre-Stay-Phase**
(Inspiration, Entdecken und Planen, Buchen),

» **Stay-Phase**
(während des Aufenthaltes),

» **Post-Stay-Phase**
(nach dem Hotelaufenthalt, Reflektieren).

→ Abbildung 111 bricht die Phasen der Customer Journey auf und untergliedert diese in ihre einzelnen Bereiche bzw. Schritte. Obwohl es sich bei der Darstellung um eine lineare Ansicht handelt, soll die Customer Journey, wie in → Kapitel 1.3 bereits erwähnt, im weiteren Verlauf als **Kreislaufmodell** verstanden werden, da nach dem Hotelaufenthalt auch immer vor dem Hotelaufenthalt ist und durch das Reflektieren und Feedbackgeben des Gastes in der letzten Phase der Customer Journey das Hotel auch einen kontinuierlichen Verbesserungsprozess erfahren kann.[96]

---

[94] Scharna 2016, S. 29.

[95] Radde 2016, S. 21.

[96] Radde 2016, S. 21.

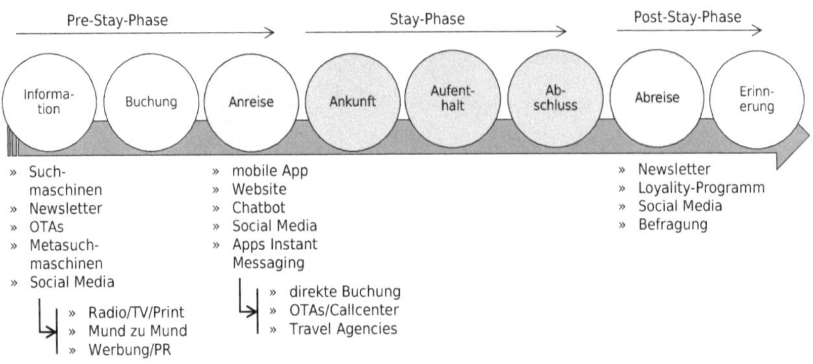

Abbildung 111: Kommunikation entlang der Customer Journey
Quelle: eigene Abbildung, siehe hierzu auch Abbildung 4.

Aus → Abbildung 111 sind neben den einzelnen Phasen auch die einzelnen zum Einsatz kommenden Kommunikations- und Vertriebsinstrumente ersichtlich. So kann der Hotelier schon während der Inspirations- und Entdeckungsphase des Gastes auf vielen Kanälen präsent sein. Neben einer guten und strukturierten Internetseite mit integrierter IBE sind etwa die Präsenz in den OTAs und ein gutes Suchmaschinenmarketing von Bedeutung. Im Rahmen der nachfolgenden Ausführungen soll der Blick jedoch hauptsächlich auf den **Hotelaufenthalt** gelegt werden. Im weiteren Verlauf werden dabei mögliche digitale Instrumente aufgezeigt, die mitunter und vor allem in neuen Hotelkonzepten und Hotelketten bereits zum Einsatz kommen. Hier soll im Einzelnen auf den Einsatz von Chatbots, Concierge-Tablets sowie den Einsatz von mobilen Apps eingegangen werden. Der Link ➽ *https://www.derdigitalstratege.com/* führt ergänzend zu einem Podcast, in dem das Hotel Sacher in Wien über die Digitalisierung in einem traditionsbewussten Hotel berichtet.

4.2 Digitale Instrumente in der Hotellerie

„Wie digital darf es denn sein?", so lautet die Überschrift in der Ausgabe *Hotel+Technik*[97] und diese Frage ist tatsächlich nicht leicht zu beantworten. Während vor allem die Hotelketten und -marken in Sachen Digitalisierung schon sehr gut aufgestellt sind, ist die Fragestellung gerade für kleine und mittelständische Unternehmen der Hotellerie nicht leicht zu beantworten. Nach *Torsten Sabel*, Geschäftsführer von Customer Alliance, gibt es hierfür **keine One-fits-all-Lösung**: „Die digitale Kommunikation sollte immer im richtigen Verhältnis zum persönlichen Service stehen, diesen unterstützen und ergänzen."[98] Das Herzstück der Hotellerie ist und bleibt auch zukünftig der persönliche Kontakt zum Gast. Entlang der Customer Journey gibt es jedoch zahlreiche Kontaktpunkte, die sich durch den Einsatz digitaler Instrumente positiv beeinflussen lassen. So werden durch den Einsatz digitaler Helfer nicht nur Mitarbeiter entlastet, sondern es können auch die aktuellen und zukünftigen Erwartungen der Gäste entlang der Guest Journey erfüllt werden.

Chatbot und Sprachassistenten

Das Sprachassistenten bereits in einigen Hotels zum Einsatz kommen, zeigen nachfolgende Beispiele:[99]

Im Greenline Hotel Haffhus an der Ostsee können Gäste bereits den Sprachassistenten Alexa nutzen, um Auskünfte über Frühstückszeiten etc. zu erhalten. Auch Hotels der Amedia Hotel GmbH nutzen ähnliche Technologien. Argumente für die digitale Integration waren in beiden Häusern nicht die Einsparung von Kosten und Personal, sondern vielmehr das Argument, die Mitarbeiter von routinemäßigen Fragen und Handlungen zu entlasten. Bei gleichbleibenden Personalkosten soll durch den Einsatz der Chatbots das **Servicelevel** gesteigert werden.

---

[97] Sabel 2019, S. 60.

[98] Sabel 2019, S. 60.

[99] Kwidzinski 2019, S. 7.

Doch bevor es weiter ins Detail geht, ist für das weitere Verständnis zunächst eine kurze Definition eines **Chatbots** notwendig. *Radde*[100] definiert Chatbots wie folgt:

Wissen | Chatbots

„Ein Chat-Bot ist eine Technologie mit künstlicher Intelligenz, die Unterhaltungen mit menschlichen Nutzern führen kann"

So können Chat-Bots von heute beispielsweise die „komplette Steuerung eines Accounts oder Profils auf einer Messenger- oder Social-Media-App übernehmen und automatisch auf Textbefehle reagieren. Ihre maßgeschneiderten Antworten generieren Sie, indem sie ihrem Gegenüber Fragen stellen, Schlüsselwörter generieren und Sätze aus natürlichen Gesprächen verarbeiten."[101] Nachfolgende Abbildung zeigt den Amazon Echo mit Chatbot Alexa.

Abbildung 112: Chatbot Alexa
Quelle: Stefan Kalweit-Schaulies.

[100] Radde 2016, S. 157.
[101] Radde 2016, S. 157.

Für die Hotellerie ist Einsatzfeld und -breite der sogenannten Chatbots sehr groß. So sind mögliche Einsatzfelder in folgenden Bereichen denkbar:[102]

- Steuerung des Lichts und der Klimaanlage,
- Steuerung der gesamten Zimmertechnologie einschließlich der Vorhänge,
- Reservierung von Restauranttischen, Spa-Anwendungen oder weiterer Zusatzleistungen,
- Wake-up-Service,
- Check-out,
- Room-Service.

Neben dem Amazon Echo und der Sprachassistenz Alexa können Chatbots aber auch in Hotel-Apps und **digitale Gästemappen** eingebunden werden.

Gerade für Business-Reisende können diese digitalen Helfer interessant, hilfreich und auch zeitsparend sein.[103]

Wissen | Concierge-Tablets

„Concierge-Tablets sind auf Tablet-Computern basierte integrative Lösungen, die dem Hotelgast neben den allgemeinen Hotelinformationen auch Service-Leistungen des Hotels digital zur Verfügung stellen."[104]

Im Zuge der Digitalisierung und Technisierung werden für die Hotellerie auch digitale Gästemappen immer relevanter.

Wer kennt nicht noch die gute alte Gästemappe in Papierform, ausgedruckt, mittig auf dem Schreibtisch des Hotelzimmers liegend? Bei Änderungen des Angebotes (Restaurant- oder auch Room-Service-Karte,

---

[102] Vgl. Radde 2016, S. 158.

[103] Vgl. Betterspace GmbH 2020, http://www.betterspace360.com.

[104] Radde 2016, S. 84.

Wellnessleistungen etc.) mussten die Gästemappen für alle Hotelzimmer aktualisiert und ausgedruckt werden. Das war oftmals mit viel Aufwand und Zeit verbunden.

Die digitalen Gästemappen – auch **Roompads, Suitepads** genannt – ersetzen nicht nur die Gästemappe in Papierform, sondern bieten dem Hotel „auch einen digitalen Touchpoint für Marketingaktivitäten und verkaufsfördernde Maßnahmen am Hotelgast an".[105] So ist neben der Abbildung von Hotelinformationen auch das Buchen von Zusatzleistungen (Restaurant bzw. Spa-Anwendungen) möglich.

Die → Abbildung 113 zeigt ein beispielhaftes Roompad auf einem Hotelzimmer.

Abbildung 113: Digitale Gästemappe auf einem Tablet im Hotel
Quelle: istockphoto 2021

Durch die Bereitstellung eines Roompads haben die Gäste die Möglichkeit, direkt in Kontakt mit dem Hotel zu treten und beispielsweise durch einen **Live-Chat** ihr Anliegen oder ihre Anfragen an den Concierge-Service zur übermitteln. Der Concierge hat andererseits auch die Möglichkeit, mehrere Anfragen gleichzeitig zu bearbeiten, was die Arbeit effektiver und effizienter gestaltet und mitunter auch die Gästezufriedenheit (Zeitersparnis und schnelle Rückmeldung) erhöht. Wenn parallel

[105] Radde 2016, S. 84.

auch noch Chatbots zum Einsatz kommen bzw. integriert werden, dann können einfache Fragen seitens der Gäste direkt durch diese abgefangen werden. Das Einsatzfeld dieser Tablets ist auch hier sehr vielseitig und reicht bei entsprechender Schnittstellenanbindung von Zusatzverkäufen und der Steuerung der Raumtechnik über das Restaurant, den Room-Service und Tischreservierungen bis hin zum Angebot und der Nutzung von Streaming-Diensten.

→ Abbildung 114 gibt einen Überblick über die Funktionen und Vorteile dieser technischen Helfer:[106]

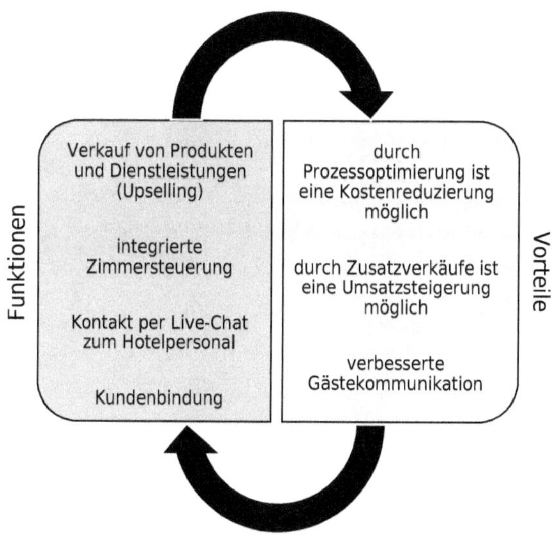

Abbildung 114: Funktionen und Vorteile
Quelle: eigene Abbildung in Anlehnung an Radde 2016, S. 84ff.; SuitePad GmbH 2020, https://www.suitpad.de.

Mobile Apps

Mobile Apps sind seit der Erfindung des Smartphones nicht mehr wegzudenken. Das Wort *App* steht dabei für *Application*, also Anwendung,

---

[106] Radde 2016, S. 84.

und in Zusammenhang mit dem Wort mobil bezeichnet es **mobile Anwendungen**, die im Gegensatz zu Desktop-Anwendungen nur für einen bestimmten Aufgabenbereich geschaffen und auf diesen zugeschnitten sowie optimiert werden.[107]

Jeder wird mobile Apps auf seinem Telefon vorinstalliert bzw. selbst schon einmal geladen haben, vielleicht sogar in Vorbereitung auf den kommenden Urlaub oder Hotelaufenthalt. Inwieweit diese mobilen Apps auch für die Hotellerie relevant sein können und inwieweit diese ggf. auch hier Prozesse und Abläufe vereinfachen, soll in nachfolgenden Gliederungspunkt aufgezeigt werden.

Doch zunächst soll wiederum eine begriffliche Auseinandersetzung bzw. eine Definition für mobile Apps erfolgen.

Wissen | Mobile App

„Als Mobile App wird eine Anwendungssoftware für mobile Endgeräte beziehungsweise mobile Betriebssysteme bezeichnet.“[108]

Radde[109] unterscheidet in seinem Buch *Digital Guest Experience* drei verschiedene Arten von Apps, die zum besseren Verständnis in der nachfolgenden Grafik näher differenziert werden sollen.

---

[107] Vgl. Radde 2016, S. 167.

[108] Radde 2016, S. 167.

[109] Vgl. Radde 2016, S. 167.

Native-Apps	Web-Apps	hybride App
Sind auf die jeweilige Plattform angepasste Apps und können direkt auf den Geräten installiert werden.	Sind mobile Websites, die auf Basis von Webtechnologien (HTML, JavaScript) entwickelt werden.	Sind eine Mischung aus Web-App und Nativer-App, mit dem Ziel, die Vor. Und Nachteile der anderen nativen und Web-Apps auszugleichen.
Die Distribution erfolgt über eine zentrale Stelle (Apple App Store oder Google Play Store).	Begriff ist nicht auf mobile Websites beschränkt, so dass alle Anwendungen im Web als „Web-App" zu verstehen sind.	Werden langfristig von den Web-Apps abgelöst, da viele Funktionen, die den Native-Apps zur Verfügung stehen, mittlerweile in den Web-Apps vorzu-finden sind.

Abbildung 115: Differenzierung von Apps
Quelle: Radde 2016, S. 168ff.

Im Hotel lassen sich die mobilen Helfer auf unterschiedliche Weise einsetzen. So können in einer App lediglich **Hotelinformationen** gegeben und so in Form von Texten und Bildern dem Gast Hotelinhalte vermittelt werden, auf rein informeller Basis. Es gibt aber auch (Hotel-)App-Anwendungen, die es dem Gast ermöglichen, die komplette **Customer Journey** über diese App abzuwickeln. So ist über eine hoteleigene App beispielsweise die Buchung eines Hotelzimmers möglich, der Check-in und der Check-out sowie – mit Anbindungen und Schnittstellen zu den entsprechenden Technologien – sogar das Öffnen der Zimmertür.

Nachfolgende **Funktionen** sind grundsätzlich über eine mobile App des Hotels denk- und steuerbar:

» Buchung von Zimmern,

» Indoor-Navigation,

» Check-in/Check-out,

» Informationen zum Hotel,

» Zimmersteuerung,

» Room-Service,

» Concierge-Service,
» Bewertungen und Feedback,
» Tourguide,
» Transport,
» Loyality-Programm.

Dabei muss nicht jede oben genannte Leistung vom Hotel selbst erbracht werden. Durch die Einbindung von Kooperationspartnern, wie beispielsweise Taxiunternehmen, ist es ebenfalls möglich, etwa eine bestehende Taxi-App wie die von *MyTaxi* oder *Uber* in die Hotel-App zu integrieren.[110]

Für den Gast sollte die Nutzung einer App einen klaren **Mehrwert** bieten, da mittlerweile viele Nutzer vorsichtig beim Laden von Apps geworden sind. Die Anzahl und das Angebot möglicher Applikationen ist mittlerweile sehr groß und die Nutzer konzentrieren sich daher auf die Anwendung von nur wenigen, für sie wichtigen Apps.[111] Wenn die App jedoch einen tatsächlichen Mehrwert für den Gast generiert, kann diese zu einer erhöhten Gästezufriedenheit und Kundenbindung beitragen.

„Eine triviale Ausgestaltung der App wie beispielsweise eine rudimentäre Darstellung des Hotels kann somit kontraproduktiv wirken und einen negativen Einfluss auf das Hotel-Image haben."[112]

Die größte Herausforderung bei der Ausgestaltung der hoteleigenen App ist jedoch die Verknüpfung zu den entsprechenden Schnittstellen und Systemen. So bedarf die Steuerung der Zimmertechnologie einer anderen Schnittstellenanpassung als die Room-Service-Bestellung und der mobile Check-in wiederum benötigt eine Schnittstelle zum Property-Management-System.[113] Dies zu bewerkstelligen und zu verknüpfen, ist technisch nicht so einfach und auch mit entsprechenden **Investitionen** verbunden.

---

[110] Vgl. Radde 2016, S. 167.

[111] Vgl. Radde 2016, S. 177.

[112] Radde 2016, S. 167.

[113] Vgl. Radde 2016, S. 167.

Abschließend muss jedes Hotel für sich entscheiden, welche digitalen Lösungen auch auf Basis einer langfristiger Perspektive wichtig sind und einen Mehrwert sowohl für das Hotel als auch den Gast schaffen können. Hier sind neben einer strategischen Planung auch zukünftige Entwicklungen unter Einbeziehung der Gästebedürfnisse und -Erwartungen zu berücksichtigen.

5 Nachhaltigkeit in der Hotellerie

Lernziele

In diesem Kapitel lernen Sie:

» ein Grundverständnis für Nachhaltigkeit in der Hotellerie,
» Best-Practice-Beispiele von nachhaltig agierenden Hotels kennen,
» mögliche nachhaltige Zertifizierungen kennen, die für die Hotellerie relevant sein können.

Um den Begriff der Nachhaltigkeit näher zu fassen, wird zunächst die geschichtliche **Entwicklung und Bedeutung dieses Begriffes** betrachtet. Während die Idee der Nachhaltigkeit schon seit dem 18. Jahrhundert existiert, wird das Wort erstmals im Jahr 1987 konkret definiert. Dies geschieht im Rahmen der Veröffentlichung des Brundtland-Berichts der Weltkommission für Umwelt und Entwicklung.[114] Darin wird Nachhaltigkeit als eine Entwicklung definiert, die die Bedürfnisse der Gegenwart befriedigt, ohne dabei Bedürfnisse der zukünftigen Generationen zu vernachlässigen.[115] Bei der Konferenz der Vereinten Nationen für Umwelt und Entwicklung im Jahre 1992, welche auch als Rio-Konferenz bezeichnet wird, wurde der Gedanke der Nachhaltigkeit weltweit verbreitet.[116] Hier wurde auch erstmals die ökonomische und soziokulturelle Komponente zum Nachhaltigkeitsbegriff hinzugefügt.[117] Hieraus leitet sich die Definition der Weltorganisation für Tourismus (UNWTO) ab. Diese sagt aus, dass sich die Prinzipien der Nachhaltigkeit auf die umwelttechnischen, wirtschaftlichen und soziokulturellen Aspekte von

---

[114] Vgl. Augsbach 2020, S. 7.

[115] Our common future – Report of the World Comminssion on Environment and Development, 1987, S. 37.

[116] Vgl. Mosedale/Voll 2018, S. 11.

[117] Vgl. Sloan/Legrand/Chen 2013, S. 20.

touristischen Entwicklungen beziehen und dass ein Gleichgewicht zwischen diesen drei Dimensionen geschaffen werden muss, um Nachhaltigkeit langfristig zu garantieren.[118] Nachhaltigkeit ist demzufolge mehrdimensional und bringt die Dimensionen der **ökologischen, sozialen und ökonomischen Nachhaltigkeit** in einen Kontext. In der Literatur existieren hierzu unterschiedliche Modellansätze: vom Säulenmodell über das Schnittmengenmodell bis hin zum Dreieck der Nachhaltigkeit. Die → Abbildung 116 zeigt das Schnittmengenmodell in Anlehnung an *Freyberg/Gruner/Hübschmann*. Den jeweiligen Dimensionen der Nachhaltigkeit sind gleichzeitig mögliche Maßnahmen zur Umsetzung nachhaltiger Elemente im Unternehmen beigeordnet.

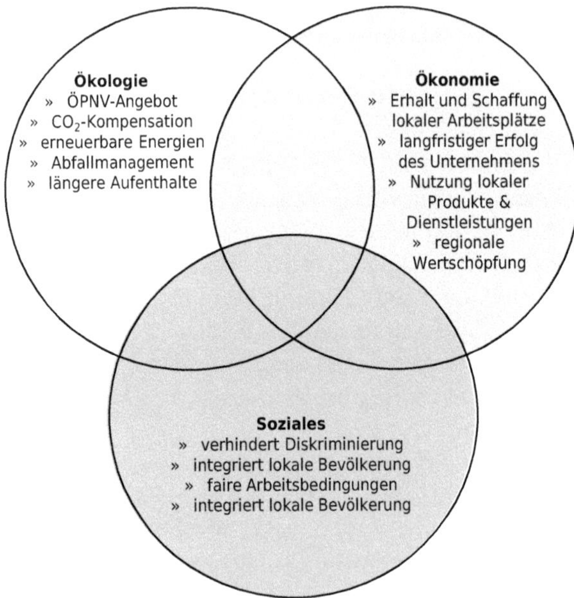

Abbildung 116: Schnittmengenmodell; drei Felder der Nachhaltigkeit
Quelle: eigene Abbildung nach Freyberg/Gruner/Hübschmann 2015, S. 11.

[118] Vgl. Sloan/Legrand/Chen 2013, S. 20.

Den unterschiedlichen Modellansätzen ist gemein, dass sie die drei Dimensionen als gleich groß abbilden. Hierdurch wird impliziert, dass alle drei Dimensionen auch in ihrer Wichtigkeit gleich sind. Dies wird mitunter kritisch gesehen, da es nicht der Realität entspricht. Einerseits wird aktuell in der Gesellschaft die Ökonomie als den anderen beiden Dimensionen übergeordnet betrachtet, andererseits ist die Ökologie im globalen Kontext die bedeutsamste Dimension. Eine Zerstörung des Ökosystems vernichtet gleichzeitig die Lebensgrundlage der Menschen. Die soziale und die ökonomische Dimension haben im Vergleich dazu weit weniger drastische Auswirkungen.

Bei der hieraus resultierenden **Hierarchie** ist demnach die ökologische Dimension an der ersten Stelle zu sehen. Darauf folgt die soziale Komponente. Die Dimension der Ökonomie dient als Hilfsmittel für die soziale Dimension und ist daher Teil einer anderen Kategorie. Sie soll so gestaltet werden, dass die ökologischen Grenzen eingehalten werden können. Nach diesem Schema beschreibt auch die UNO (United Nations Organisation) ihre Entwicklungsziele bezüglich der Nachhaltigkeit.[119]

Linne definiert Hotels per se als ökonomische, technische, juristische, und ökologische Institutionen, in denen Beherbergungs- und Verpflegungsleistungen in Verbindung mit komplementären Leistungen temporär gegen Entgelt zu Verfügung gestellt werden. Sie sind also nach ökonomischen, ökologischen und soziokulturellen Grundsätzen im Sinne der UN-Ziele in Richtung einer nachhaltigen Entwicklung zu führen (→ Kapitel 1.1), da sie, wie in → Abbildung 117 zu sehen, erheblich zum Ressourcenverbrauch beitragen.

Umweltkennzahlen	0–2 Sterne	3 Sterne	4 Sterne	5 Sterne	Gaststätte
Energiebedarf pro Übernachtung bzw. pro Gedeck in KWh	73,20	52,50	56,20	120,60	12,30
Energiekosten pro Umsatz in %	7,70	6,80	5,90	5,00	6,70

[119] Vgl. Sihn/Weber/Fischer 2020, S. 25.

Energiebedarf für Heizung und Warmwasser pro beheizte m² in KWh	159,20	165,40	137,60	141,40	265
CO_2-Emmissin pro Übernachtung bzw. pro Gedeck in KG	24,70	16,90	21,00	47,60	4,10
Wasserbedarf pro Übernachtung bzw. pro Gedeck in Liter	347,00	250,00	308,00	552,00	55,00
Abfall pro Übernachtung bzw. pro Gedeck in Liter	9,10	4,00	3,40	3,70	1,70

Abbildung 117: Umweltkennzahlen in der Hotellerie und Gastronomie
Quelle: eigene Abbildung in Anlehnung an Hotelmarkt Deutschland e.V. 2014, S. 194.

Doch welche Möglichkeiten bestehen für Hotels, sich in eine nachhaltige Richtung zu entwickeln? Wie kann ich als Hotel das Thema Nachhaltigkeit angehen und welche Möglichkeiten einer Zertifizierung gibt es? Muss ich als Hotel in eine nachhaltige Entwicklung investieren? Ein Beispiel findet sich hier: ➽ *www.schindelbruch.de.*

Grundsätzlich ist das Thema Nachhaltigkeit kein neues Thema für die Hotellerie. Es lassen sich bereits einige **Best-Practice-Beispiele** für nachhaltige Hotels finden. Hier sei exemplarisch das Naturresort Hotel Schindelbruch in Stollberg genannt, ein 100 % klimapositives Hotel, das schon seit vielen Jahren das Thema Nachhaltigkeit aufgegriffen hat und ganzheitlich konzeptionell umsetzt. Es ist als Green Sign Hotel zertifiziert und trägt darüber hinaus das Viabono-Umweltsiegel. Ein Besuch der Website lohnt: ➽ *www.lefayresorts.com.*

Das Lefay Resort & Spa am Gardasee, als zweites Beispiel, versucht, Nachhaltigkeit umfassend mit Blick auf die soziale, ökologische und ökonomische Dimension zu leben. Das Resort nutzt nur saubere Energiequellen und ist bestrebt, die CO_2-Emissionen zu reduzieren. Zusätzlich soll der Wasserkonsum unter Mithilfe der Gäste jedes Jahr reduziert werden. Für die Innenräume werden nur natürliche Materialien genutzt. Es werden lokale, naturfreundliche Produkte bezogen, die aus einem nachhaltigen Anbau stammen und die Abfallproduktion wird kontrolliert, beispielsweise bei der Nutzung von Einwegmaterialien und dem

Plastikverbrauch. Das Hotel engagiert sich aktiv gegen Armut und spendet Geld an diverse NGOs. Es bietet seinen Mitarbeitern viele Möglichkeiten zur Weiterbildung und fördert die Einbeziehung der Mitarbeiter, unabhängig von Alter, Geschlecht, Behinderung, Religion, Herkunft etc. Ergänzend hierzu sind 60 % der Angestellten Einheimische. Der Link zum Nachhaltigkeitsreport lautet wie folgt: ➽ *www.hotelstadthalle.at.*

Als drittes Hotel sei das Hotel Boutique Stadthalle in Wien angeführt. Der Leitspruch „Im Herzen Grün" verdeutlicht bereits auf der Internetseite, was das Hotel im Kern ausmacht, und zeigt anhand einiger Beispiele die nachhaltigen Entwicklungsschritte auf. Das Haus ist von „Kopf bis Fuß" oder vom Dach bis zum Hoteleingang und unter Einbeziehung der Gäste und Mitarbeiter nachhaltig durchdacht. Im Folgenden sind einige Beispiele genannt, wie und auf welchem Weg das Hotel nachhaltig agiert.

Nachhaltige Maßnahmen im Überblick
» grün bewachsende Hauswände
» Lavendeldach und eigene Bienenstöcke
» Verzicht auf Minibars und Einsparung von 21.024 kg CO_2 pro Jahr
» Mülltrennung
» hoteleigene Photovoltaik-Anlage sorgt für sauberen Strom
» Solaranlage sorgt für warmes Wasser
» Öko-Duschköpfe
» LED-Leuchtmittel
» Upcycling
» alle Produkte beim Frühstück sind 100 % bio
» 10 % grüner Bonus bei Anreise mit Rad, Zug oder Elektroauto

Abbildung 118: Nachhaltige Maßnahmen im Boutiquehotel Stadthalle Wien
Quelle: eigene Abbildung in Anlehnung an HS -Hotelbetriebs GmbH – Boutiquehotel Stadthalle 2021, www.hotelstadthalle.at.

Wie anhand der Beispiele ersichtlich wird, agieren alle Hotels innerhalb der drei Dimensionen der Nachhaltigkeit und haben den Ansatz der Nachhaltigkeit **ganzheitlich und konzeptionell** in das Unternehmen integriert. Der Nachhaltigkeitsgedanke wird sowohl vom Management als auch den Mitarbeitern ganzheitlich getragen, gelebt und umgesetzt.

Für die Hotellerie gibt es viele Möglichkeiten, das Thema der Nachhaltigkeit, auch beginnend bei kleinen Maßnahmen, anzugehen und umzusetzen. Wichtig ist, dass Thema Nachhaltigkeit als strategische und konzeptionelle Gesamtausrichtung zu betrachten. Im besten Fall ist eine Zertifizierung der Hotels anzustreben. Nachfolgende Tabelle gibt einen abschließenden, aber nicht vollumfänglichen Überblick über mögliche Zertifizierungen in der Hotellerie:

Zertifikat	**TourCert**
Kosten	» abhängig von Hotelgröße » Einführungskosten: 3.200–8.750 € » Audit und Zertifizierung: 1.350–2.700 € » jährliche Kosten: 750–2.900 €
Gültigkeit	nach Erstzertifizierung 2 Jahre, danach je 3 Jahre
zertifizierte Betriebe	ca. 40 in Deutschland
Prüfverfahren	» Selbstauskunft durch Checkliste » Prüfung durch unabhängige Gutachter-Audit
Kriterien öffentlich?	ja
Website	➽ *www.tourcert.org*

Zertifikat	**Travelife gold**
Kosten	» abhängig von Hotelgröße und Stufe » Stufe 1+2: 200–400 € » Stufe 3: 400–2.000 €
Gültigkeit	2 Jahre
zertifizierte Betriebe	weltweit 500
Prüfverfahren	» Online-Selbstauskunft durch Checkliste » Online-Audit » weitere Audits
Kriterien öffentlich?	ja, in englischer Sprache
Website	➽ *www.travelife.info*

Zertifikat	**GreenSign/Infracert**
Kosten	abhängig von Hotelgröße keine konkreten Zahlen öffentlich einsehbar
Gültigkeit	3 Jahre
zertifizierte Betriebe	weltweit 239.165
Prüfverfahren	» Zertifizierungsantrag stellen » Zertifizierungskatalog ausfüllen » Audit
Kriterien öffentlich?	nein
Website	» *www.greensign.de/zertifizierung/hotel*

Zertifikat	**Green Globe**
Kosten	» abhängig von der Hotelgröße » 650–4.500 € Jahresgebühren » zuzüglich durchschnittlich 925 € für ein Audit pro Jahr
Gültigkeit	1 Jahr
zertifizierte Betriebe	weltweit 600 ca. 80 in Deutschland
Prüfverfahren	» Online-Registrierung » persönliches Audit
Kriterien öffentlich?	ja
Website	» *www.greenglobe.com/de*

Zertifikat	**EMAS**
Kosten	richtet sich nach der UAG-Gebührenverordnung
Gültigkeit	1 Jahr
zertifizierte Betriebe	68 in Deutschland
Prüfverfahren	» jährliche Selbstauskunft durch Umwelterklärung » jährliche eintägige Prüfung vor Ort durch Umweltgutachter
Kriterien öffentlich?	ja
Website	» *www.emas.de*

Zertifikat	**Green Key**
Kosten	» abhängig von der Anzahl der Zimmer » im ersten Jahr zwischen 700–1.400 € » in jedem weiteren Jahr 65 % der Kosten des Erstjahres
Gültigkeit	1 Jahr
zertifizierte Betriebe	ca. 40 in Deutschland
Prüfverfahren	» Selbstauskunft durch Kriterienkatalog » Audit im ersten Jahr » Kontrollbesuche (angemeldet oder unangemeldet)
Kriterien öffentlich?	ja
Website	» *https://www.greenkey.global/*

Zertifikat	**Viabono**
Kosten	» abhängig von der Anzahl der Zimmer und der Anzahl der Restaurant- und Bankettsitzplätze » Prüfgebühr 250 € + Jahresgebühr 4 € je Zimmer (bis 100 Zimmer) + 0,50 € je Sitzplatz (bis 150 Plätze)
Gültigkeit	2 Jahre
zertifizierte Betriebe	49 in Deutschland
Prüfverfahren	» Selbstauskunft durch Kriterienbogen » stichprobenartige Kontrollbesuche (angemeldet und unangemeldet)
Kriterien öffentlich?	ja
Website	» *www.viabono.de*

Zertifikat	**BIO Hotels**
Kosten	» abhängig von der Anzahl der Betten » besteht aus Vereinsbeitrag und Marketingpauschale (online keine konkreten Preise einsehbar)
Gültigkeit	online nicht einsehbar
zertifizierte Betriebe	weltweit über 80; 45 in Deutschland
Prüfverfahren	zweimal jährliche Kontrolle durch unabhängige Prüfstelle
Kriterien öffentlich?	ja
Website	» *www.biohotels.info*

Zertifikat	**Deutscher Nachhaltigkeitskodex (DNK)**
Kosten	kostenlos
Gültigkeit	1 Jahr
zertifizierte Betriebe	keine Angaben
Prüfverfahren	Selbstauskunft durch Erklärung zu 20 Kriterien
Kriterien öffentlich?	ja
Website	➽ *https://www.deutscher-nachhaltigkeitskodex.de/de-de/*

Abbildung 119: Auswahl an nachhaltigen Zertifizierungen
Quelle: eigene Abbildung.

Grundsätzlich stellt sich immer die Frage, welchen Mehrwert eine **Nachhaltigkeitszertifizierung** dem Unternehmen konkret bieten kann. Denn auch ohne einen solchen Nachweis kann die Nachhaltigkeit im Hotel verbessert werden. Ein Argument, das gegen den Einsatz von Umweltzertifizierungen zu sprechen scheint, sind die anfänglich hohen Kosten. Andererseits führen Investitionen in nachhaltige Maßnahmen (Photovoltaik-Anlage, Solar-Anlage, Einsatz von Wasserperlatoren etc.) langfristig gesehen auch zu Einsparungen, wie beispielsweise bei den Energie- und Heizkosten.[120] Ein weiteres Kontra-Argument ist die Tatsache, dass es eine Vielzahl an Umweltsiegeln gibt. Dies führt dazu, dass die Gäste wenig Vertrauen in die Siegel haben, da es für sie schwer nachvollziehbar ist, welches Siegel tatsächlich das Ziel hat, die Nachhaltigkeit zu verbessern, und nicht nur auf die eigenen Vorteile bedacht ist.[121] Hier ist **Transparenz und Kommunikation** von Seiten der Hotels gefragt, ihre Entwicklungen und Bestrebungen hinsichtlich der Nachhaltigkeit auch ausreichend und verständlich zu kommunizieren. Interessant ist in diesem Kontext ein Blick auf die FUR-Analyse aus dem Jahr 2020. In dieser stimmten 43 % der Bevölkerung der Aussage zu, ihr Urlaub solle möglichst umweltverträglich sein, und 56 % gaben an, ihr Urlaub solle möglichst sozialverträglich sein.[122] Die Einstellung und das Bewusstsein für Nachhaltigkeit ist beim Kunden bereits angekommen, jedoch zeigt

---

[120] Freyberg/Gruner/Hübschmann 2015, S. 90.

[121] Vgl. Freyberg/Gruner/Hübschmann 2015, S. 90.

[122] FUR Forschungsgemeinschaft Urlaub und Reisen e.V. 2020, S. 77.

sich dies noch nicht in der Umsetzung bzw. in konkreten nachhaltigen Reisen und Buchungen. Lediglich bei 4 % der Urlaubsreisen wurde angegeben, dass Nachhaltigkeitsüberlegungen bei der Auswahl zwischen sonst gleichwertigen Angeboten den Ausschlag gegeben haben.[123] Herausforderungen bzw. **Hemmschwellen** können hier tatsächlich mangelnde Transparenz und Kommunikation auf Seiten der Unternehmen sein, Ungewissheit auf Seiten der Kunden, wie nachhaltig die Häuser tatsächlich agieren etc. Dies würde für den Weg in eine nachhaltige Zertifizierung und klare Kommunikation über alle medialen Kanäle hinweg sprechen. Der Gast muss spüren, wahrnehmen, lesen und erleben, dass das Hotel nachhaltig agiert. In vielen nachhaltigen Best-Practice-Häusern wird das Thema der Nachhaltigkeit vom Management oder dem Geschäftsführer gelebt und getragen.

Darüber hinaus belegen Studien, dass die Einführung einer solchen Zertifizierung mitunter zu einer höheren Auslastung der Hotels führen kann.[124] Wenn sich das Unternehmen für den Zertifizierungsprozess entscheidet, kann dies zudem die Bereitschaft der Mitarbeiter erhöhen, die Nachhaltigkeit zu optimieren. Außerdem hilft eine externe Überprüfung dabei, die Nachhaltigkeit anhand von Kennzahlen messbar zu machen. Somit können Verbesserungen mit der Zeit sichtbar gemacht werden. Zertifizierungen werden u.a. auch als **Marketinginstrument** verwendet. Sie helfen dabei, eine neue Zielgruppe anzusprechen und neue Gäste zu gewinnen. Außerdem erzeugen sie Vertrauen bei den Gästen und binden diese so an das Hotel. Da Zertifizierungen nur für einen begrenzten Zeitraum ausgestellt werden, müssen sie regelmäßig erneuert werden. Dies bietet einen Anreiz, die nachhaltigen Prozesse im Hotel laufend zu verbessern, um weiterhin die Standards der Zertifizierung und auch die neu entstandenen Kundenerwartungen erfüllen zu können.[125]

Abschließend lässt sich festhalten, dass Nachhaltigkeit zum Selbstverständnis eines jeden Unternehmens gehören sollte. Jedes Hotel sollte,

---

[123] NIT 2019, S. 56ff.

[124] Vgl. NIT 2019, S. 56ff.

[125] Vgl. Matuszek 2013, S. 141.

langfristig und zukünftig gesehen, Schritt für Schritt den Nachhaltigkeitsgedanken in das eigene Unternehmen integrieren und verantwortungsbewusst im Sinne der nachhaltigen Definition handeln – nicht nur dem eigenen Unternehmen, sondern auch den zukünftigen Generationen gegenüber.

Literaturhinweise

In diesem Buch wird weitestgehend auf das übliche Zitieren verzichtet. Es ist als Lehr- und Studierbuch angelegt. Grundlage dieses Buches, gerade für die vielen neuen Aspekte, liefern die Forschungen von Prof. Dr. Martin Linne. Ebenso Grundlage sind die Lehrveranstaltungen zum Hotelmanagement an der Hochschule Harz von Martin Linne und Ines Karnath. Für eigene wissenschaftliche Arbeiten sollte dieses Buch – wie auch alle anderen Quellen – entsprechend den jeweils geltenden Vorgaben zitiert werden.

Literatur zum Hotelmanagement

An dieser Stelle bieten wir einen ergänzenden Literaturüberblick. Die Anzahl guter, moderner Bücher zum **Hotelmanagement** wird als begrenzt angesehen.

Hier eine Auswahl:

Augsbach, G. (2020): Tourismus und Nachhaltigkeit – Die Zukunftsfähigkeit des Tourismus im 21. Jahrhundert, Chieming.

Dreyer, A.; Dehner, Chr. (2013): Kundenzufriedenheit im Tourismus, 2. Aufl., München.

Egger, R. (2005): Grundlagen des eTourism – Informations- und Kommunikationstechnologien im Tourismus, Aachen.

Freyberg, B. (Hrsg.) (2010): Hospitality Controlling – Erfolgreiche Konzepte für die Hotellerie, Berlin.

Freyberg, B.; Gruner, A.; Hübschmann, M. (2015): Nachhaltigkeit als Erfolgsfaktor in der Hotellerie & Gastronomie, Stuttgart.

Freyberg, B.; Zeugfang, S.; Schmidt, L. (2019): Strategisches Management für die Hotellerie, 2., aktual. Aufl., Berlin/Boston.

FUR Forschungsgemeinschaft Urlaub und Reisen e.V. (2020): Reiseanalyse 2020, Kiel.

Gardini, M. A. (2014): Grundlagen der Hotellerie und des Hotelmanagements, 2. Aufl., München.

Gardini, M. A. (2015): Marketing-Management in der Hotellerie, 3. Aufl., München.

Gardini, M. A. (2010): Grundlagen der Hotellerie und des Hotelmanagements. Hotelbranche – Hotelbetrieb – Hotelimmobilie, 1. Aufl., München.

Glinsky, M. (2014): Dienstleistungsqualität in der Hotelbranche – Wege zum Erfolg, Hamburg.

Goecke, R. (2015): Informationsmanagement in Hotel- und Gastronomiebetrieben, in: Schulz, A. (Hrsg.), eTourismus: Prozesse und Systeme, 2. Aufl., Berlin/München/Bosten. S. 371–405.

Goehrlich, B., Spalteholz, B. (2020): Total Revenue im Hotel – Gewinnmaximierung in Logis, Resort, Spa, Mice, Berlin.

Hänssler, K. H. (Hrsg.) (2016): Management in der Hotellerie und Gastronomie, 9. Aufl., München.

Heesen, B.; Meusburger, Ch. (2018): Basiswissen Bilanzanalyse in der Hotellerie – Schneller Einstieg in die Kennzahlen und Bewertung, Wiesbaden.

Henschel, U. K.; Gruner, A.; von Freyberg, B. (2018): Hotelmanagement, 5., aktual. Aufl., Berlin/Boston.

Hereter, Gemma (2017): Introduction to Revenue Management for Hotels – Tools and strategies to maximize the revenue of your property. Leipzig.

Hotelverband Deutschland (IHA) (2019): Hotelmarkt Deutschland 2014, Berlin.

Hotelverband Deutschland (IHA) (2019): Hotelmarkt Deutschland 2019, Berlin.

Jaworski, J. (Hrsg.) (2015): Branchensoftware für die Hotellerie in der D-A-CH Region. 41 PMS-Programme in der Marktanalyse 2015, Berlin.

John, J. (2019): Bei uns hat nicht jeder Gast eine Kreditkarte, in: Allgemeine Hotel- und Gaststättenzeitung, Ausgabe 51/2019, S. 5.

Kwidzinski, R. (2019): Alexa kommt auf's Zimmer – Tablet, in: Allgemeine Hotel- und Gaststättenzeitung, Ausgabe 46/2019, S. 7.

Kwidzinski, R. (2019): Eine einfache Tablet-Unterschrift reicht nicht aus, in: Allgemeine Hotel- und Gaststättenzeitung, Ausgabe 51/2019, S. 4.

Maschke, J.; Scherr, S. (2019): Hotelbetriebsvergleich Deutschland. München.

Matuszek, G. (2013): Management der Nachhaltigkeit, Kufstein.

Mosedale, J.; Voll, F. (2018): Nachhaltigkeit und Tourismus – 25 Jahre nach Rio – und jetzt?, Mannheim.

NIT Institut für Tourismus- und Bäderforschung in Nordeuropa GmbH (2019): Nachhaltige Urlaubsreisen, Bewusstseins- und Nachfrageentwicklung. Kiel.

Pesch, A. (2014): Controlling als grundlegendes Steuerinstrument, in: von Freyberg, B. (Hrsg.), Hospitality Controlling – Erfolgreiche Konzepte für die Hotellerie, 2. Aufl., Berlin. S. 47–67.

Posluschny, P. (2010): Kostenrechnung für die Gastronomie mit Fallstudien aus der Gastronomie, München.

Radde, B. (2016): Digital Guest Experience, Hamburg.

Sabel, T. (2019): Wie digital darf's denn sein?, in: Hotel+Technik, Ausgabe 7/2019, S. 60.

Scharna, A. (2016): Die Customer-Journey – Analyse in der Touristik – eine Methode zur Steigerung der Werbeeffizienz und Kundenorientierung, in: Ratajczak, O.; Jockwer, A. (Hrsg.), Kundenorientierung und Kundenservice in der Touristik, Wiesbaden. S. 29–40.

Schulz, A.; Weithöner, U.; Egger, R.; Goecke, R. (Hrsg.) (2015): eTourismus: Prozesse und Systeme. Informationsmanagement im Tourismus, Berlin.

Sensen, B. (2018): Revenue Management im Hotel. Von Kennzahlen bis MICE am Beispiel erklärt, Berlin/Boston.

Sihn-Weber, A.; Fischler, F. (2020): CRS und Klimawandel – Unternehmenspotenziale und Chancen einer nachhaltigen und klimaschonenden Wirtschaftstransformation, Wien.

Sloan, P.; Legrand, W.; Chen, J. S. (2013): Sustainability in the hospitality industry – Principles of sustainable operations, London.

Wood, R. C. (2015): Hospitalitymanagement, London.

Zech, N. (2010): Administratives Eventmanagement in der Hotellerie, Stuttgart.

Zeithaml, V. A.; Parasuramann, A.; Berry, L. (1992): Qualitätsservice – Was Ihre Kunden erwarten – Was Sie leisten müssen, Frankfurt am Main/New York.

Literatur zum Marketing

Für den Bereich **Marketing** gibt es eine sehr gute Literaturlage. Marketing wurde ursprünglich nicht aus Tourismussicht entwickelt. Die dominante Sichtweise ist die der Konsumgüterindustrie. Daher liefert die Marketingliteratur eine gute Grundlage, die jedoch für die Tourismuswirtschaft angepasst werden sollte.

Hier eine Auswahl:

Becker, J. (2009): Marketing-Konzeption, 9. Aufl., München.

Becker, J. (2019): Marketing-Konzeption, 11. Aufl., München.

Dreyer, A.; Linne, M. (2016): Grundwissen Tourismusmarketing, München.

Kotler, P.; Bowen, J. T.; Makens, J. C. (2010): Marketing for Hospitality and Tourism, New Jersey.

Meffert, H.; Burmann, Ch.; Kirchgeorg, M. (2008): Marketing, 10. Aufl., Wiesbaden.

Nieschlag, R.; Dichtl, E.; Hörschgen, H. (2002): Marketing, 9. Aufl., Berlin.

Porter, M. (1999): Wettbewerbsstrategie, 10. Aufl., Frankfurt am Main.

Scharf, A.; Schubert, B; Hehn, P. (2015): Marketing, Stuttgart.

Hier folgen noch einige ergänzende Literaturangaben:

Ansoff, H. I. (1966): Management-Strategie, München.

Deutsche Hotelklassifizierung – Klassifizierungskriterien 2020–2025, https://www.hotelstars.eu/fileadmin/Dateien/GERMANY/Downloads/Kriterienkatalog/Kriterienkatalog_2020-2025.pdf.

Linne, M. (Hrsg.) (2014): Smart Tourism – Share Economy im Tourismus, mit Beiträgen von Dreyer, A.; Vogel, H.-G.; Stamplf, N. S.; Röder, P.; Linne, M., Elmshorn.

Müller, H.; Scheurer, R. (2007): Tourismus-Destination als Erlebniswelt – Ein Leitfaden zur Angebots-Inszenierung, Bern.

Statistisches Bundesamt (Hrsg.) (2008): Klassifikation der Wirtschaftszweige, Wiesbaden.

United Nations (2012): Resolution adopted by the General Assembly on 27 July 2012 – The future we want, A/RES/66/288.

Verwendete Websites

Alle Links im Buch waren am 1. September 2021 aktiv.

» https://europe.westinstore.com/de/
» https://www.dguv.de/de/index.jsp
» https://www.statistischebibliothek.de/mir/receive/DE-Heft_mods_00025376
» https://www.hotelstars.eu/de/deutschland/
» https://www.hotelstars.eu/de/deutschland/system/statistik/
» https://www.certified.de/
» https://www.dehoga-umweltcheck.de/
» https://www.greenkey.global/
» https://www.svart.no/
» https://www.h-n-h.jp/en/facilities
» https://www.hishotelgroup.com/en/
» https://www.hansonrobotics.com/
» https://selfiehotel.ch/
» https://www.kakslauttanen.fi/
» https://www.baumhaushotels.eu/
» https://www.stanglwirt.com/
» https://www.ritzcarlton.com/en/yachts
» https://www.sinus-institut.de/
» https://ibis.accor.com/deutschland/index.de.shtml
» https://meandallhotels.com/presse-medien/mitteilung/article/lindner-hotels-ag-startet-zweitmarke.html
» http://www.eitw.de/drupal_6_22/node/72
» https://gcb.de/de/trends-inspiration/meeting-eventbarometer.html
» https://www.gcb.de/de/trends-inspiration/tagung-und-kongress-der-zukunft.html

- https://download.datev-shop.de/WRy2VETsRMidQQ06e-xIg580daDwEFURq
- https://www.hotelstadthalle.at/boutiquehotel/herzen-gruen-wien.html
- https://www.destatis.de/DE/Presse/Pressekonferenzen/2019/Bevoelkerung/pressebroschuere-bevoelkerung.pdf?__blob=publicationFile
- https://www.dehoga-bundesverband.de/zahlen-fakten/ausbildungszahlen/
- https://www.zukunftsinstitut.de/fileadmin/user_upload/Publikationen/Auftragsstudien/studie_generation_y_signium.pdf
- https://www.bmu.de/fileadmin/Daten_BMU/Pools/Forschungsdatenbank/fkz_um18_16_502_nachhaltigkeit_reiseanalyse_2019_bf.pdf

Stichwörter

BUCHTIPP

Stephan Stomporowski, Benjamin Laux

Nachhaltig handeln im Hotel- und Gastgewerbe

Maßnahmen erfolgreich einführen und umsetzen

1. Auflage 2019, 242 Seiten
€[D] 29,99
ISBN 978-3-7398-3016-2
eISBN 978-3-7398-8016-7

tephan Stomporowski und Benjamin Laux stellen in diesem Buch einen Gestaltungsrahmen für ie erfolgreiche Umsetzung nachhaltiger Arbeits- und Geschäftsprozesse in der Hotellerie und astronomie vor. Darin enthalten sind umfassende und praxisnahe Informationen, die von der inführung energiesparender Maßnahmen über die Möglichkeiten einer Bio-Zertifizierung bis zu orschlägen für ein betriebliches Schulungskonzept reichen. Am Ende des Buches finden sich hecklisten, über die sich passgenaue Handlungsmöglichkeiten identifizieren lassen.
rundlage ist der vom Bundesinstitut für Berufsbildung aus Mitteln des Bundesministeriums ir Bildung und Forschung geförderte Modellversuch „Nachhaltige Lernorte im Gastgewerbe". ieses Vorhaben wurde 2018 im Rahmen des UNESCO-Weltaktionsprogramms Bildung für nachaltige Entwicklung als „ausgezeichnetes Netzwerk" prämiert. Für die Erstellung des Gestalngsrahmens wurden zwischen 2016 und 2019 von Seiten der Universität Bonn zahlreiche Bestractice-Betriebe und Branchenexperten nach ihren Erfahrungen im Umgang mit nachhaltigem andeln befragt. Die Ergebnisse werden nun in diesem Handbuch erstmals veröffentlicht.

UVK Verlag – Ein Unternehmen der Narr Francke Attempto Verlag GmbH + Co. KG
Dischingerweg 5 \ 72070 Tübingen \ Germany
Tel. +49 (0)7071 97 97 0 \ Fax +49 (0)7071 97 97 11 \ info@narr.de \ www.narr.de